Damian-Knight · I Ging für Manager

Guy Damian-Knight

I Ging für Manager

Entscheidungsfindung und
Unternehmensstrategie
mit dem alten chinesischen Orakel

Aus dem Englischen
von Hanna Moog

Eugen Diederichs Verlag

Die Originalausgabe erschien unter dem Titel
The I Ching on Business and Decision-Making
bei Century Hutchinson Ltd., London 1987.

Die Deutsche Bibliothek – CIP-Einheitsaufnahme
Damian-Knight, Guy:
I Ging für Manager: Entscheidungsfindung und
Unternehmensstrategie mit dem alten chinesischen Orakel /
Guy Damian-Knight. Aus dem Engl. von Hanna Moog. –
München: Diederichs, 1993
Einheitssacht.: The I ching on business and decision-making <dt.>
ISBN 3-424-01174-6

© Guy Damian-Knight, 1986
© der deutschsprachigen Ausgabe Eugen Diederichs Verlag, München 1993
Alle Rechte vorbehalten

Umschlaggestaltung: Ute Dissmann, München
Produktion: Tillmann Roeder, München
Satz: Uhl+Massopust, Aalen
Druck und Bindung: Kösel, Kempten
Printed in Germany

ISBN 3-424-01174-6

Inhalt

Vorwort 7
Einleitung 8
Das Interpretationsmodell 8
Zur Befragung 10
Die Methode der Befragung 12
Die Wandlungslinien 15
Die Neuinterpretation des I Ging 16
Größere Zusammenhänge 16

Die Hexagramme

1 Das Schöpferische 19
2 Das Empfangende (Die Pflege) 25
3 Der schwierige Anfang 30
4 Die Unerfahrenheit der Jugend (Der Lernende) 35
5 Die Geduld 40
6 Die Sackgasse (Der Konflikt) 45
7 Das Heer (Die Herausforderung/Konzentration der Ressourcen) 50
8 Das Zusammenhalten (Einheit durch Führung) 55
9 Begrenzter Einfluß 60
10 Die Aufrichtigkeit (Das Auftreten) 65
11 Der Friede 69
12 Die Stagnation (Der Stillstand) 73
13 Gemeinschaft mit Menschen (Die Zusammenarbeit) 78
14 Besitz in großem Maß 83
15 Die Bescheidenheit 88
16 Die Begeisterung (Positive Energie) 93
17 Folge leisten (Anpassung an die Zeiten) 98
18 Die Arbeit am Verdorbenen 103
19 Der Vorstoß/Die Annäherung (Ein klarer Weg zeichnet sich ab) 107
20 Ein vollständiger Überblick (Planung/Projektierung) 111
21 Das Entschiedensein 116
22 Die Anmut 120
23 Die Trennung 124
24 Die Wiederkehr (Der Wendepunkt oder Übergang) 128
25 Die Unschuld (Das Unerwartete) 132

Inhalt

26 Die Zähmungskraft des Großen 136
27 Die Ernährung (Die Gesundheit) 141
28 Das Übergewicht des Großen 146
29 Die tiefen Gewässer 151
30 Das Haftende/Das Feuer (Der Kern der Sache) 157
31 Einfluß und natürliche Anziehung 163
32 Die Dauer (Die Kraft, die Zeiten zu überdauern) 168
33 Der Rückzug (Der strategische Rückzug) 173
34 Die Macht des Großen 178
35 Der Fortschritt 184
36 Die Verfinsterung des Lichts 189
37 Die Familie 195
38 Opposition 201
39 Das Hemmnis 207
40 Die Befreiung 212
41 Die Minderung (Die Armut/Die Abgaben) 218
42 Die Mehrung (Spiritueller und materieller Reichtum) 225
43 Der Durchbruch (Die Entschlossenheit) 231
44 Das Entgegenkommen 236
45 Der Zusammenschluß (Die Gruppe) 243
46 Das Empordringen (Der Beginn des Aufstiegs) 248
47 Die Unterdrückung (Die Erschöpfung) 253
48 Der Brunnen 257
49 Die Revolution 262
50 Der Tiegel 270
51 Das Erregende (Der Schock, der Donner) 275
52 Das Stillehalten (Der Berg) 280
53 Die Entwicklung (Der allmähliche Fortschritt) 287
54 Gesetzlich geregelte Beziehungen 292
55 Die Fülle 296
56 Der Geschäftsreisende (Der internationale Handel) 301
57 Das Sanfte und Eindringende 305
58 Das Heitere (Der See) 310
59 Zerstreuung von Reichtum und Auflösung 314
60 Die Beschränkung (Grenzen des Aktionsraumes) 320
61 Die innere Wahrheit (Die Macht der Wahrheit) 328
62 Das Übergewicht des Kleinen 334
63 Die Vollendung 339
64 Vor der Vollendung 346

Tabelle zum Auffinden der Hexagramme 351

Quellen 352

VORWORT

Das »I Ging für Manager« geht von der Grundannahme aus, daß der unternehmerisch tätige Mann und die unternehmerisch tätige Frau nach Gelingen* streben. Alles in diesem Buch ist daher darauf gerichtet zu beschreiben, was als Gelingen anzusehen ist, und Mittel und Wege aufzuzeigen, wie dieses Gelingen in der unternehmerischen Praxis verwirklicht werden kann.

Es läßt sich ohne Übertreibung behaupten, daß die hier vorgelegte Interpretation des *I Ging* eine neue Sichtweise für das unternehmerische Denken und für die Praxis der Entscheidungsfindung eröffnet. Es ist schon paradox, daß diese »neue« Sichtweise bereits seit einigen tausend Jahren existiert. Als eines der ersten schriftlichen philosophischen Werke verkörpert das *I Ging* die Anfänge kultureller Erkenntnis. Sein faszinierender Aufbau ist kein wahlloses, künstliches Konstrukt des chinesischen Denkens, sondern eine exakte Formel, mit deren Hilfe noch viele Geheimnisse der Natur entschlüsselt werden wollen. Am erstaunlichsten aber ist, daß der Aufbau und die Vorstellungen, die das ausmachen, was wir heute als »Das Buch der Wandlungen« bezeichnen, in vieler Hinsicht unseren modernen Systemen weit voraus sind.

Allen Benutzern dieses Buches dürfte rasch klarwerden: Was unser politisches und wirtschaftliches Denken angeht, stehen wir erst am Anfang mit unserem Verständnis, wie eine Weltwirtschaft herzustellen wäre, die für mehr als die grundlegendsten Bedürfnisse der Menschen sorgen würde, ohne Blut zu vergießen und ohne das Ökosystem zu verletzen.

Guy Damian-Knight

---

* Engl. *good fortune*, im Unterschied zu *success*, das mit »Erfolg« übersetzt wird (Anm. d. Ü.).

Einleitung

Hauptziel dieses Interpretationsbuches ist es, ein Tao der Wirtschaft vorzulegen; schon immer hatte ich die Notwendigkeit empfunden, eine tiefergreifende Einstimmung der politischen und wirtschaftlichen Kräfte auf die Prozesse der Natur herzustellen beziehungsweise wiederherzustellen; mit Hilfe des uralten chinesischen *I Ging* ist ein solches Bestreben möglich. Das Verständnis natürlicher Prozeßverläufe und *ihrer wechselseitigen Beziehungsdynamik* macht es möglich, intuitiv zu erkennen, wie Wirtschaft und Politik in ihren Methoden so umstrukturiert werden könnten, daß sie harmonisch aufeinander abgestimmt funktionieren. Gerade in der Entdeckung einer möglichen Integration struktureller Konzepte im Bereich von Politik und Wirtschaft liegt die Möglichkeit, eine fundiertere und verläßlichere Wissenschaft der Organisation zu entwickeln.

Darüber hinaus wünsche ich mir aber, daß das »I Ging für Manager« sich vor allem in der täglichen Entscheidungsfindung als nützlich und praktisch erweist und daß es sich in der Welt der Wirtschaft zu einem Instrument entwickelt, das zu jeder Einzelfallentscheidung einen zusätzlichen, objektiven Standpunkt anzubieten hat.

Das Buch ist so angelegt, daß es als Orakelbuch befragt werden kann. Es könnte hilfreich sein, es einmal von vorn bis hinten durchzulesen; so gewinnen Sie einen unmittelbaren Überblick über alle Schlüsselkonzepte, die nach einem bestimmten Ordnungssystem ineinandergreifen. Die Bedeutung eines jeden einzelnen der 64 Hexagramme (siehe unten) läßt sich in ihrer ganzen Tiefe allerdings nicht vollständig erfassen, indem man den Text in einem Zug durchliest. Die spezifisch-persönliche Denkweise des Fragestellers ist ein wesentlicher Bestandteil der Interpretation jedes Hexagramms bei jeder Befragung. Bevor ich jedoch auf die Methode der Befragung eingehe, skizziere ich den Aufbau des Buches.

Das Interpretationsmodell

Das *I Ging* ist in 64 Abschnitte unterteilt, die »Hexagramme« genannt werden – 64 kodierte Zeichen. Jedes Hexagramm besteht aus sechs »Linien«, die ich auch als »Wandlungslinien« oder »Brücken zur Zukunft« bezeichne. Diese Linien beschreiben sechs Varianten einer Situation, deren Hauptdynamik im Haupttext zum Hexagramm beschrieben ist. Ich habe versucht, diese Hauptdynamik dadurch weiter zu erhellen, daß ich jedes Hexagramm in Unterabschnitte gegliedert habe, damit die einzelnen Faktoren leichter zu identifizieren sind. In seiner *traditionellen* Form ist das *I Ging* folgendermaßen unterteilt:

1. Das Urteil
2. Erläuterung des Urteils
3. Das Bild
4. Erläuterung des Bildes
5. Die sechs Linien

Jedes Hexagramm beschreibt eine spezifische natürliche Dynamik. Die Linien deuten jeweils auf einen besonders aktuellen Aspekt innerhalb der vorherrschenden Gesamtdynamik hin und stellen die Brücken zur Zukunft beziehungsweise die Wandlung von der Gegenwart in die Zukunft dar.

Für das vorliegende »I Ging für Manager« war es jedoch erforderlich, die Grundstruktur der Hexagrammtexte im Interesse größerer Klarheit und Schärfe zu erweitern. Zu diesem Zweck habe ich dafür folgendes Interpretationsmodell entwickelt, das bei Bedarf leicht variiert wird:

1. Das Urteil
Dieses gibt einen kurzen Einblick in die Bedeutung des Hexagramms und liefert eine Aussage dazu, ob eine Situation günstig oder ungünstig ist und warum. Die Ausdrücke »Unheil«, »Erfolg«, »Gelingen«, »großes Gelingen« oder »erhabenes Gelingen«* deuten an, wie verheißungsvoll oder wenig verheißungsvoll die Aussichten in der gegebenen Situation sind.

2. Die Erfordernisse im besonderen
Hier geht es um die Dinge, die allgemein *praxisbezogen* erforderlich sind: eine Zusammenfassung dessen, was Sie tun oder beachten oder im jeweiligen Fall besonders berücksichtigen sollten. Dadurch wird die Aufmerksamkeit in den Bereich gelenkt, um den es geht.

3. Das Klima
Hier wird die dem jeweiligen Hexagramm zugrundeliegende Stimmung beschrieben, die Atmosphäre, die kennzeichnend ist für die Gesamtsituation, wie zum Beispiel »heiter«, »angespannt«, »freundlich«, »ruhig« und so weiter.

---

* Engl. *bad fortune, success, good fortune, great good fortune* und *supreme good fortune* (Anm. d. Ü.).

Einleitung

4. Der gedankliche Rahmen
Hier tauchen Schlüsselbegriffe auf, die Assoziationen auslösen und zur Vielfalt des gedanklichen Dialoges beitragen werden, der bei jeder Orakelbefragung zwischen dem Fragesteller und dem Buch stattfindet.

5. Grundannahmen für den Entscheidungsprozeß
Unter dieser Rubrik finden Sie eine Anzahl von Untertiteln mit entsprechenden Kommentaren, die grundlegend für Überlegungen im Vorfeld der Entscheidungsfindung sind.

Unter jedem Hexagramm finden Sie, je nach Relevanz, einige oder alle der folgenden Bereiche angesprochen: »Management«, »Planung«, »Wachstum und Produktivität«, »Feedback«, »Werbung«, »Marketing«, »Risiken«, »Produktwahl«, »Service«, »Beginn einer Unternehmung«, »Unterstützung«, »Urteilsvermögen«, »Intuition«, »Investitionen und Finanzierung«, »Verträge und Vereinbarungen«, »Der richtige Zeitpunkt«, »Der Einsatz von neuen Ideen«, »Kommunikation«, »Vorhandene Ressourcen«, »Internationaler Handel«, »Forschung und Entwicklung«, »Quellen für Unheil«, »Quellen für Gelingen«. Jede der hier genannten Entscheidungsgrundlagen beschreibt die Situation im Hier und Jetzt. In welchem Sinn Sie diese Texte jeweils verstehen, hängt bis zu einem gewissen Grad von der Frage ab, die Sie stellen. Aus diesem Grund ist die Interpretationsspanne so umfassend wie möglich.

Zur Befragung

Wenn Sie das Buch befragen möchten, sollten Sie eine bestimmte Frage im Kopf haben. Sie bildet den unmittelbaren Bezugspunkt, den gedanklichen Rahmen, der den spezifischen Antworten, die Sie erhalten, ihren Sinn gibt. Die hier angebotenen Interpretationen wollen bei jeder Befragung im Dialog zwischen Fragesteller und Buch umgesetzt werden. Der Dialog ist somit das Wichtigste. Er stellt den Prozeß dar, durch den ein tieferes Verständnis erreicht werden kann.

Nehmen wir an, Sie sind ein Geschäftsmann, der das Buch im Hinblick auf eine neue Unternehmung befragen möchte. Eine solche Fragestellung umfaßt unter anderem die Bereiche »Investitionen«, »Beginn einer Unternehmung« und »Risiken« und dehnt sich später auf weitere Überlegungen, wie beispielsweise »Management«, »Marketing«, »Planung«, »Internationaler Handel« und so weiter aus. Von den Punkten, die im Hexagramm angesprochen werden, sind einige für Ihre Fragestellung von Bedeutung, andere bleiben außer Betracht. Welche Faktoren ins Spiel kommen, ist Ihrem Urteilsvermögen und Ihrer Gesamtinterpretation überlassen. Die Fähigkeiten, die Sie dazu benötigen, werden durch den Prozeß der Orakelbefragung selbst gefördert. Durch den Gebrauch des Buches über einen längeren Zeitraum werden Sie die natürlichen Rhythmen des Wandels zunehmend besser verstehen, bis Sie ganz mit ihnen vertraut sind.

Jedes Hexagramm läßt sich gewissermaßen als eine Art Blaupause für eine bestimmte Wandlungssituation betrachten. Wenn sich Ihre Frage beispielsweise auf den Einsatz von Zeit, Energie und Geld (Ressourcen und Management) im Hinblick auf die Entwicklung eines neuen Computersystems bezieht und Sie »als Antwort« Hexagramm 50, *Der Tiegel,* erhalten, dann weist der Text darauf hin, daß Ihre Ideen sehr erfolgversprechend sind, da sie mit kulturellen Belangen zu tun haben, die, falls sie zur Anwendung kommen, von allgemeinem Nutzen sein könnten. Außerdem werden Sie in die Lage versetzt, Ihre Position im Licht vieler anderer Kriterien einzuschätzen. Auf diese Weise gelangen Sie zu einem umfassenderen Verständnis der Angelegenheit.

Durch den praktischen Gebrauch des Buches wird sich Ihr Verständnis in einer Weise verfeinern, die hier unmöglich im einzelnen beschrieben werden kann. Das setzt voraus, daß Sie das Formulieren der Fragestellungen – ein Vorgang, der bereits mit einem Klärungsprozeß verbunden ist – einüben und verbessern, um noch größeren Nutzen aus diesem Buch zu ziehen. Je unklarer die Frage zu Beginn ist, desto nebulöser wird Ihnen die Antwort erscheinen. Es dürfte aber sehr schwierig sein, in einem Zustand der Verwirrung zu bleiben, wenn man das *I Ging* benutzt. In diesem Sinne ist das *I Ging* ein Instrument, das geistige Klarheit fördert.

Darüber hinaus bedeutet ein klares Verständnis, daß man die richtigen Entscheidungen zum richtigen Zeitpunkt trifft. Das »I Ging für Manager« kann Ihnen dabei helfen, da es auf den Wandlungsrhythmen der Natur beruht. Was die Wahl des richtigen Zeitpunktes angeht, so ist dies weitgehend eine Frage der Intuition und des Gebrauchs dieses Buches. Befinden Sie sich zum Beispiel in einer kritischen Verhandlungsphase, in der Sie sich nicht sicher sind, ob Sie sich zurückziehen oder weiterverhandeln sollen, kann Ihnen das *I Ging* eine objektive zweite Meinung anbieten.

Der menschliche Verstand ist ein geniales, aber auch ein trügerisches Instrument. Es kann sehr lehrreich sein zu beobachten, wie man sich selbst betrügt; möglicherweise besteht die wertvollste Entdeckung darin zu sehen, wie Sie sich selbst etwas vormachen. Die Geschicklichkeit im Einsatz dieses Buches hängt ganz von Ihnen ab – es ist nicht mehr als ein Werkzeug, eine Zugangsmöglichkeit zu dem, was ist, und Sie können es benutzen oder auch nicht, ganz nach eigenem Ermessen. Die letzte Verantwortung für Ihr Tun und Ihre Entscheidung liegt immer bei Ihnen.

Ich wünsche mir, daß dieses Buch Ihnen hilft, die richtige Entscheidung zum richtigen Zeitpunkt zu treffen, damit Sie Ihr kreatives, unternehmerisches und spirituelles Potential voll zur Entfaltung bringen können, und ich wünsche mir, daß Ihnen die Dinge gelingen mögen und Fehler so weit wie möglich erspart bleiben.

DIE METHODE DER BEFRAGUNG
WIE SIE IHR HEXAGRAMM ERMITTELN

Es gibt verschiedene Methoden, ein Hexagramm zu ermitteln. Das alte, meditative System verwendet dazu 50 Schafgarbenstengel; diese Methode wird von Menschen bevorzugt, die im *I Ging* ein Werkzeug der Intuition sehen. Das relativ lange Verfahren, bei dem die Schafgarbenstengel von einer Hand in die andere wandern und sich am Schluß eine Linie ergibt, dient der Konzentration und Meditation.

Die am weitesten verbreitete Methode besteht darin, drei Münzen sechsmal zu werfen. Welche Zahlenwerte den einzelnen Kombinationen von »Kopf« und »Zahl« zugeordnet werden, zeigt Abbildung 1. Dieses Verfahren ist schneller, aber viel weniger elegant. Es gibt andere, noch schnellere und vielleicht auch elegantere Methoden, die einzelnen Linien zu ermitteln; alle benutzen jedoch dasselbe, nachstehend für die Münzmethode aufgezeichnete Verfahren:

9	──o──	3× »Zahl«	= 9
8	──────	2× »Zahl« + 1× »Kopf«	= 8
7	──────	2× »Kopf« + 1× »Zahl«	= 7
6	──x──	3× »Kopf«	= 6

Abbildung 1

1. Nehmen Sie drei Münzen (beliebige, jedoch möglichst gleiche), und werfen Sie diese auf den Tisch.

2. Addieren Sie die Zahlenwerte entsprechend Abbildung 1. Sie werden entweder 6, 7, 8 oder 9 als Ergebnis erhalten (»Zahl« zählt 3, »Kopf« zählt 2).

Die Methode der Befragung

3. Zeichnen Sie die der Summe entsprechende Linie, indem Sie mit der *untersten* Linie beginnen. Zum Beispiel: Sie haben 2 mal »Kopf« geworfen und 1 mal »Zahl«. Schauen Sie in Abbildung 1 unter 7 nach und bilden Sie folgende ungebrochene Linie: ——— (vgl. Abbildung 2).

4. Nun wiederholen Sie dieses Verfahren noch fünfmal, wobei Sie von *unten nach oben* eine Linie über die andere zeichnen. Vergewissern Sie sich, daß Sie die Linien genau so zeichnen, wie in der Tabelle angegeben. Zum Beispiel: Der nächste Wurf ergibt den Zahlenwert 6: — x — Diese Linie zeichnen Sie über die vorhergehende. Achten Sie auf das Kreuz in der Mitte. Es bedeutet, daß sich diese Linie in ihr Gegenteil »wandeln« wird, das heißt — x — wandelt sich in ———; diese neue Linie wird dann im nächsten Hexagramm (Zukunft) auftauchen und bezeichnet die Veränderung der Situation. In unserem Beispiel (Abbildung 2) ist die nächste Linie eine 7: ———; es folgt eine weitere 7: ———; dann eine 9: —o—. Achten Sie auf den Kreis in der Mitte dieser Linie. Das bedeutet, daß Sie sich von —o— in: — — im nächsten Hexagramm wandeln wird. Die letzte (oberste) Linie des Beispiels ist wieder eine 7: ———.

Wenn Sie alles richtig gemacht haben, müßte Ihr Hexagramm nun so aussehen:

Hexagramm 13		Hexagramm 14
6. ———		6. ———
5. —o—	Diese Linie wandelt sich in:	5. — —
4. ———		4. ———
3. ———		3. ———
2. — x —	Diese Linie wandelt sich in:	2. ———
1. ———		1. ———
Gegenwart	————————→	**Zukunft**

Abbildung 2   *Abbildung 3*

Abbildung 2 zeigt ein Hexagramm, ein Sechs-Linien-Bild der gegenwärtigen Situation (»Gegenwart« heißt hier der Zeitpunkt des Münzwurfs und der Erstellung des Hexagramms). Abbildung 3 zeigt das zweite Hexagramm, das aus dem ersten abgeleitet wurde, indem die *Wandlungslinien* in ihre neuen Werte umgewandelt wurden. In unserem Beispiel haben sich die zweite und fünfte Linie gewandelt und erscheinen im zweiten Hexagramm als ihr Gegenteil. Achtung: Die Reihenfolge der Linien von eins bis sechs wurde beibehalten, die

Linien 1, 3, 4 und 6 bleiben unverändert. Gibt es bei einer Befragung keine Wandlungslinien, so erhält man nur ein einziges Hexagramm zur Betrachtung.

Eine Tabelle auf der letzten Seite des Buches zeigt die Nummern der Hexagramme.

} Die drei untersten Linien (aus Abbildung 2) suchen Sie in der linken Spalte

} die drei oberen Linien suchen Sie in der obersten, waagerechten Zeile.

Der Schnittpunkt der beiden Spalten zeigt die Nummer Ihres Hexagramms. Abbildung 2 entspricht dem Hexagramm 13: *Gemeinschaft mit Menschen*. Wenn Sie, wie in unserem Beispiel, ein zweites Hexagramm ermittelt haben, wiederholen Sie den Vorgang. Abbildung 3 entspricht dem Hexagramm 14: *Besitz in großem Maß / Reichtum*. Schlagen Sie nun im Text unter Ihrem ersten Hexagramm nach und lesen Sie »Das Urteil«, »Die Erfordernisse im besonderen«, »Das Klima« und »Der gedankliche Rahmen«. Anschließend lesen Sie alle unter der Überschrift »Grundannahmen für den Entscheidungsprozeß« aufgelisteten Kommentare. Es kann sein, daß Ihre Frage so spezifisch formuliert war, daß eine einzige Überschrift in diesem Teil, beispielsweise »Management«, Ihnen im Augenblick genügt. Lesen Sie einfach die Abschnitte, die im Hinblick auf Ihre Frage am meisten Bedeutung haben und Ihnen hilfreich erscheinen. Es kann sein, daß ein ganz bestimmtes Wort Ihnen entgegenspringt – und das könnte schon alles sein, was Sie brauchen. Das hängt ganz von Ihrer jeweiligen Verfassung ab.

Wenn Sie den Text zum Hexagramm lesen, werden Sie ihn immer durch die Brille Ihrer Fragestellung lesen; es handelt sich dabei um einen interessanten geistigen Vorgang, der ständig stattfindet. Ihre Frage ist Ihre »gegenwärtige Realität«, und die Antwort entspricht dem Bezugsrahmen, den Sie konstruiert haben. Alles hängt von Ihrer innerpsychischen Konstellation ab. Zwei Personen könnten dieselbe »Antwort« auf zwei verschiedene Fragen erhalten, sie würde aber für jede Person etwas anderes bedeuten. Selbst wenn ihre Fragen identisch wären, wären Bedeutung und Gewichtung der Antwort unterschiedlich, ja nach den Umständen, in denen sich der Fragesteller befindet.

Worauf es ankommt, ist, daß Sie mit Hilfe des Buchs in die Lage versetzt werden, Ihre eigene innerpsychische Konstellation in einem objektiven Spiegel zu betrachten, wobei die Sprache, die der Spiegel benutzt, dem Unternehmensbereich entnommen ist. Was Sie lesen, kann durchaus im Widerspruch zu ihrer bewußten Wahrnehmung stehen. Das Buch der Wandlungen redet Ihnen nicht nach dem Mund.

Die Wandlungslinien

Nachdem Sie den Text zum Hexagramm gelesen haben, lesen Sie nun den Text zu Ihren Wandlungslinien. Im obigen Beispiel (Hexagramm 13) kommen zwei Wandlungslinien vor. Sie betreffen das ganz Besondere an der gegenwärtigen Situation, das, was die Verbindung zu Ihrer zukünftigen Situation herstellt. In unserem Beispiel ist zunächst der Text zur zweiten Linie zu lesen, der im Buch als »Sechs auf zweitem Platz« bezeichnet wird. Auch die fünfte Linie ist eine Wandlungslinie; im Buch heißt es hier »Neun auf fünftem Platz«.

Das *I Ging* zeigt die Brücken (Wandlungslinien) zu einer zukünftigen Situation auf, die durch das nächste Hexagramm charakterisiert wird. In unserem Beispiel war es das Hexagramm 14: *Besitz in großem Maß*. Verdauen Sie zunächst die Bedeutung des ersten Hexagramms; anschließend lesen Sie den Text zum zweiten. Machen Sie sich Notizen zu den Wandlungslinien. Mit etwas Übung werden Sie schnell mit dem Vorgang vertraut werden.

Es kann sein, daß Sie keine Wandlungslinien geworfen haben oder daß sich im Extremfall sämtliche Linien wandeln (eine äußerst dynamische Angelegenheit); es können sich auch zwei, drei, vier oder fünf Wandlungslinien ergeben.

Zusammenfassung
Ermitteln Sie die Hexagramme, indem Sie die Linien von unten nach oben aufbauen, wie im Beispiel gezeigt. Treten die Zahlenwerte Sechs oder Neun auf, so wandeln Sie die entsprechenden Linien in einem zweiten Hexagramm in ihr Gegenteil. Lesen Sie zunächst den Text zum ersten Hexagramm, anschließend den Text zu den Wandlunglinien im gleichen Hexagramm: Diese bilden die Brücke zur Bedeutung des zweiten Hexagramms. Lesen Sie nicht die Texte zu den Linien im zweiten Hexagramm, da diese im Augenblick für Sie nicht von Bedeutung sind. Auf diese Weise werden Sie Zugang zum *I Ging* finden und können jederzeit eine »Kurzinformation« zur gegenwärtigen Situation gewinnen.

Die Neuinterpretation des I Ging

Im alten China war das *I Ging* (oder *Das Buch der Wandlungen*) das Buch für Könige und Staatsmänner. Heute steht jedem, der lesen und bis zehn zählen kann, der Zugang zu diesem gut 3000 Jahre alten Führungsinstrument offen. Die Form des Buches blieb im wesentlichen unverändert; die Art, wie es präsentiert wird, hat sich gewandelt. Das vorliegende Buch ist eine solche moderne Fassung.

Die grundlegende Struktur des *I Ging* wurde bewahrt, doch macht seine Anwendung auf die Belange der heutigen Welt eine Aktualisierung erforderlich. Das »I Ging für Manager« stellt eine Weiterentwicklung des *Buches der Wandlungen* dar, insofern als es sich auf ein breites Spektrum von Überlegungen konzentriert, die insbesondere für Menschen im unternehmerischen Bereich von Interesse sind. Natürlich kann das Buch auch für die Bewältigung jeder anderen Lebenssituation nützlich sein, da die grundlegende Dynamik der einzelnen Hexagramme unverändert bleibt. Sie verkörpern die Hauptrhythmen der Natur, der Grundlage allen Lebens.

Der Sinn einer Neuinterpretation liegt ganz einfach darin, das Verstehen zu erleichtern, indem die grundlegenden Vorstellungen in moderne Schlüsselbegriffe übersetzt und somit verfügbar gemacht werden. Es geht dabei um das Erkennen der natürlichen Wandlungsrhythmen in ihrem möglichen Bezug zu unternehmerischen Wertvorstellungen.

Grössere Zusammenhänge

Das »I Ging für Manager« kann Faktoren erhellen, die in Gefahr sind, übersehen zu werden. Eine Situation kann Einflußfaktoren beinhalten (und gewöhnlich ist dies der Fall), die außerhalb des Wahrnehmungsbereiches des einzelnen liegen. Es kann sein, daß ihm nicht alle Dinge bewußt sind; nicht erkannte Einflußfaktoren können die Lage unsicher gestalten. Da aber alles symbiotisch miteinander verflochten ist – jede Ursache hat eine Wirkung, ob wir sie sehen oder nicht –, gibt es auch einen Zusammenhang zwischen den gegenwärtigen Gedanken, dem gegenwärtigen Stand der Unternehmung, gegenwärtigen Überlegungen und gegenwärtigen Entscheidungen und Handlungen.

Die natürliche Vorstellung, daß alles mit allem, wenn auch oft unsichtbar, zusammenhängt, ist greifbar und real. Jeder von uns sendet und empfängt unablässig Schwingungswellen. Sie drücken sich aus in dem, was wir sagen, tun, denken, fühlen, mitteilen, planen, wünschen, anfassen. Wenn Sie nun dadurch, daß Sie Ihr Handeln in eine größere, natürliche Ordnung einfügen, im Einklang mit diesem größeren Ganzen handeln, wie sollte dies nicht zu größerem Gelingen führen?

Ich bin davon überzeugt, daß es eine natürliche Ordnung gibt und daß sie ihren Ausdruck im wirtschaftlichen und politischen Handeln – bis hin zum Verhalten einer globalen Cash-Flow-Situation – finden kann. Die Frage ist nur, wie sich der Unternehmer in Einklang bringen kann mit der umfassenderen natürlichen Ordnung, wie er Unheil vermeiden und das Gelingen fördern kann. Wie kann er Faktoren berücksichtigen, die er nicht sieht, da sie außerhalb seiner Reichweite sind, die ihn aber dennoch betreffen? Ist es möglich, diesen Prozeß sichtbar und ihn sich zunutze zu machen, wenn wir davon ausgehen, daß eine solche Makro-Dynamik der Natur weiß, was »sie« tut? Genau darin liegt die ursprüngliche Aufgabe des *I Ging*.

Wenn Sie das *I Ging* befragen, erhalten Sie eine Art abstrakte fotografische Aufnahme Ihrer relativen Position im Kosmos der Ereignisse. Sie erkennen in dieser Momentaufnahme (und dies wird Ihnen mit zunehmender Übung immer besser gelingen) die Resonanzen und Ereignisse, die Sie und Ihre Situation betreffen. So gesehen funktioniert das *I Ging* auf doppelte Weise: erstens als Katalysator und zweitens als Vergrößerungsglas. Aufgrund Ihrer Befragung (durch die Sie selbst die Resonanzen auslösen) erhalten Sie eine Botschaft zu Ihrer Situation, die Ihnen vergrößert ins Bewußtsein gebracht wird. So wird Ihnen vielleicht etwas bewußt gemacht, das mit Ihrer Frage im Zusammenhang steht, obwohl es möglicherweise draußen auf der Straße oder im Konferenzsaal einer Firma am anderen Ende der Welt stattfindet. Das Herstellen dieser Zusammenhänge ist eine Sache der Logik und der Intuition. Doch dadurch, daß Sie nun mehr Informationen zur Verfügung haben, wissen sie mehr, und Ihre Entscheidung wird um genau so viel besser sein.

Die Wandlungslinien stellen die Brücken zur Zukunft dar. Bei jedem Hexagramm werden sechs Situationen beschrieben, die einzelne Phasen innerhalb der Gesamtdynamik (beschrieben in »Der gedankliche Rahmen«) bezeichnen. Ebenso wie »Der gedankliche Rahmen« stellen die Linien Blaupausen spezifischer Angelegenheiten dar, die Ihre Frage betreffen. Diese spezifischen Zusammenhänge werden mit zunehmender Übung immer bewußter. Der regelmäßige Gebrauch des *I Ging* fördert Ihre Intuition und regt das Nervensystem an, auf immer feinere Schwingungen zu reagieren. So kann zum Beispiel ein Börsenmakler mit diesem Buch in der Hand und mit einem fein eingestimmten Nervensystem zu erstaunlichen Schlüssen kommen, die auf den ersten Blick jeder rationalen Grundlage entbehren, die aber dennoch eine wahre Erkenntnis darstellen: »Der Goldpreis wird in der nächsten Woche ziemlich unvorhergesehen steigen.« – »Dieses Unternehmen wird, entgegen allen anderslautenden Berichten und Erwartungen, scheitern.«

Die Muster der Ereignisse und die zwischen ihnen bestehenden Wechselbeziehungen entsprechen einer Ordnung; sie haben eine Ursache und eine Wirkung. Es ist überhaupt kein Geheimnis dabei, sondern lediglich die pragmatische Annahme, daß Sie, ausgestattet mit einem dynamischen Gesamtplan über all diese Potentiale und mit der Geduld, Ihre intuitiven Kräfte zu entwickeln, in der Lage sein werden, immer häufiger die richtige Entscheidung zu treffen. Wenn es dem einzelnen gelingt, sich mit der natürlichen Ordnung der Dinge in Einklang zu bringen, ist sein Erfolg gesichert. Wenn auf diese Weise alle Systeme auf natürliche Weise miteinander in Beziehung gebracht würden, könnte dies zu einem globalen Erfolg führen. Das Ausmaß an Hunger, Krieg und Armut ist ein Indikator für den Mißerfolg auf globaler Ebene. Es geht hier nicht um Gefühlsduselei, sondern um Nebenwirkungen unzulänglicher Systeme, die auf falschen Annahmen, einer falschen Weltsicht, auf der Unkenntnis der Wahrheit und auf der Unkenntnis der Zusammenhänge zwischen allen Dingen beruhen.

Das System der Vorhersage funktioniert in derselben Weise wie Wettervorhersagen. Sie können erkennen, aus welcher Richtung der Wind weht, sobald Sie ein größeres Bild insgesamt bekommen. Magie ist nur dann Magie, wenn Sie das größere Bild nicht sehen können. Es hat einmal eine Zeit im Leben der Menschheit gegeben, da selbst der Wind ein Werk der Magie war!

HEXAGRAMM 1

Das Schöpferische

Der Keim für die Zukunft wird im Handeln von Heute gelegt.

Das Urteil

Großes Gelingen. Die Anfänge. Die Welt der Ideen. Der schöpferische Impuls liegt jeder Form, jedem Tun, jeder Wahrnehmung zugrunde. Die Lage ist äußerst vielversprechend und führt zu allmählichem Gedeihen. Inspiration und die Kraft des Neuen.

Die Erfordernisse im besondern

Schaffensdrang, kräftemäßige Erneuerung, unermüdliche Beharrlichkeit. Drang, Ideen zu vervollkommnen. Die Kraft zum Werk strömt aus einer Urquelle. Die Energie ist groß und mächtig. Obwohl Anstrengungen gemacht werden müssen, werden die Dinge wegen der Gunst der Stunde leicht erreicht. Günstig.

Das Klima

Ideale, das Formulieren von Plänen, Bestrebungen, Emporstreben, Wachstum; Originalität, schöpferische Kraft. Organisation von Gedanken und Absichten. Modelle.

Der gedankliche Rahmen

Jedes Handeln beginnt mit der Herausbildung von Ideen. Im Handeln manifestiert sich eine Idee, und diese Idee hat ihren Ursprung im schöpferischen Prinzip. Mit Hilfe des »Schöpferischen« wird alles möglich. Dieses Hexagramm als Antwort zu erhalten deutet auf eine Zeit großer schöpferischer Aktivität. Viel kann relativ leicht erreicht werden.

Grundannahmen für den Entscheidungsprozeß

Die folgenden Einschätzungen gelten vorbehaltlich der Auskünfte, die in den Wandlungslinien gegeben werden. Die Wandlungslinien haben immer Vorrang.

Management

Sie besitzen die schöpferische Kraft zur Führung und Organisation von Menschen und Ressourcen. Ergreifen Sie die Initiative, das zu tun, was aktuell und möglich ist; dann ist Ihnen, Beständigkeit vorausgesetzt, der Erfolg am Ende trotz Schwierigkeiten sicher.

Planung

Sie können mit Optimismus weiterplanen. Sämtliche Entscheidungsgrundlagen sind ohne Ambivalenz und uneingeschränkt positiv. Handeln Sie mit Zuversicht.

Kommunikation

Das Orakel sagt nichts darüber aus, ob dies eine gute Zeit für die Vermittlung Ihrer Ideen an andere Menschen ist. Hier ist Ihre eigene Einschätzung gefragt, oder Sie können dieses Buch zu diesem speziellen Punkt erneut befragen. Was das Ausdrücken von Ideen im allgemeinen angeht, ist die Zeit äußerst günstig.

Wachstum und Produktivität

Eine hervorragende Zeit, hervorragende Aussichten.

Risiken

Das Tao kennt den Begriff des Risikos nicht; sollten Sie aber Ihre Lage als risikant einschätzen, können Sie sich auf Ihre Einschätzung verlassen.

Investition und Finanzierung

Ausgezeichnete Aussichten.

Der richtige Zeitpunkt

Jetzt ist die Zeit zu handeln.

Vorhandene Ressourcen

Reichlich.

Beginn einer Unternehmung

Die Aussichten sind besonders günstig.

Feedback
Uneingeschränkt positiv. Wirken Sie unterstützend.

Informationslage
Sie besitzen alle erforderlichen Daten, oder diese sind Ihnen leicht zugänglich.

Produktwahl
Ihr Urteil ist richtig.

Urteilsvermögen
Von hohem Niveau; fruchtbar.

Intuition
Gesund.

Werbung
Günstig.

Marketing
Nutzen Sie das Potential voll aus.

Unterstützung
Günstig.

Verträge und Vereinbarungen
Zufriedenstellend.

Forschung und Entwicklung
Das Projekt wird Früchte tragen, wenn es entwickelt wird. Günstig. Dies ist absolut die Zeit für Erfindungen und Entdeckungen. Gelingen.

Internationale Geschäfte
Langfristig günstig.

Quellen für Unheil
Nichthandeln.

Quellen für ein Gelingen
Sofortiges schöpferisches Handeln.

Die Wandlungslinien – Die Brücken zur Zukunft

Anfangs eine Neun

Es ist nicht die Zeit des Handelns. Die Zeit verlangt, Kraft zu sammeln in Vorbereitung für späteres Handeln. Sie brauchen jetzt Zurückhaltung und müssen sich in Geduld üben. Das bedeutet nicht, daß Sie Kompromisse eingehen sollen. Es gibt keinen Grund zu befürchten, Sie würden eine goldene Gelegenheit verpassen. Wenn Sie jetzt handeln, würde Ihre Kraft nicht ausreichen. Ihre Weisheit besteht daher darin zu wissen, wann der Zeitpunkt zum Handeln gekommen ist. Während Sie warten, sollten Sie an sich selbst arbeiten, Ihre Lage Revue passieren lassen, all Ihre Pläne überdenken, sich Zeit zur inneren Betrachtung und Zentrierung nehmen. Ein unternehmerischer Mensch, der nicht lernt, seine Energie zu sammeln, vermag seinem Tun nicht den nötigen Nachdruck zu verleihen, wenn die Zeit dafür reif ist.

Neun auf zweitem Platz

Sie sind der Aufgabe gewachsen, die vor Ihnen liegt. Lassen Sie sich nicht von eitlem Stolz ablenken. Ihre Motivation würde der Sache nicht gerecht, wenn Ihr Handeln ausschließlich darauf abzielte, Beifall von anderen, persönliche Anerkennung oder persönlichen Reichtum zu erlangen. Diese Linie besagt, daß sich Erfolg einstellt, indem Sie eine umfassende Sichtweise pflegen. Doch ist jetzt der Zeitpunkt für Sie gekommen, das Feld des Handelns zu betreten. Abgesehen von Ihren Fähigkeiten, sind es zwei Eigenschaften, die Sie bei der Person, mit der Sie zusammenarbeiten werden, besonders empfehlen: Ihre Hingabe und Ihre Zuverlässigkeit. Die Zeit ist reif, sich dem Kopf einer Unternehmung anzuschließen (vielleicht ist er Ihr neuer Chef), der Ihr großes Potential erkennt. Gegenseitiger Respekt ist der Beweis dafür. Das Projekt wird Erfolg haben.

Neun auf drittem Platz

Das Projekt gewinnt allmählich an Boden. Unerwarteter Einfluß kommt. Menschen außerhalb Ihres Aktionsfeldes nehmen Ihre Arbeit anerkennend zur Kenntnis. Das bedeutet mehr Einfluß, mehr Erfolg und vor allem die Gelegenheit, Ihr Aktionsfeld zu erweitern. Sie dürfen dies in aller Zuversicht tun, da die Antriebskraft der bisher geleisteten Arbeit Sie befähigt hat, die Stärke zu entwickeln, die Sie brauchen, um der gesteigerten Herausforderung zu begegnen.

Es wird langfristig nicht Ihren Interessen dienlich sein, wenn Sie sich ärgern und Sorgen machen. Es ist wichtig, daß Sie durch Entspannung einen Ausgleich in Ihren Tagesablauf hineinbringen. Das

Geheimnis dieser Linie liegt in der Kunst der Selbsterneuerung. Das führt zum Gelingen. Der Gedanke der Selbsterneuerung geht über die bloße körperliche Entspannung und das Auftanken physischer Kraft hinaus und schließt die tägliche Erneuerung der eigenen Sichtweise gegenüber den Dingen ein. Das ist das Geheimnis von Beharrlichkeit. Eine Warnung ist beigefügt: Lassen Sie nicht zu, daß Sie von der *Idee* großer Pläne und Programme besessen oder davongetragen werden. Die Ideen an sich mögen großartig und vielversprechend sein, doch um so entscheidender ist Ihre persönliche Haltung. In Zeiten großer Übergänge kann eine unkorrekte Haltung gegenüber dem Erfolg Ihre Integrität ruinieren. Wenn Sie einen Fehler machen, dann jetzt. Dieser Fehler besteht in Selbstgefälligkeit – dafür ist hier kein Platz.

Neun auf viertem Platz

Ein gewisses Maß an Wahlmöglichkeiten liegt nun vor ihnen. Sie können nun entscheiden, wie Sie sich weiterentwickeln und in welche Art von Aktivität Sie Ihre Energie einfließen lassen wollen. Die Alternativen sind folgende: Erstens, Sie können die Zusammenarbeit mit anderen Menschen wählen und sich in den Tumult des Geschäftsalltags stürzen, oder zweitens, Sie können allein arbeiten und Ihre Kreativität entwickeln. Sie haben die Wahl und müssen sich jetzt entscheiden. Ganz gleich, welche Wahl Sie treffen, Ihre Entscheidung wird richtig sein, vorausgesetzt, Sie folgen Ihrem Herzen.

Neun auf fünftem Platz

Sie haben »Größe« erlangt. Das bedeutet Gesehenwerden. Durch Ihre Arbeit werden Sie von Menschen auf der ganzen Welt gesehen. Das Wort »Größe« ist nicht in dem oberflächlichen Sinn von Berühmtheit zu verstehen. Es beinhaltet eine spirituelle Qualität. Sie vermögen mit den höchsten Idealen mitzuschwingen, die die Menschheit als ganze erstrebt. Daher erkennen diejenigen, die sich mit diesen Idealen identifizieren, Ihren Anteil an dem großen Werk, und umgekehrt erkennen auch Sie den Anteil der anderen daran. Das bedeutet erhabenes Gelingen von Dauer.

Hexagramm 1

Oben eine Neun

Diese Linie spricht von einer Person, die die Gelegenheit hatte, große Dinge zu erreichen, jetzt aber der Versuchung erliegt, ein arroganter Eiferer zu werden. Das Unheil, von dem hier die Rede ist, liegt darin, daß die Art, wie Sie sich als Individuum sehen, abgespalten ist von der Art, wie Sie sich als kreativer Mitstreiter am großen Werk sehen. Aus einer solchen Haltung heraus kann keine Größe entstehen, und wenn sie beibehalten wird, führt dies zu abnehmendem Einfluß, zum Sturz aus der Gnade. Doch ist dies, im gegenwärtigen Stadium, lediglich eine Warnung. Sie haben noch Zeit, Ihre Lage zu überdenken und radikal zu verändern.

Wenn sich alle sechs Linien gleichzeitig wandeln

Wenn dieser Fall eintritt, entsteht zum Ausgleich Hexagramm 2: *Das Empfangende*. Wenn die schöpferische Kraft vollkommen im Gleichgewicht ist mit der sanften Haltung desjenigen, der seine Energie zu kultivieren versteht, so gibt es großes Gelingen. Die Kraft zur Entscheidung und die Kraft zum Handeln sind harmonisch vereint. Das Ergebnis ist eine Klarheit der Sicht und ein ökonomischer, äußerst wirksamer Einsatz von Energie. Kooperation von dritter Seite gehört zu den Begleitumständen einer solchen Situation. Daher drückt Macht sich anmutig aus, und es geschehen keine Fehler.

(Vergleichen Sie die Hexagramme 14: *Besitz in großem Maß*, und 22: *Die Anmut.*)

HEXAGRAMM 2

Das Empfangende (Die Pflege)

»Weil er nichts Eigenes will, darum wird sein Eigenes vollendet.«

(Laotse: Tao te king)

Das Urteil

Erhabenes Gelingen. Ideen nehmen Gestalt an. Aus dem Entwurf wird ein greifbares physisches Produkt. Das Empfangende folgt dem Schöpferischen. Offenheit. Die Manifestation der Natur. Die Kodierung entfaltet sich. Das Sichtbarwerden.

Die Erfordernisse im besonderen

Pläne werden ausgeführt, Konzepte zur Anwendung gebracht. Der schöpferische Impuls wird aufgegriffen. Dinge werden zum Wachsen gebracht.

Das Klima

Empfänglich sein für Ideen, zuhören, in Obhut nehmen und nähren. Milde.

Der gedankliche Rahmen

Da das Wesen des Empfangenden die Fruchtbarkeit ist, machen Sie von Ihrem natürlichen, intuitiven Verständnis von Wachstumsprozessen Gebrauch, von der Beziehung zwischen dem gedanklichen Konzept und seinem Ausdruck im Konkreten. Sie haben alle Voraussetzungen, der Form Qualität und Schönheit zu verleihen. Wie etwas in Erscheinung tritt, liegt auch in Ihrer Verantwortung.

Im Lichte des oben Gesagten dürfte klar sein, daß Ihre sämtlichen Energien der Erfüllung der ursprünglichen Idee und nicht ihrer Infragestellung zu widmen sind. Sie treten erst dann in den Bereich des Handelns ein, wenn der Idee zugestimmt wurde.

Grundannahmen für den Entscheidungsprozeß

Die folgenden Einschätzungen gelten vorbehaltlich der Auskünfte, die in den Wandlungslinien gegeben werden. Die Wandlungslinien haben immer Vorrang.

Planung

Nur langfristig. Sehen Sie die Dinge im größeren Zusammenhang. Günstig.

Kommunikation

Fördern Sie die Integration der Ressourcen. Überwiegend intern. Eine äußerst günstige Zeit, um Kontakte zu Personen zu knüpfen, die bei der Entwicklung von Ideen helfen.

Wachstum und Produktivität

Sofern die Grundidee stimmt, wird es Ihnen gelingen, sie zum Wachsen zu bringen.

Risiken

Sie werden keine Risiken eingehen müssen.

Investition und Finanzierung

Setzen Sie nur das ein, was zur Verwirklichung klar definierter Ziele notwendig ist. Hervorragende Aussichten.

Vorhandene Ressourcen

Reichlich.

Beginn einer Unternehmung

Die Aussichten sind hervorragend, solange die Hauptinitiative nicht bei Ihnen liegt. Arbeiten Sie mit Innovatoren zusammen und folgen Sie deren Leitung. Günstig.

Feedback

Uneingeschränkt positiv. Unterstützen Sie die Leitung und nehmen Sie dieser gegenüber eine empfängliche Haltung ein.

Informationslage

Sie sind im Besitz aller erforderlichen Daten bzw. diese sind Ihnen leicht zugänglich.

Produktwahl
Ihr Urteil ist richtig. Holen Sie sich aber noch eine zweite Meinung von außen.

Urteilsvermögen
Ausgezeichnet. Machen Sie vollen Gebrauch von Ideen. Die Ergebnisse werden bemerkenswert sein. Günstig.

Werbung
Es ist noch verfrüht, es sei denn, Sie befinden sich im Planungsstadium. Die Möglichkeiten sind gut. Günstig.

Unterstützung
Die Unterstützung steht zur Verfügung. Eine Unterstützung des Projekts durch Sie wird gern angenommen, sie ist sogar entscheidend für das Projekt.

Verträge und Vereinbarungen
Fair. Die Anforderungen werden erfüllt. Durchdenken Sie die Sache allein.

Forschung und Entwicklung
Konzentrieren Sie Ihre Bemühungen. Äußerst erfolgversprechend.

Marketing
Erwägungen hinsichtlich des Marktes sind angemessen. Marketing noch verfrüht. Günstig. Am besten ist es, auf Initiativen von dritter Seite zu reagieren.

Internationale Geschäfte
Günstig. Am besten ist es, auf Initiativen von dritter Seite zu reagiern.

Wie Sie die beste Leistung von Ihren Mitarbeitern bekommen
Hören Sie zu, was diese Ihnen an Ideen vorzutragen haben. Herzliche Zusammenarbeit.

Quellen für Unheil
Aggressive Haltung. Ergreifen der Initiative. Infragestellen der ursprünglichen Konzeption.

Quellen für ein Gelingen
Der Leitung folgen. Helfen, die Ressourcen zu integrieren.

Die Wandlungslinien – Die Brücken zur Zukunft
Anfangs eine Sechs

Jede Unternehmung durchläuft Zeiten des Gedeihens und des Niedergangs. Solche rhythmischen Schwankungen sind unvermeidbar. In den kommenden Monaten wird die Unternehmung eine Zeit des Niedergangs erfahren. Ergreifen Sie geeignete Maßnahmen. Bilden Sie Rücklagen; beschränken Sie die Ausgaben auf das Nötigste, um den laufenden Betrieb sicherzustellen, machen Sie aber keinen Versuch zu expandieren. Möglicherweise sind im Augenblick noch keine Anzeichen zu sehen, sie werden sich aber schon bald zeigen. Nutzen Sie die Früchte der Vergangenheit, um die Zeit des Wachstums zu nutzen, die auf den Niedergang folgen wird.

Jetzt ist der Zeitpunkt, schlechte Gewohnheiten aller Art im Unternehmen auszurotten, denn die gegenwärtige Lage begünstigt unlautere Elemente. Treten Sie ihnen im ersten Aufkeimen mit Entschlossenheit entgegen.

Sechs auf zweitem Platz

Erreichtes kann nun aus eigener Kraft heraus bestehen. Sie sollten daher kein Geld für Werbung ausgeben. Wenn die Produkte oder Dienstleistungen, die Sie anbieten, es wert sind, werden sie auch als solche erkannt, und Gelingen ist die Folge.

Sechs auf drittem Platz

Gelingen, sofern Sie nicht versuchen, die besondere Aufmerksamkeit anderer auf sich zu lenken. Ist Ihre Arbeit solide und von guter Qualität, so wird sie lobend anerkannt.

Da Sie noch dabei sind, Ihre Fähigkeiten zu entwickeln, sollten Sie außerhalb des Rampenlichtes bleiben, bis Sie reif genug dafür sind.

Sechs auf viertem Platz

Gefahr. Behalten Sie, was Sie erreicht haben, für sich, denn in Ihrer Nähe sind Menschen, die zu Neid und Gegnerschaft neigen. Sie sollten nichts tun, um sie herauszufordern. Sobald Sie jetzt auf irgendeine Weise die öffentliche Aufmerksamkeit auf sich lenken, wird Ihr Werk ernsthaft behindert, wenn nicht gar zum Stillstand gebracht durch Menschen, die ein Interesse daran haben, daß es *nicht* vollendet wird.

Sechs auf fünftem Platz

Ihr Einfluß im Unternehmen beruht auf der Güte Ihrer Arbeit und auf einer ruhigen, nicht anmaßenden Haltung. Da Sie sich nicht zur Schau stellen, werden Sie umso mehr anerkannt. Sie haben daher auch die Gabe, mit Feingefühl zu kommunizieren. Erhabenes Gelingen.

Oben eine Sechs

Hier versucht das Empfangende, das Schöpferische zu besiegen. Da aber das Empfangende und das Schöpferische Urkräfte sind von vergleichbarer Stärke, gerät die Beziehung ins Chaos. Dadurch werden beide Urkräfte verletzt.
Viele Unternehmen gehen an diesem Umstand zugrunde. Das hat nichts mit einer Fehleinschätzung des Marktes oder ähnlichem zu tun, sondern beruht auf einem ernsthaften inneren Konflikt im Management.

Wenn sich alle sechs Linien gleichzeitig wandeln

Es handelt sich hierbei um einen Zustand dynamischen Gleichgewichts. Es findet weder eine Expansion noch eine Verkleinerung des Unternehmens statt; es funktioniert innerhalb klar definierter Grenzen. Es behauptet seinen Platz am Markt durch kräftiges Wassertreten. (Vgl. Hexagramm 12: *Die Stockung.*)

HEXAGRAMM 3

Der schwierige Anfang

Das Urteil

Erhabener Erfolg. Pflegen und fördern Sie Selbstvertrauen. Arbeiten Sie nach einem festen Ablaufplan. Seien Sie beständig. Die Lage ist unentwickelt, doch sind die Aussichten auf Entwicklung günstig. Sie brauchen die Zusammenarbeit mit anderen.

Die Erfordernisse im besonderen

Die Situation in den Griff bekommen. Den eigenen festen Stand finden. Entwickeln Sie einen Bezugsrahmen für Ihre Arbeit und halten Sie sich an ihn, bis das Vertrauen kommt. Beharrlichkeit ist das Geheimnis des Erfolgs. Sie können Fortschritte erzielen. Versuchen Sie dies nicht im Alleingang.

Das Klima

Unruhiges, geschäftiges Treiben. Eine gewisse Verwirrung und Unsicherheit. Dies kann zum Vorteil gewendet werden, wenn Sie sich dem Ordnen der Angelegenheiten widmen. Organisieren Sie sich. Es bedarf der Anstrengung über einen Zeitraum von drei Monaten. Alles ist im Begriff, eine endgültige Form anzunehmen.

Der gedankliche Rahmen

Der Beginn eines Projekts erfordert mehr organisatorische Klarheit als ein späteres Stadium. Die Angelegenheit erfordert bleibenden Energieeinsatz und Beharrlichkeit, damit der Erfolg gesichert ist. Das Ziel ist die stabile Vereinigung der Kräfte, die oft (scheinbar) gegeneinander arbeiten.

Die Entfaltung eines Unternehmens besitzt ihre eigene Triebkraft. Die Erfahrungen zu Beginn sind intensiv.

Grundannahmen für den Entscheidungsprozeß

Die folgenden Einschätzungen gelten vorbehaltlich der Auskünfte, die in den Wandlungslinien gegeben werden. Die Wandlungslinien haben immer Vorrang.

Management

Zum gegenwärtigen Zeitpunkt können Sie nicht allein arbeiten. Treffen Sie alle Entscheidungen gemeinsam. Kooperieren Sie. (Vgl. Hexagramm 45: *Der Zusammenschluß*, für weitere Überlegungen.)

Planung

Ein Plan drängt rasch nach oben. Treffen Sie zur Zeit noch keine endgültige Entscheidung zugunsten eines ganz bestimmten Szenarios. Warten Sie ab, was geschieht. Stellen Sie sich darauf ein, flexibel und anpassungsfähig zu sein. Die Hauptrichtungen sind noch nicht festgelegt. Pläne müssen zur Zeit noch als kurzfristig betrachtet werden.

Wachstum und Produktivität

Verfrüht. Warten Sie ab, wie sich der Plan entwickelt. Die lang- und mittelfristigen Aussichten könnten ausgezeichnet sein.

Investition und Finanzierung

Einzelheiten sollten zu einem späteren Zeitpunkt festgelegt werden.

Der Zeitpunkt

Dies ist die Geburt einer neuen Unternehmung.

Beginn einer Unternehmung

Ausgezeichnet. Beharrliches Bemühen wird Ergebnisse zeitigen.

Feedback

Positiv.

Priorität

Das Schaffen solider Grundlagen.

Produktwahl

Endgültige Entscheidung und Festlegung sollten zu einem späteren Zeitpunkt erfolgen.

Dienstleistungen

Größenordnung und Geltungsbereich sollten zu einem späteren Zeitpunkt festgelegt werden.

Urteilsvermögen

Wird besser. Doch sollten Sie sich mit anderen beraten. Vorsicht mit Urteilen, die Sie allein getroffen haben und nach denen Sie handeln.

Werbung und Marketing

Sie kennen noch nicht die mögliche Trag- und Reichweite des Projekts. Gehen Sie zur Zeit keine festen Verbindlichkeiten bezüglich Ausgaben ein. Seien Sie vorsichtig und zurückhaltend.

Unterstützung

Suchen Sie Unterstützung. Günstig.

Verträge und Vereinbarungen

Im gegenwärtigen Stadium sollten keine festen Verpflichtungen eingegangen werden. Die Lage ist nicht genügend geklärt.

Ausgaben

Nur kurzfristige Ausgaben sind angezeigt. Alle übrigen Überlegungen sollten zurückgestellt werden.

Input

Maximal und von verschiedenster Art und Qualität.

Output

In den Anfängen sollten Sie Verpflichtungen und Kommunikation auf ein absolutes Minimum beschränken.

Entscheidungen

Es muß ausdrücklich betont werden, daß jetzt nicht der Zeitpunkt ist für wichtige Planungs- oder Managemententscheidungen, obwohl vorläufige Entscheidungen getroffen werden müssen, die später bestätigt oder verworfen werden können.

Quellen für Unheil

Alleingang. Überreaktion auf Gelegenheiten. Übereiltes Vorgehen.

Quellen für ein Gelingen

Warten Sie ab, bis sich die Lage stabilisiert hat, bevor irgendwelche Entscheidungen getroffen werden. Alle Schlüsselelemente müssen erst ihren Platz finden, bevor sie ordnungsgemäß funktionieren können. Zurückhaltung ist angesagt. Dieser Prozeß kann nicht künstlich beschleunigt werden.

Die Wandlungslinien – Die Brücken zur Zukunft

Anfangs eine Neun

Erst wenn Ihre geschäftlichen Absichten klar umrissen sind, bevor Sie in die aktive Organisation der Ressourcen einsteigen, können Sie entsprechend qualifizierte und erfahrene Hilfe anziehen. Da es sich um eine Lernphase handelt, sollten Sie eine geistig offene Haltung bewahren. Es braucht Zeit, das Maß an Verpflichtungen abzuschätzen. Das ist mit Stabilität gemeint.

Sechs auf zweitem Platz

Das neue Unternehmen ist einem unglaublichen Druck ausgesetzt und im Begriff auseinanderzufallen. Hilfe wird Ihnen von einer erfahrenen, außenstehenden Person angeboten, deren Absichten Sie anfangs zu Unrecht mißtrauen. Sie sind versucht, die Hilfe anzunehmen, die Ihnen diese Person anbietet, doch müssen Sie in *diesem* Fall ablehnen. Einige Jahre später werden Sie in der Lage sein, gemeinsam an einem neuen Projekt zu arbeiten – aber nicht an diesem. So müssen Sie selbst unter extremen Schwierigkeiten lernen, Hilfe zurückzuweisen.

Sechs auf drittem Platz

Es begegnen Ihnen zum allerersten Mal Situationen und Gelegenheiten, die Sie herausfordern. Sie besitzen keine Vorstellung davon, wie Sie der komplexen Lage gerecht werden sollen, daher sollten Sie aktiv einen qualifizierten Marketing-Manager suchen.

Sechs auf viertem Platz

Allmählich wird Ihnen das Ausmaß und die Komplexität dessen klar, was Sie begonnen haben. Trotz der Tatsache, daß Sie alle Ihnen zur Verfügung stehenden Ressourcen zum Einsatz bringen, machen Sie keinen wirklichen Fortschritt. Sie brauchen jemanden, der mithilft, die Dinge ins Rollen zu bringen. Es muß sich nicht um eine Dauerstellung handeln, aber sie ist auf jeden Fall absolut notwendig. Mit der richtigen Hilfe kann die Lage noch erfolgreich gewendet werden.

Neun auf fünftem Platz

Die allgemeinen Zielsetzungen des Unternehmens sind nun festgelegt, doch gibt es Meinungsverschiedenheiten im Management über die Art der Verfahrensweise. Die meisten Argumente, die die Gegenseite vorbringt, sind absurd und leicht abzutun; eine Strategie oder ein Projekt von Bedeutung kann unmöglich ohne das Vertrauen des ganzen Management-Teams verwirklicht werden. Jedes Mitglied des Entscheidungsgremiums sollte, getrennt von der Gruppe, die Vorschläge allein durcharbeiten und eine Analyse jedes einzelnen Schrittes erarbeiten und vollständig begründen. Dann wird sich klar abzeichnen, was zustimmungsfähig ist, und die Strategie wird daraus hervorgehen.

Oben eine Sechs

Schwierigkeiten über Schwierigkeiten. Die Schwierigkeiten haben Sie so überwältigt, daß Sie allmählich das Gefühl haben, es habe keinen Sinn weiterzumachen. Sie sind restlos davon überzeugt, daß ein Erfolg nicht möglich ist, und es kann sein, daß Sie das Projekt im Zustand der Verzweiflung aufgeben. Wenn Sie die Nerven behalten und dabeibleiben, könnte sich der Weg zum Fortschritt, so ungewöhnlich er auch sein mag, auftun. Andererseits könnte es richtig sein, daß das Unternehmen hier endet. Dieser Ausgang wurde wahrscheinlich durch Umstände herbeigeführt, über die Sie keine Kontrolle hatten. Der Mißerfolg von Unternehmungen sagt oft mehr aus über den Mangel an Unterstützung, den ein Wirtschaftssystem oder eine Regierungspolitik bietet, als über die Qualität des persönlichen Einsatzes. Noch können Sie sich entscheiden. (Vgl. die Hexagramme 16: *Die Begeisterung,* und 62: *Das Übergewicht des Kleinen.*)

HEXAGRAMM 4

Die Unerfahrenheit der Jugend (Der Lernende)

»Der Meister sprach: ›Drei Jahre lernen, ohne nach Brot zu gehen, das ist nicht leicht zu erreichen.‹«
(Kungfutse: Gespräche, Buch VIII)

Das Urteil

Vorausgesetzt Sie lernen aus Ihren Fehlern: Erfolg.

Die Erfordernisse im besonderen

Die Situation des Lernens. Es handelt sich darum, Unterweisung, Anweisung, Training anzunehmen. Eine Lehre, Kurse, Auffrischungslehrgänge, das Sammeln von Information. Erfahrungen machen. Prüfung der Kompetenz und Entwicklung des Charakters.

Das Klima

Gefahr, die dadurch entsteht, daß die Dinge nicht ernstgenommen werden. Die Folgen von Unreife können vermieden werden durch eine Überprüfung der eigenen Haltung und die Bereitschaft, empfänglich zu sein. (Vgl. Hexagramm 2: *Das Empfangende,* wo die Ausgewogenheit beschrieben wird, die es anzustreben gilt.)

Der gedankliche Rahmen

Die Beziehung Lehrer–Schüler.
   Unerfahrenheit wird normalerweise mit Jugend in Verbindung gebracht, doch das muß nicht immer der Fall sein.
   Hier geht es um ein neues Unternehmen, so daß sich die »Unerfahrenheit« auf die Unvertrautheit mit der Arbeit bezieht. Dieses Hexagramm befaßt sich mit der Grundsituation des »Anfängers«.
   Neu zu sein in einer Situation bedeutet, daß man weisen Rat, Lehrer und erfahrene Ratgeber braucht und sich auf diese verlassen sollte. Der weise Lehrer, der den Unerfahrenen berät, kann auch symbolisch

verstanden werden und die unterschiedlichste Gestalt annehmen. »Er« ist die Stimme der Erfahrung in einer neuen Situation, mit »er« kann also ein altes Weisheitsbuch gemeint sein, ein erfahrener Freund, ein Manager, die Person, die mit Ihrem Training beauftragt ist, ein Unternehmensberater, kurz, jeder, an den Sie sich in Sachen Rat wenden.

Es gehört zur Verantwortung des unerfahrenen Unternehmers, sich den richtigen Lehrer zu suchen, dem er seine Fragen vorlegen kann. Der Schüler sollte zum Lehrer gehen, nicht umgekehrt, so daß er empfänglich ist für Rat und diesen zu schätzen weiß.

Hat der Schüler den Lehrer einmal um Rat gebeten, so gebietet es der Respekt, auf den gegebenen Rat zu hören und ihn zu befolgen. Fährt der Schüler beharrlich in seinem Fragen fort aus einer Haltung der Unbescheidenheit und Unzulänglichkeit heraus, so wird der Lehrer das Vertrauen in ihn verlieren und ihm künftig seine Hilfe verweigern. Das ist gemeint, wenn wir sagen: Lernen kann nur einer, dessen Herz demütig ist.

Es ist die Aufgabe des Lehrers, den Schüler oder Praktikanten geduldig und umfassend mit allem zu versorgen, was er braucht, um ein Problem zu lösen beziehungsweise ihm alle Informationen zu geben, die er braucht, um eine Entscheidung treffen zu können.

Grundannahmen für den Entscheidungsprozeß

Die folgenden Einschätzungen gelten vorbehaltlich der Auskünfte, die in den Wandlungslinien gegeben werden. Die Wandlungslinien haben immer Vorrang.

Management

Konzentrieren Sie sich auf die Ausbildung der Trainees. Überprüfen Sie das Trainingsprogramm. Zur Aneignung von Fertigkeiten bedarf es mehr als einer umfassenden Erfahrung; es müssen auch formale Regeln gelernt werden. Werden die Regeln korrekt gelernt, kann Erfahrung das Verständnis vertiefen. In jeder Lernsituation muß es eine Kombination aus formaler Unterweisung (Theorie) und praktischer Erfahrung geben. Es gibt keine Abkürzungen.

Trainee (der »Schüler«)

Verwenden Sie Zeit darauf, sich Unterweisung und Erfahrung anzueignen und umzusetzen. Nehmen Sie dies ernster.

Planung

Es bedarf größerer Voraussicht. Dies ist ein Schlüsselproblem. Sie sollten sich die Zeit nehmen, die Beziehungen zwischen den verschiedenen Ideen hinsichtlich ihrer Ursachen und Folgen zu prüfen. (Vgl. Hexagramm 20: *Die Betrachtung,* wo die Erfordernisse der Situation, in der Sie sich befinden, umfassender dargelegt werden.)

Kommunikation

Das Potential für ein Maximum an Kommunikation ist ausgezeichnet.

Wachstum und Produktivität

Ihr Ziel sollte ein klares Verständnis sein. Üben Sie dies konsequent. Günstig, da viel erreicht werden kann.

Risiken

Gehen Sie nicht auf unverbürgte Gelegenheiten ein. Sie werden Ihnen schlecht bekommen.

Investition und Finanzierung

Investieren Sie in Ausbildung und in Unterrichtsmaterial. Erlauben Sie sich Zeit.

Wie Sie die Zeit am besten nutzen

Denken, lernen, studieren.

Vorhandene Ressourcen

Es mangelt an Qualität.

Feedback

Positives Feedback sowohl für den Lehrer als auch für den Schüler ist absolut wesentlich in jeder Lernsituation. Ein Mangel an Feedback zerstört die Begeisterung für die Arbeit und untergräbt das Selbstvertrauen.

Urteilsvermögen

Entwicklungsbedürftig.

Werbung

Sondieren Sie noch mehr, bevor Sie sich bestimmten Ideen oder Hilfsmitteln verpflichten. Überprüfen Sie Alternativen. Lassen Sie sich beraten.

Marketing
Sie benötigen aktuellere und weitreichendere Daten.

Verträge und Vereinbarungen
Holen Sie sich qualifizierten Rat, *bevor* Sie bindende Verpflichtungen eingehen. Die Lage ist komplizierter als Sie denken.

Internationale Geschäfte
Es könnten Probleme diplomatischer Art vorhanden sein. Klären Sie zunächst einige grundlegende Arbeitsvoraussetzungen und sorgen Sie diesbezüglich für eine Übereinstimmung.

Ziele
Die wirksame Anwendung von Grundsätzen. Nützlichkeit in praktischen Situationen. Kompetenz.

Wie Sie die beste Leistung von Ihren Mitarbeitern bekommen
Zeigen Sie Ihr Interesse, selbst in schwierigen Zeiten. Seien Sie bereit zum Gespräch.

Input
Erweitern Sie Ihren Vorrat an Ideen durch Diskussionen und Lektüre. Stellen Sie Nachforschungen an.

Output
Ob der Pudding gut ist, erweist sich beim Essen: Die Qualität Ihres Verstehens wird einer Prüfung unterzogen werden.

Quellen für Unheil
Mangel an Ernsthaftigkeit, Faulheit, Mangel an Einsicht.

Quellen für ein Gelingen
Konsequentes, hartes Arbeiten, Selbstdisziplin, Empfänglichkeit für guten Rat.

Die Wandlungslinien – Die Brücken zur Zukunft

Anfangs eine Sechs
Zuviel Selbstdisziplin führt zu Engstirnigkeit. Zuviel von außen auferlegte Disziplin zerstört die Eigeninitiative und bricht den Geist. Gar keine Disziplin macht jede Form von Errungenschaft unmöglich. Eine

gewisse Selbstdisziplin, die angemessen vom Lehrer unterstützt wird, schafft genau die Atmosphäre, die es zum Lernen braucht. (Vgl. Hexagramm 60: *Die Beschränkung.*)

Neun auf zweitem Platz

Ein Lehrer muß tolerant sein und Rücksicht üben, wenn die Schüler die Arbeit schwierig finden. Hier nimmt der Lehrer Rücksicht, obwohl die Schüler es scheinbar nicht verdient haben. (Vgl. auch Hexagramm 58: *Das Heitere, Der See,* worin dargelegt wird, wie die günstigste Lernumgebung hergestellt werden kann.)

Sechs auf drittem Platz

Der Schüler sollte sich um Objektivität in seiner Beziehung zum Lehrer bemühen und der Versuchung widerstehen, zum Speichellecker zu werden oder um die Gunst des Lehrers zu buhlen. Der Lehrer sollte keinen Schüler begünstigen, dessen Arbeit nicht wirklich verdienstvoll ist, da sonst die Würde der Beziehung verlorenginge. Lob sollte allerdings gegeben werden, wo es angebracht ist, und der Schüler darf eine faire Würdigung seiner Arbeit erwarten.

Sechs auf viertem Platz

Der Schüler erlaubt seinen Gedanken, ziellos umherzuwandern. Doch der Lehrer weiß, daß der Schüler schließlich wieder zur Besinnung kommen wird, ohne daß er ihm dies sagen müßte.

Sechs auf fünftem Platz

Ein ernsthafter Schüler geht an seine Arbeit mit offenem Geist. Lehrer finden diese Haltung verdienstvoll und sind bereit, ihm zu helfen. (Vgl. die Hexagramme 19: *Die Annäherung,* und 35: *Der Fortschritt.*)

Oben eine Neun

Das einzige Ziel von Strafe besteht nicht darin zu demütigen, sondern aufsässiges und störendes Verhalten unter Kontrolle zu bringen. Strafe ist erst dann gerechtfertigt, wenn vernünftige und respektvolle Verwarnungen keine Wirkung hatten oder sehr wahrscheinlich keine Wirkung haben werden. Bezogen auf ein Anstellungsverhältnis begünstigt diese Art von Verhalten in der Regel eine Zurückstufung oder Kündigung.

HEXAGRAMM 5

Die Geduld

»Beim Wirken zeigt sich die Güte im Können. Beim Bewegen zeigt sich die Güte in der rechten Zeit.«

(Laotse: Tao te king, Vers 8)

Das Urteil

Gelingen. Die Dinge sind auf dem Weg, die Räder sind im Rollen. Die Ziele verschwinden vielleicht aus dem Blick. Das erweckt Ängstlichkeit. Überstürztes Handeln sollte unter allen Umständen vermieden werden. Lassen Sie den Entwicklungen ihren eigenen Gang.

Die Erfordernisse im besonderen

Es gilt, die rechte Zeit zum Handeln abzuwarten. Sie können Ihre Lage im wahrsten Sinne des Wortes nicht besser machen, als sie es bereits ist. Der Same ist schon gelegt. (Vgl. Hexagramm 25: *Die Unschuld*, das eine weitere, angemessenere Haltung aufzeigt.)

Das Klima

Eine Haltung der Ungeduld kann erfolgreich ersetzt werden durch einen konstruktiven Gebrauch der Zeit. Solide Vorbereitungsarbeit.

Der gedankliche Rahmen

Stellen wir uns ein im wesentlichen erfolgreiches Unternehmen und ein gut integriertes Management-Team vor. Was nun gebraucht wird, ist folgendes:

1. Geduld.
2. Das Finden eines geeigneten Arbeitstempos.
3. Das Vermeiden zielloser Entscheidungen.
4. Das Wissen, wann nicht vorwärtsgedrängt werden darf.
5. Ein ökonomischer Einsatz von Ressourcen und Arbeitskraft.

Es gibt keine Motivationsprobleme; auch das Gefühl für die Richtung stimmt. Die Arbeitsmoral läßt sich aufrechterhalten, indem den vorherrschenden Umständen Beachtung geschenkt wird. Punkt 4 ist zur Zeit der wichtigste.

Grundannahmen für den Entscheidungsprozeß

Die folgenden Einschätzungen gelten vorbehaltlich der Auskünfte, die in den Wandlungslinien gegeben werden. Die Wandlungslinien haben immer Vorrang.

Planung

Sehr wahrscheinlich haben Sie ihre zukünftige Vorgehensweise schon gut ausgearbeitet. Aus Ungeduld kommt es jedoch zu weiteren Planungssitzungen, zu vielen Veränderungen des Plans und viel Verwirrung.

Wachstum und Produktivität

Ihre Arbeit in der Vergangenheit wird Sie weit bringen. Es steht eine Zeit raschen Wachstums bevor.

Risiken

Dies ist nicht die Zeit, Risiken einzugehen.

Investition und Finanzierung

Dies ist nicht die Zeit, sich nach Investitionen umzusehen oder auch darüber zu entscheiden, wie künftige Ausgaben sich entwickeln sollen.

Ein Gefühl für das richtige Timing

Dies muß entwickelt werden. Entspannen Sie sich.

Vorhandene Ressourcen

Es sind genügend Ressourcen vorhanden, um einigermaßen glatt über die Runden zu kommen, doch wollen Sie in Ihrer Ungeduld vermutlich mehr.

Feedback

Bemühen Sie sich, positiver zu sein. Erweitern Sie Ihren Blickwinkel.

Wie Sie die Zeit am besten nutzen

Diversifizieren Sie Ihre Interessen. Der Einfältige hat selten lange Erfolg. (Vgl. Hexagramm 17: *Folge leisten, Anpassung an die Zeiten.*)

Produktwahl

Erwägen Sie jede Entscheidung sorgfältig. Sie neigen dazu, höchst wankelmütig zu sein, es sei denn, Sie verfügen über ein gut ausgearbeitetes Programm oder eine Spezialität.

Urteilsvermögen

Erwägen Sie Ihre Schlußfolgerungen sorgfältig über einen längeren Zeitraum, bevor Sie handeln.

Werbung

Sie haben in Verkaufsförderung investiert; warten Sie das Ergebnis ab. Dies ist auf keinen Fall der Zeitpunkt für weitere Investitionen.

Wie Sie die beste Leistung von Ihren Mitarbeitern bekommen

Geben Sie ihnen Raum, sich zu entspannen, wenn ihr Einsatz nicht gebraucht wird, und drängen Sie nicht zu stark über einen zu langen Zeitraum. Achten Sie die individuellen Bedürfnisse Ihrer Mitarbeiter und erfüllen Sie diese nach Möglichkeit.

Ziele

Sie werden erreicht, aber jetzt noch nicht.

Persönliche Haltung

Dies ist eine Zeit, um zu entspannen, Geselligkeit zu pflegen, sich den Abend frei zu nehmen. Unternehmen jeder Größenordnung sollten die Zeit und/oder die Einrichtungen für eine natürliche Entspannung zur Verfügung stellen, damit die Zeit konstruktiv genutzt werden kann, während das Unternehmen Wasser tritt. Das Management sollte die Belegschaft nicht unter einem ständigen Arbeitsdruck halten, wenn die Umstände dies nicht erfordern. Es ist wichtig, die Kraft des Teams wie auch die des Managements zu bewahren.

Quellen für Unheil

Das Verschwenden oder Fehlleiten von Ressourcen.

Quellen für ein Gelingen
Eine beharrlichere Einstellung. Haben Sie Vertrauen in sich selbst.

Die Wandlungslinien – Die Brücken zur Zukunft

Anfangs eine Neun
Ein Gefühl von Erwartung liegt in der Luft. Was am Horizont ist, kann noch nicht bestimmt werden. Seien Sie daher wachsam und bewahren Sie Ihre Energie. Verlassen Sie noch nicht Ihre Routine, nur weil Sie spüren, daß eine Veränderung auf Sie zukommt.

Neun auf zweitem Platz
Lassen Sie sich nicht durch ungenaues oder unfaires Gerede beunruhigen. Auf keinen Fall sollten Sie darauf antworten. Wer am meisten die Ruhe bewahrt, wird den Sieg davontragen.

Neun auf drittem Platz
Sie haben übereilt gehandelt in einer Situation, die schon schwierig genug war. Das macht Sie angreifbar. Mitbewerber können die Lage ausnutzen; versuchen Sie, den Schaden, der daraus entstehen könnte, so gering wie möglich zu halten.

Neun auf viertem Platz
Die Lage ist kritisch. Es kann zu ernsten Verlusten kommen. Sie dürfen die Lage nicht aus dem Gleichgewicht bringen. Fassen Sie sich, reißen Sie sich wenn nötig zusammen. Es könnte noch einen Ausweg geben.

Neun auf fünftem Platz
Der Sturm ist noch nicht vorüber, sondern Sie sind im ruhigen Zentrum des Orkans. Sie müssen jetzt zwei Dinge gleichzeitig tun: entspannen und Kraft sammeln und gleichzeitig Ihre Ziele nicht aus den Augen verlieren. Die erfolgreiche Kunst besteht darin, jedesmal, wenn sich eine Gelegenheit bietet, Fortschritte zu machen, und jedesmal, wenn der Fortschritt zum Stehen kommt, wieder Kraft zu tanken. Wenn es Ihnen und Ihrem Unternehmen gelingt, sich diesem seltsamen Rhythmus in der Geschäftswelt, in der es drunter und drüber geht, anzupassen, können Sie außerordentlich effektiv und beweglich gegenüber Hemmnissen sein. Diese Eigenschaften, richtig entwickelt, können den Unterschied zwischen Untergang und Schwimmen bedeuten.

Oben eine Sechs

Zur großen Überraschung ist die Situation dazu bestimmt, einen erfolgreichen Ausgang zu nehmen, doch alles scheint darauf hinzudeuten, daß der Weg nicht weitergeht. Das Schicksal spielt Ihnen die unerwartete Glückskarte in die Hand, obwohl Sie noch beim Umdrehen der Karte meinen, es sei das Pik As. Obwohl Ihr ganzes Gefühl Sie drängt, aus dem Spiel auszusteigen, sollten Sie dies nicht tun, bevor die Karte nicht gewendet ist. Noch sind Sie im Spiel.

HEXAGRAMM 6

Die Sackgasse (Der Konflikt)

Das Urteil

Gelingen, wenn Sie einen Kompromiß schließen; Unheil, wenn Sie dies nicht tun. Es könnte notwendig sein, einen Schlichter einzuschalten. (Vgl. Hexagramm 40: *Die Befreiung,* und Hexagramm 49: *Die Revolution,* um Ihre gegenwärtige Sichtweise auszugleichen.)

Die Erfordernisse im besonderen

Konfrontation; Aushandeln; Antagonismus; Streit. Die Lage ist nicht produktiv.

Das Klima

Spannung, Unwohlsein. Unangenehmes Auseinandergehen der Meinungen.

Der gedankliche Rahmen

Das Thema heißt Konflikt, doch muß sich dieser Konflikt nicht unbedingt in einem offenen Antagonismus äußern, welcher Art auch immer die wahren Gefühle der beiden Parteien sein mögen. Die beiden gegnerischen Seiten oder Individuen fühlen sich beide im Recht, doch gibt es niemanden, der über die Richtigkeit oder Unrichtigkeit urteilt. Unbefriedigend ist die Tatsache, daß ein Konflikt vorhanden ist. Falls eine Seite ihre Ansichten gewaltsam durchdrückt, könnte es so aussehen, als würde die andere den Rückzug antreten, doch in Wirklichkeit wird sie dazu getrieben, unter der Hand Mittel zu finden, sich durchzusetzen.

Beide Parteien haben diese Neigung, und daher kommt es zu keiner abschließenden Übereinkunft. Der einzige Weg nach vorn liegt im Kompromiß. Dies erfordert eine tiefgreifende Korrektur der Haltung, die – wenn auch schwierig zu erreichen – genau das ist, was in dieser Situation auf dem Prüfstand steht.

Es gibt auch eine Warnung. Der Konflikt beruht teilweise darauf, daß Sie den Willen hatten, eine wichtige Herausforderung anzunehmen, die Ihre Stellung vorangebracht hätte. Ein lebendiger Gegner (im Gegensatz zu einem nicht greifbaren Hemmnis) steht zwischen Ihnen und Ihrem Ziel – einer Vereinbarung zu Ihren Bedingungen. Sie sollten Ihr kurzfristiges Ziel vollständig aufgeben und Ihre Lage überdenken. (Vgl. Hexagramm 38: *Opposition,* und Hexagramm 33: *Der strategische Rückzug.*) Die Aufforderung, sich zu erklären, ist angemessen. Es besteht die Möglichkeit eines ernsten Verlustes, daher ist es weise, sich nicht absichtlich in eine Position der Verwundbarkeit zu begeben. Vermeiden Sie es, Ihr Schiff in eine Kollision zu steuern.

Grundannahmen für den Entscheidungsprozeß

Die folgenden Einschätzungen gelten vorbehaltlich der Auskünfte, die in den Wandlungslinien gegeben werden. Die Wandlungslinien haben immer Vorrang.

Management

Erstrangige oder prinzipielle Zielsetzungen bedürfen einer ernsthaften Abänderung. Vermeiden Sie die offene Konfrontation mit Mitbewerbern in bezug auf zweitrangige Ziele.

Planung

Jeder Plan beinhaltet klar zum Ausdruck gebrachte Zielsetzungen und Strategien. Überdenken Sie Ihre Haltung in bezug auf beides. Erwägen Sie die Möglichkeit, den Plan mit der Gegenseite zu teilen oder ihn vollständig zu verändern, da beide Parteien durch gegenseitige Zerstörung verlieren könnten.

Kommunikation

Seien Sie empfänglich. Hören Sie zu und ergreifen Sie selbst das Wort. Überprüfen Sie die Tatsachen. Geben Sie sich nicht mit Hörensagen zufrieden. Das gilt auch für Ihre eigenen Behauptungen.

Wachstum und Produktivität

Vorübergehend verschlechtert. Das Ausmaß der Verschlechterung ist eine Sache persönlicher Beurteilung.

Grundannahmen für den Entscheidungsprozeß

Risiken

Vermeiden Sie jedes Risiko. Sie sind nicht in einer Lage, in der Sie Verantwortung auf sich nehmen können.

Investition und Finanzierung

Binden Sie keine Mittel. Sie wären vergeudet.

Der richtige Zeitpunkt

Warten Sie. Es bedarf dringend weiterer Verhandlungen. Handeln Sie nicht anmaßend.

Vorhandene Ressourcen

Potentiell eine verlustbringende Situation.

Beginn einer Unternehmung

Negativ; ungünstig.

Feedback

Wünschenswert ist ein versöhnendes, vermittelndes Feedback. Das augenblickliche Feedback ist negativ. Sie sind mitverantwortlich.

Urteilsvermögen

Verkrampft und unzuverlässig. Handeln Sie nicht danach.

Unterstützung

Suchen Sie keine Unterstützung. Ungünstig. Es ist nicht ratsam, Außenstehende hineinzuverwickeln, es sei denn, sie gehören einem Vermittlungsgremium an.

Verträge und Vereinbarungen

Lesen Sie die Bedingungen und Garantien im Detail. Unterschreiben Sie nichts. Holen Sie unabhängigen Rat ein. Dies ist nicht der Zeitpunkt für Entscheidungen, von denen die Zukunft des Unternehmens abhängen könnte.

Geschäfte im In- und Ausland oder diesbezügliche Vereinbarungen

Leisten Sie den Verfügungen eines unabhängigen und von beiden Seiten akzeptierten Schiedsgremiums Folge. Dies könnte die einzige Möglichkeit sein, um Schaden von Ressourcen und Beziehungen abzuwenden.

Quellen für Unheil

Beharrliche Aggression. Egoistische Sichtweise. Parteienbildung. Ein Insistieren auf Ihrem Standpunkt kann zur Entzweiung führen.

Quellen für ein Gelingen

Vermeiden Sie eine Verschlimmerung des Konflikts. Versöhnung.

Die Wandlungslinien – Die Brücken zur Zukunft

Anfangs eine Sechs

Am vernünftigsten ist es, Meinungsverschiedenheiten nicht so weit zu treiben, daß deshalb Beziehungen böswillig aufs Spiel gesetzt werden. Lassen Sie los.

Neun auf zweitem Platz

Ihr Gegner ist stärker. Es ist sinnlos, den Fehdehandschuh aufzunehmen, wenn der Ausgang eines Kampfes bereits ausgemachte Sache ist. Sie verlieren nicht Ihr Gesicht, wenn Sie diese Herausforderung ablehnen, insbesondere da die Folgen einer Niederlage andere mitbetreffen würden (vielleicht sogar eine ganze Gemeinschaft).

Sechs auf drittem Platz

Sie sind Opfer der Verletzung eines Copyrights oder eines Patents. Das *I Ging* lehrt in dieser Situation, daß eine solche Verletzung in Wirklichkeit nur eine oberflächliche Bedeutung hat, da jeder, der Anspruch erhebt auf ein Werk, das von Ihnen stammt, *weiß*, daß er lügt. Das wahre Werk wird immer Ihnen gehören. Das *I Ging* rät Ihnen, wegen einer solchen Verletzung nicht zu streiten, schon gar nicht, wenn es Ihnen darum geht, Ihr Prestige zu wahren.

In der heutigen Zeit bedarf es der Begriffe von Copyright und Patent, um das Werk des einzelnen gerade vor einem solchen Mißbrauch zu schützen, und wo es zu einer Verletzung kommt, gibt es ein Rechtsmittel dagegen.

Von bleibender Bedeutung ist aber, daß das Werk getan ist und anderen zur Verfügung steht.

Neun auf viertem Platz

Sie könnten sich die Verwundbarkeit Ihres Gegners zunutze machen, doch da Sie wissen, daß seine moralische Position der Ihren überlegen ist, halten Sie sich zurück, und nutzen Sie die Lage nicht aus. Das Ergebnis ist Gelingen und Seelenfrieden.

Neun auf fünftem Platz

Diese Linie nimmt Bezug auf eine Beilegung des Streits. Selbst wenn die Angelegenheit außergerichtlich beigelegt wird, kommt dies durch einen unabhängigen Schiedsrichter oder eine vergleichbare Instanz zustande, der Folge zu leisten beide Parteien willens sind.

Oben eine Neun

Es gibt zwei Möglichkeiten, diese Situation zu betrachten: Die eine besteht darin, daß der Sieg errungen wird durch unnachsichtiges Verfolgen des Gegners (ein solcher Sieg ist wertlos, da er ungerecht ist). Die zweite Möglichkeit besteht darin, daß man sich auf eine Situation von Gewinn/Verlust einläßt, rein um des Konflikts willen. Die Belohnung, die der Gewinner erntet, hat immer kurze Beine, wozu also die Mühe? Die Aussage, die hinter dem Text dieser Linie steckt, läuft darauf hinaus, die »blutrünstige Haltung«, die endlosen Streit verursacht, zu diskreditieren.

HEXAGRAMM 7

Das Heer (Die Herausforderung/Konzentration der Ressourcen)

Das Urteil

Gelingen, wenn in allen Dingen die Regeln des Fair Play eingehalten werden. Auf Loyalität kann man sich nur verlassen, wenn die Position in der Vergangenheit unparteiisch und gerecht war. Motivierung durch Angsterzeugung ist unangebracht. Finanzielle Anreize sind teilweise vertretbar. Wahre Solidarität ist die Kraft, die in diesem Fall zum Erfolg führt.

Die Erfordernisse im besonderen

Die Arbeit der Vertriebskräfte. Die Organisation des Verkaufs- und/oder Marketingdirektors. Die angemessene Entfaltung von Ressourcen innerhalb des Unternehmens und im Aktionsbereich. Die strategisch richtige Anordnung, Konzentration und Ausrichtung aller Kräfte im Personal- und Managementbereich. Alles muß eng koordiniert arbeiten. Der Vertrieb muß gestrafft werden.

Das Klima

Eine größere Herausforderung, die das ganze Unternehmen betrifft. Eine straffe Organisation, klar umrissene Ziele, eine klar definierte Strategie.

Der gedankliche Rahmen

Zentraler Punkt ist der optimale und wirksamste Einsatz aller Ressourcen des Unternehmens mit besonderem Schwerpunkt auf der Rolle derjenigen Personen, die in direkten Kontakt mit der Öffentlichkeit und mit Kunden kommen. Diese Leute sind verantwortlich für die Auftragseingänge, von denen das Gedeihen jedes Unternehmens abhängt. Angesprochen sind Dienstleistungsbetriebe ebenso wie Produktions- und Handelsunternehmen.

Um wirklich effektiv zu ein, muß der Einsatz der Verkaufskräfte sorgfältig und strategisch geplant entfaltet werden; aus diesem Grund muß der Gesamtplanung des Unternehmens vom Management-Team zugestimmt werden, da nur eine konzertierte Anstrengung der beachtlichen Herausforderung für das Wachstum oder die Konsolidierung des Unternehmens gerecht werden kann.

Tatkräftige und loyale Arbeitskräfte sind unbezahlbar. So manches Management bedient sich eines Systems finanzieller oder ähnlicher Anreize als Ersatz für eine wirklich unwiderstehliche, einigende Idee. Doch nur die Motivation, die aus einer übergeordneten Idee erwächst, ist der wahre Motor für Engagement und Qualität.

Es ist wichtig, diesen Gedanken in seinem erweiterten sozialen Kontext herauszustellen. In westlichen Wirtschaftssystemen ist ein Minimum an Engagement zum akzeptierten Maß geworden, auf einem Niveau, das die menschliche Würde herabsetzt. Wenn die Menschen um ein erfülltes, all ihre Fähigkeiten einbeziehendes Leben betrogen werden, kann man nicht erwarten, daß sie sich mit ganzem Herzen für eine Sache oder Idee einsetzen.

Das *I Ging* betont die Wichtigkeit der Achtung der Würde des Menschen vor dem Hintergrund eines Volkes, das von seinem Herrscher aufgefordert wird, sich dem Heer anzuschließen, um das eigene Land und seine Kultur zu verteidigen. Die Menschen müssen an die Sache glauben, die sie verteidigen sollen. Wenn ein Volk im eigenen Land ausgebeutet wird, wie kann man dann von ihm verlangen, daß es zu seiner Verteidigung bereit ist, in den Tod zu gehen?

Grundannahmen für den Entscheidungsprozeß

Die folgenden Einschätzungen gelten vorbehaltlich der Auskünfte, die in den Wandlungslinien gegeben werden. Die Wandlungslinien haben immer Vorrang.

Management

Wenn die Politik des Managements darin besteht, mit eiserner Faust zu regieren, gibt es wahrscheinlich einen häufigen Personalwechsel, die Bindung an das Unternehmen ist schwach, und trotz scheinbar attraktiver finanzieller Anreize lassen Qualität und Hingabe an die Arbeit zu wünschen übrig. Wenn Beständigkeit das Geheimnis von Erfolg ist, dann ist die Art und Weise, wie Management betrieben wird, genauso wichtig wie dessen Strategie. Loyalität und Kompetenz sind die zwei Eigenschaften, die jedes Unternehmen zusammenhalten, und da die Arbeit die energiereichsten Stunden des Tages beansprucht, betrügt ein System, das seine Mitarbeiter konsequent um die Selbsterfüllung betrügt, sich um sein eigenes Gedeihen.

Ein verständiges Management vermag – selbst wenn es mit einem kleinen Budget haushalten muß – die Begeisterung zu pflegen, indem es sich wirklich um seine Mitarbeiter kümmert. Das läßt die Leute über die reine Pflichterfüllung hinaus initiativ werden und setzt Kreativität frei. Außerdem kann auf übermäßige Disziplinierung verzichtet werden.

Im Interesse des Unternehmens sollte das Management einen gerechten Verfahrensmodus finden, der über den Punkt hinausgehen müßte, an dem das bloße Überleben im Mittelpunkt steht.

Kommunikation

Es bedarf des freien Flusses aller aktuellen Informationen auf allen Ebenen, und diese Informationen müssen wiederum in das Gesamtkonzept und in die Gesamtstrategie integriert werden, um die Stoßkraft und Effektivität der geleisteten Arbeit zu überprüfen. Die Verkaufskräfte und die übrigen Arbeitskräfte werden auf diese Weise eng miteinander verflochten.

Risiken

Da das ganze Unternehmen betroffen ist, muß jede Entscheidung des Managements einstimmig getroffen und jeder Schritt strategisch geplant werden.

Produktwahl

Verwenden Sie die besten Materialien. Die höchstmögliche Qualität zeitigt die besten Ergebnisse.

Ziele

Ein höheres Ansehen und eine bessere Position am Markt.

Informationslage

Sorgen Sie dafür, daß Ihre Strategie alle verfügbaren Fakten berücksichtigt.

Urteilsvermögen

Wenn die Unterstützung, die der Verkaufs- oder Marketingdirektor (die Person, die für die Koordination der Ressourcen im Außenbereich zuständig ist) erhält, aufrichtig ist, dann ist sein Urteilsvermögen gesund. Wenn nicht, muß er es nochmals überprüfen.

Werbung
Etwas muß dafür getan werden.

Marketing
Konzentrieren Sie sich auf die organisatorischen Aspekte. Seien Sie sorgfältig in der Zielbestimmung.

Wie Sie die beste Leistung von Ihren Mitarbeitern bekommen
Erklären Sie allen im Unternehmen die Strategie und Taktik. Es darf keine Geheimnisse geben. Das Vertrauen hat seine Grundlage in einer geeigneten Schulung, verstärkt durch Ermutigungen für den Außendienst.

Einstellung
Wenn sich die Mitarbeiter im Außendienst aus Begeisterung für das Unternehmen und seine Produkte einsetzen, werden sie eher positive Umstände anziehen. Das führt zu einer Kettenreaktion, da auf diese Weise das Unternehmensprofil gefördert wird. So erwirbt sich ein Unternehmen den Ruf positiver Energien. (Vgl. Hexagramm 16: *Die Begeisterung*.)

Quellen für Unheil
Mangelnder Glaube an das Produkt oder die Dienstleistung auf seiten des ganzen Unternehmens oder eines Teils davon. Ungeeignete Strategie. Schlechte Koordination. Schlechte Qualität.

Quellen für ein Gelingen
Die effiziente und ökonomische Entfaltung der Ressourcen in einer Atmosphäre des Vertrauens.

Die Wandlungslinien – Die Brücken zur Zukunft
Anfangs eine Sechs
Man muß sich auf die Kompetenz aller Mitglieder des Teams verlassen können. Ihre jeweilige Funktion muß sorgfältig einer klar umrissenen Zielsetzung untergeordnet sein. Taktische Schritte müssen zum Ziel führen.

Neun auf zweitem Platz

Gelingen, wenn der Verkaufs- oder Marketingdirektor in engem Kontakt zu seinen Außendienstmitarbeitern bleibt. Er braucht die Unterstützung des ganzen Unternehmens.

Sechs auf drittem Platz

Wenn es beim Personal Unklarheiten hinsichtlich der Strategie gibt, müssen die Mitarbeiter wissen, wer im Management für die Weisungen zuständig ist. Wenn mehrere Führungskräfte unterschiedliche Anweisungen an dieselben Leute geben, werden diese am Ende tun, was sie selbst für richtig halten. Wenn dieser Fall eintritt, bricht jede Strategie und Koordination zusammen, und jede sinnvolle Zeitplanung wird unmöglich.

Sechs auf viertem Platz

Wird erkennbar, daß der Markt durch die Aktivitäten der Verkaufs- und Marketingkräfte unbeeinflußt bleibt, müssen die Ausgaben schnellstens gekürzt und die Kräfte aus dem Außendienst zurückgezogen werden, bevor sie die Mittel des Unternehmens erschöpfen.

Sechs auf fünftem Platz

Es bietet sich ein guter Markt, der reicher ist als erwartet. Da es wenig Konkurrenz gibt, sind Sie in der Lage, den Markt zu sättigen, doch ist dies ratsam? Wenn Sie nicht ein gewisses Maß an Besonnenheit an den Tag legen, könnte es langfristig zu einer ungesunden Reaktion kommen. Es sollte Raum zum Erwägen von Alternativen gelassen werden, auch nach einem Sieg. Bestellen Sie nicht das ganze Land, vor allem nicht mit nur einer einzigen Pflanzenart.

Oben eine Sechs

Finanzielle Belohnungen für Mitarbeiter, die sich im Außendienst gut bewährt haben, sind angebracht, doch sollte das Management die Leute nicht unterschiedslos befördern. Als allgemeine Regel sollte gelten, daß Entscheidungen über Beförderungen nie unmittelbar nach einem Erfolg getroffen werden, sondern erst wenn wieder normale Bedingungen herrschen. Eine Beförderung in einem expandierenden Unternehmen sollte immer auf einer erwiesenen Erweiterung der Fähigkeiten, auf dem Vermögen, eigene Entscheidungen zu treffen, und auf einem gefestigten Charakter beruhen.

HEXAGRAMM 8

Das Zusammenhalten (Einheit durch Führung)

Das Urteil

Wenn Sie die richtige Führungskraft sind, Gelingen. Sie haben Menschen um ein gemeinsames Ziel herum zu sammeln, Katalysator und Antriebskraft zum Handeln zu sein. Sie brauchen Selbstsicherheit und Engagement.

Die Erfordernisse im besonderen

Die Bildung eines Unternehmens. Befragen Sie das *I Ging* erneut, um sich Ihrer Befähigung und Selbstverpflichtung gegenüber dem Projekt zu vergewissern. Ist die Antwort bejahend, dann brauchen Sie Spezialisten als Partner.

Das Klima

Daß die richtigen Menschen angezogen werden, geschieht auf natürliche Weise. Das sind Dinge, die mit Charisma, Ausstrahlung und persönlicher Anziehungskraft zu tun haben. Man kann die Zusammenarbeit mit Menschen nicht »im Kopf« planen. (Vgl. Hexagramm 25: *Die Unschuld.*)

Der gedankliche Rahmen

Ein einzelner, der ein Unternehmen gründen will, muß sicher sein, daß er die notwendige Stärke besitzt, nicht nur die richtigen Menschen anzuziehen, sondern auch Ideen hervorzubringen, die rechtfertigen, daß ein Unternehmen gegründet wird, um sie zu verwirklichen. Die Bildung eines Unternehmens ist keine Sache, die sich über eine lange Zeit hinzieht.

Sobald die Ziele einmal abgesteckt sind und die Entscheidung getroffen wurde, sich an die Arbeit zu machen, muß eine Frist für die Anwerbung von Personal gesetzt werden. Der Unternehmensleiter muß eine klare Vorstellung davon haben, welche Leute er braucht.

Menschen wiederum, die in das Unternehmen eintreten wollen, müssen ihre Absicht dem Leiter so schnell wie möglich kundtun, sonst ist die Gelegenheit ein für allemal vorbei. Es wird hier davon ausgegangen, daß diejenigen, die wirklich motiviert sind, die angebotene Arbeit zu tun, schließlich zusammenfinden werden. Das Bild zeigt Menschen, die sich um einen einzelnen scharen, der eine gute Idee vertritt.

Wenn die Person, die dieses Hexagramm als Antwort bekommt, sich als Initiator des Unternehmens versteht, aber dennoch unsicher ist, ob sie der Sache gewachsen ist, sollte sie das Buch erneut mit der spezifischen Frage angehen: »Habe ich die notwendige Beharrlichkeit und Beweglichkeit, dieses Unternehmen zu beginnen?«

Grundannahmen für den Entscheidungsprozeß

Die folgenden Einschätzungen gelten vorbehaltlich der Auskünfte, die in den Wandlungslinien gegeben werden. Die Wandlungslinien haben immer Vorrang.

Management

Erstens: Es sollte aus unabhängigen Spezialisten bestehen. Zweitens: Erfolg wird sich nur einstellen, wenn die richtigen Leute aus den richtigen Gründen sich angezogen fühlen, das heißt, wenn sie mit den Grundzielsetzungen übereinstimmen. Bisweilen sind Qualifikation und Erfahrung weniger wichtig als ein Gefühl der Berufung, eine innere Verpflichtung gegenüber den Ideen.

Planung

Günstig, doch ist umfängliche Beratung mit qualifizierten Kollegen erforderlich.

Kommunikation

Positiv, doch sind nur objektive Erwägungen von Wert. Subjektive Einstellungen könnten zu Entscheidungen führen, die auf Gefühlsduselei gegründet sind.

Wachstum und Produktivität

Die Aussichten sind positiv, doch sind viele Wenn und Aber zu überwinden. Die meisten rühren von einer Haltung der persönlichen Unsicherheit her. (Vgl. Hexagramm 34: *Die Macht des Großen.*)

Risiken

Der richtige Leiter, umgeben von den richtigen Leuten, kann das Projekt zum Funktionieren bringen.

Investition und Finanzierung

Befragen Sie dieses Buch erneut.

Integration

Stellen Sie zunächst einmal das Team zusammen und berücksichtigen Sie Persönlichkeitsfaktoren.

Zusammenwirken

Es braucht ein offenes Kommunikationssystem über alle Ebenen der Entscheidungsfindung. Ein Maximum an gegenseitiger Beratung ist wesentlich zu Beginn eines Unternehmens.

Beginn einer Unternehmung

Alles hängt von der Qualität des Management-Teams ab. Hier liegt der wesentliche Schwerpunkt. Sie brauchen Vertrauen in Ihre eigene Kompetenz sowie in die Ihrer Kollegen und Partner.

Feedback

Postiv. (Vgl. Hexagramm 16: *Die Begeisterung.*)

Personal

Ein Gefühl von Berufung – eine echte Zuneigung zu der angebotenen Arbeit – ist eine der Haupterwägungen. Verlassen Sie sich nicht auf Qualifikationen auf dem Papier. Nutzen Sie Ihre Intuition.

Werbung

Allgemein günstig. (Vgl. Hexagramm 35: *Der Fortschritt,* und Hexagramm 53: *Die Entwicklung,* um ein Gefühl für die Größenordnung zu bekommen.)

Marketing

Testen Sie den Boden. Weitere Kooperation ist erforderlich. Vergewissern Sie sich des Engagements, bevor Sie Geld geben oder Vereinbarungen unterzeichnen.

Unterstützung

Suchen Sie Unterstützung, aber erzwingen Sie nichts. Darin könnte ein Test Ihrer Glaubwürdigkeit liegen.

Verträge und Vereinbarungen

Diese sollten am besten in schriftlicher Form, unter Einschluß gewisser Bedingungen festgehalten werden, da es sich noch um erste Erfahrungen handelt. Die Bedingungen müssen gleiche Verantwortung für alle Beteiligten vorsehen. Es sollten keine unfairen Vorteile beansprucht werden, da dies später durchaus zu einem schweren Vertrauensbruch führen könnte, und dann wird die Sache teuer.

Internationale Geschäfte

Sind Ihre Wahlmöglichkeiten klar genug umrissen? Wenn keine Vereinbarungen einzuhalten sind, sollten Sie warten.

Quellen für Unheil

Schlechtes Urteilsvermögen, Mangel an Beharrlichkeit.

Quellen für ein Gelingen

Die Leitidee muß stimmen, und der Leiter muß die richtigen Führungseigenschaften besitzen. Er braucht ein starkes Gefühl von Berufensein, das sich anderen mitteilt und dem sie vertrauen.

Die Wandlungslinien – Die Brücken zur Zukunft

Anfangs eine Sechs

Bei einem Gespräch sollte der Interviewer seine Aufmerksamkeit mehr auf die Aufrichtigkeit des Gegenübers lenken als auf das, was gesagt wird, denn hierin zeigt sich der wahre Wert und die Eignung eines Individuums. Gelingen, falls Sie dies beherzigen.

Sechs auf zweitem Platz

Tun sie Ihre Arbeit beständig und gut, doch tun Sie nicht alles mit einem Auge auf Beförderung. Lassen Sie Ihre Arbeit für sich sprechen.

Sechs auf drittem Platz

Nein, dies sind nicht Ihre Leute. Wenn Ihnen der Job angeboten wird, sollten Sie ihn nicht nehmen. Bleiben Sie verfügbar für die richtige Gelegenheit.

Sechs auf viertem Platz

Die Anziehungskraft wird hier zurecht gespürt; haben Sie keine Angst, Ihre Loyalität konsequent zu zeigen.

Neun auf fünftem Platz

Hier ist die Situation des Unternehmensleiters angesprochen. Wenn Sie wirklich der richtige Leiter dieses Unternehmens sind, werden Sie auf natürliche Weise die richtigen Leute anziehen. Sie werden auf Sie zukommen – Sie brauchen nicht nach ihnen zu suchen. Die Schönheit der Situation besteht darin, daß sich, wenn das Unternehmen auf diese Weise seinen Anfang nimmt, die richtigen Beziehungen einstellen werden. Das ist eine Voraussetzung für den freien Fluß von Informationen innerhalb des Managements. Außen vor bleibt, wer versucht, geheime Bündnisse zu pflegen.

Oben eine Sechs

Ergreifen Sie die Gelegenheit jetzt. Zögern Sie nicht länger.

HEXAGRAMM 9

Begrenzter Einfluß

»Wo aber der Glaube nicht stark genug ist, da findet man keinen Glauben.«

(Laotse: Tao te king, Vers 23)

Das Urteil

Erfolg, wenn Sie nicht versuchen, die Initiative zu ergreifen. Lassen Sie andere vorschlagen, was getan werden soll. Sie können zwar selbst den »Vorschlag« machen, daß die anderen einen geeigneten Kurs vorschlagen sollen, doch sollten Sie den Augenblick dafür gut wählen. (Vgl. Hexagramm 2: *Das Empfangende.*)

Die Erfordernisse im besonderen

Der Akt des Überredens. Sie können wirksamer sein, als Sie glauben. Ein freundlicher und versöhnlicher Tonfall wird jetzt etwas bewirken. Brüskierendes Verhalten würde die Menschen dazu bringen, ihre Unterstützung zurückzuziehen oder sich gar an Ihnen zu rächen. Seien Sie auf der Hut.

Das Klima

Eine relativ schwache Kraft ist in der Lage, eine viel größere Kraft durch sanftes, diplomatisches Zureden zu beeinflussen. »Glatte Worte und einschmeichelnde Mienen sind selten vereint mit Sittlichkeit.« (Kungfutse: Gespräche, Buch I.)

Der gedankliche Rahmen

Das Hexagramm zeigt eine ungleiche Verteilung von Verhandlungsmacht. Sie sind in der Position des Schwächeren. Sie können die Lage zu Ihren Gunsten beeinflussen, wenn Sie die relative Macht der anderen Partei anerkennen. Unterscheiden Sie die Art Ihrer Einflußmöglichkeit von der in Hexagramm 10: *Das Auftreten,* und in Hexagramm 26: *Die Zähmungskraft des Großen.*

Grundannahmen für den Entscheidungsprozeß

Die folgenden Einschätzungen gelten vorbehaltlich der Auskünfte, die in den Wandlungslinien gegeben werden. Die Wandlungslinien haben immer Vorrang.

Anmerkung allgemein

Vgl. Hexagramm 61: *Innere Wahrheit*. Darin wird dargelegt, wie Einfluß am besten wirkt. Hexagramm 26: *Die Zähmungskraft des Großen*, stellt die umgekehrte Dynamik dar: Eine widerspenstige Kraft wird durch eine überlegene Konstellation im Zaum gehalten.

Ziel

Ziel ist, daß Sie Ihren individuellen Status und Ihre Unabhängigkeit im Denken bewahren; daß Sie die Freiheit der Wahl schützen wie auch die Freiheit, Angebote entschieden, aber ohne aufdringlich zu sein, ablehnen oder annehmen zu können, zu Bedingungen, die Sie wirklich zufriedenstellen.

Wie Sie die beste Leistung von Ihren Mitarbeitern bekommen

Ordnen Sie ihnen nichts geradeheraus an. Wenn Sie etwas zu sagen haben, sollten Sie lediglich Andeutungen oder Vorschläge machen. Handeln Sie nicht nach irgendwelchen Eingebungen.

Kommunikation

Gehen Sie geschickt und diplomatisch vor. Reizen Sie niemanden und erregen Sie keinen Unmut. Gelingen. Andere haben die Oberhand. Sie können nicht darauf vertrauen, daß sie sich ehrenwert verhalten.

Wachstum und Produktivität

Erwarten Sie kurzfristig nur sehr begrenzten Erfolg. Bauen Sie nicht auf große Gewinne.

Risiken

Beugen Sie sich nie der Art von Überredung, wie sie ein Tyrann ausübt. (Vgl. Hexagramm 33: *Der Rückzug*.)

Investition und Finanzierung

Handeln Sie nicht.

Hexagramm 9

Wie Sie die Zeit am besten nutzen

In einer Zeit des unvermeidlichen Wartens sollten Sie keine wichtigen Projekte angehen oder Angelegenheiten von großer Wichtigkeit besprechen. Richten Sie Ihre Bemühungen darauf, eine Gabe oder Fähigkeit an sich zu verbessern oder zu üben.

Vorhandene Ressourcen

Sie haben unbefriedigten Bedarf, doch wird dafür gesorgt werden.

Beginn einer Unternehmung

Ungünstig.

Feedback

Möglicherweise negativ. Falls unakzeptabel, sollten Sie erwägen, sich völlig zurückzuziehen. Neutralität wäre am besten, da das Gelingen schon auf dem Weg ist.

Intuition

Sie können ihr vertrauen. Wenn es sich dabei um etwas handelt, das von großer Bedeutung für Ihre langfristigen Ziele ist, sollten Sie Ihre Eingebungen festhalten, um später darauf zurückzukommen. Dies gilt insbesondere in bezug auf Menschen, deren Kooperation von grundlegender Wichtigkeit ist.

Werbung

Ungünstig. Binden Sie keine Mittel. Sie müssen mittel- bis langfristige Überlegungen anstellen.

Marketing

Ungünstig. Gehen sie mit allen Ressourcen umsichtig um. Ausgaben, die keinen garantierten Ertrag bringen, sollten vermieden werden. Dies gilt nicht für wohltätige Zwecke.

Unterstützung

Stellen Sie keine Forderungen; fragen kann aber nicht schaden. Ungünstig.

Verträge und Vereinbarungen
Diese sollten in der Schwebe gehalten werden, bis ein günstigerer Zeitpunkt kommt. Sie könnten unfair ausgenutzt werden, wenn Sie nicht achtgeben.

Quellen für Unheil
Brüskierendes Verhalten; eine zu herausfordernde Art; Drohgebärden, doch selbst diese schließen einen Erfolg nicht aus.

Quellen für ein Gelingen
Warten. Halten Sie sich beschäftigt mit positiven und persönlich spaßbringenden Aktivitäten. Verschwenden Sie sich nicht an Leute, die im Augenblick zu anstrengend sind.

Die Wandlungslinien – Die Brücken zur Zukunft

Anfangs eine Neun
Gelingen, wenn Sie erkennen, daß die Schwierigkeiten, die Ihnen begegnen, ein Zeichen dafür sind, daß Sie versuchen, das Falsche zu erreichen; Sie sollten Ihr Vorgehen entsprechend korrigieren.

Neun auf zweitem Platz
Als Mitglied eines Teams, das auf ein gemeinsames Ziel zustrebt, erkennen Sie, ebenso wie die anderen im Team, daß Sie vor einer Mauer angelangt sind. Ohne daß Ihnen dies ausdrücklich gesagt werden müßte, nehmen Sie den Wink, daß der Plan geändert wurde, auf und folgen den anderen im Rückzug. Gelingen.

Neun auf drittem Platz
Es ist eine unangenehme Situation dadurch entstanden, daß Sie einen Wink, der Ihnen sagte, daß Sie auf dem falschen Weg sind, ignoriert haben. Nun haben Sie die Ressourcen des Teams durch einen groben Beurteilungsfehler gebunden, schlimmer noch, Sie haben Ihre Fähigkeit, allein zu handeln, überschätzt. Die Tatsache, daß Sie die Wichtigkeit von Zusammenarbeit in dem Projekt nicht erkannt haben, hat anderen die Möglichkeit gegeben, Ihre Angreifbarkeit oder die des ganzen Teams auszunutzen. Der eigentliche Effekt dieser Vorkommnisse ist jedoch nicht katastrophal, sondern eher ein Zusammenbruch der Kommunikation. Niemand sollte sich im Augenblick auf sein eigenes Urteil verlassen, da alle Elemente zur Entscheidungsfindung nicht im richtigen Verhältnis zueinander stehen.

Sechs auf viertem Platz

Sie haben die Aufgabe, in wichtigen Dingen Rat zu geben. Entscheidungen werden auf der Grundlage dessen getroffen werden, was Sie sagen. Sie müssen besondere Sorgfalt walten lassen, da Menschen körperlichen Schaden erleiden könnten. Gelingen ist jedoch angezeigt, wenn Sie sich nicht in Einzelheiten verwickeln lassen. Vorausgesetzt es wird nur der Wahrheit gedient, gibt es für niemanden Anlaß zu irgendeiner Besorgnis.

Neun auf fünftem Platz

Wahre Loyalität zwischen Menschen drückt sich darin aus, daß sie selbstlos und auf natürliche Weise teilen, was sie besitzen – im Materiellen wie im Persönlichen. Unter Freunden gibt es keine größere Freude, als das, was Sie besitzen, mit ihnen zu teilen.

Oben eine Neun

Der empfindlichste Augenblick ist immer der Moment kurz vor Erreichen des Ziels. Vieles ist geleistet worden, doch die Wirkung des Geleisteten wird im Akt der Vollendung auf den Punkt gebracht. Konzentrieren Sie sich auf den Abschluß. Hüten Sie sich vor einer selbstgefälligen Haltung, was Ihre Leistung anbetrifft; bewahren Sie sich Ihre Möglichkeiten eher für zukünftige Leistungen. Die beste Haltung besteht darin zu tun, als hätten Sie nichts erreicht, so daß Sie sich genauso anstrengen wie zu Beginn. Es wird anderen dann schwerfallen, Menschen, die sich so verhalten, zu übervorteilen.

Hexagramm 10

Die Aufrichtigkeit (Das Auftreten)

Das Urteil

Erfolg. Ihre Taten sagen mehr als tausend Worte. Ihr Einfluß wirkt, weil Sie bestimmte Grundsätze verkörpern. Ihre Persönlichkeit ist Ihr Trumpf. (Vgl. auch Hexagramm 61: *Innere Wahrheit.*)

Die Erfordernisse im besonderen

Die Beziehung zwischen dem Schwachen und dem Starken. Das gute Auftreten des Schwachen. (Vgl. Hexagramm 9: *Begrenzter Einfluß*, wo es um ungleichen Rang, ungleiche Verhandlungsmacht und Position geht.) Hier nun brauchen Sie nicht auf der Hut zu sein. Sie können die Lage wenden durch Ihren Charme.

Das Klima

Das heitere Wesen des Schwachen in der Beziehung zum Starken. Ein freundschaftlicher, toleranter Austausch.

Der gedankliche Rahmen

Es liegt in der Eigenart natürlicher Prozesse, daß nicht alle Dinge gleich sein können. Es gibt immer ungleiche Stärken zwischen Menschen, Organisationen und Mächten. Es bedarf aber eines ausgewogenen Wechselspiels zwischen dem Schöpferischen und dem Empfangenden, zwischen Yin und Yang. Wichtig bei diesem Ausgleich ist, daß die starken und die schwachen Kräfte am rechten Platz in ihrer Beziehung zueinander stehen. In seltenen Fällen ist eine schwache Kraft imstande, den *status quo* zu untergraben und ein Ungleichgewicht zu bewirken; daraus entsteht Schaden für die Starken wie für die Schwachen. Für gewöhnlich wagen es die Schwachen gar nicht, die Position der Starken zu bedrohen; daraus folgt nicht unbedingt, daß die Starken die Schwachen nicht in ungebührlicher Weise ausnutzen würden. Man geht sogar davon aus, daß sie dies tun.

Grundannahmen für den Entscheidungsprozeß

Die folgenden Einschätzungen gelten vorbehaltlich der Auskünfte, die in den Wandlungslinien gegeben werden. Die Wandlungslinien haben immer Vorrang.

Management

Bloßes Können ist kein ausreichendes Kriterium für eine Stellung im Management. Bei der Auswahl von Kandidaten für das Management muß ein ausgewogenes Verhältnis zwischen Können und Dienst an den Schwachen als Kriterium berücksichtigt werden, damit friedliche Beziehungen die Durchsetzung der Unternehmensziele sicherstellen.

Zielsetzung der schwächeren Seite

Ziel sollte sein, die Aufmerksamkeit der Starken auf sich zu lenken, ohne sich selbst dabei Schaden zuzufügen. (Vgl. *Das Urteil.*)

Risiken

Unternehmen Sie nichts ohne starke Unterstützung.

Investition und Finanzierung

Hoffnungsvoll, doch seien Sie achtsam. Überprüfen Sie die Fakten und vergewissern Sie sich der Kooperation, bevor Sie Verpflichtungen eingehen.

Gelegenheiten

Seien Sie optimistisch, ohne darüber zu sprechen.

Feedback

Unerwartet und ungewöhnlich positiv. Gelingen.

Urteilsvermögen

Entweder hervorragend oder herausragend schlecht. Es gibt hier nichts dazwischen. Haben Sie Zweifel, sollten Sie besser schweigen.

Verträge und Vereinbarungen

Es gibt nichts, was den Erfolg behindern könnte, und wenn der Erfolg eintritt, könnte dies ein Durchbruch sein.

Persönliche Haltung und persönliches Auftreten

Der Starke sollte dem Schwachen immer wohlwollend zugetan sein und dessen Schwächen nicht ausnutzen. Der Schwache sollte den Starken achten und eine Form der Höflichkeit üben, selbst wenn der Starke streitsüchtig ist. Sonst wäre die Stellung für den Schwachen gefährlich. (Vgl. auch die Hexagramme 41: *Die Minderung,* und 42: *Die Mehrung,* was die größeren, organisatorischen Implikationen angeht.)

Interviews

Dreistes Verhalten wird toleriert.

Quellen für Unheil

Wenn überzeugende Aufrichtigkeit zu Unterwürfigkeit oder Speichelleckerei entartet.

Quellen für ein Gelingen

Wenn Sie es schon bis hierher geschafft haben, sollten Sie Ihr Glück nicht forcieren wollen. Machen Sie beste Miene, aber kompromittieren Sie nicht Ihre Grundsätze.

Die Wandlungslinien – Die Brücken zur Zukunft

Anfangs eine Neun

Diese Linie bezieht sich auf eine Person, die rasch die Karriereleiter hinaufsteigen möchte. Das macht es für sie schwierig, sich auf die Arbeit zu konzentrieren. Das traurige Ergebnis dieser Haltung ist, daß sie ihre Sache damit überhaupt nicht voranbringt. Das einzige, was sie tun kann, ist, die vor ihr liegende Arbeit zu tun, sonst wird sich die Lage auf unerträgliche Weise komplizieren.

Neun auf zweitem Platz

Eine weise und fähige Person verdient Beförderung, wird aber nicht beachtet. Da sie aber weise ist, läßt sie sich dadurch nicht beirren und erhebt keinen Protest. Sie ist daher effektiver in ihrer Arbeit und ist in der Lage, sich ihre Freiheit der Wahl zu bewahren. Wenn sie beschließt, nicht länger bleiben zu wollen, kann sie gehen, und der Verlust ist auf der Seite des Arbeitgebers.

Sechs auf drittem Platz

Wenn jemand eine Aufgabe übernimmt, die wirklich unter seiner Stärke liegt, begibt er sich freiwillig in eine Position der Angreifbarkeit, in der seine Bemühungen mit großer Wahrscheinlichkeit scheitern werden. Sein Handeln steht daher nicht unter einem guten Stern, es sei denn, er vertritt eine edle Sache, die er glaubt, um jeden Preis verteidigen zu sollen.

Neun auf viertem Platz

Sie haben die Stärke, einen großen Sieg davonzutragen, doch zögern Sie, da Sie sich nicht genug zutrauen. Zögern Sie nicht länger, handeln Sie.

Neun auf fünftem Platz

Entschlossenheit im Handeln ist zweifellos eine hervorragende Eigenschaft, doch halten Sie die Augen offen und seien Sie wachsam: andere könnten Ihre Pläne zunichte machen wollen. Das sollte aber kein Grund für Sie sein, sich abhalten zu lassen. Sie sollten sich nur darüber im klaren sein.

Oben eine Neun

Sie möchten wissen, ob die Arbeit, die Sie geleistet haben, jetzt, da sie abgeschlossen ist, auch Erfolg bringen wird. Es ist äußerst schwierig, in der Einschätzung der eigenen Leistung objektiv zu sein, doch deutet diese Linie an, daß Sie erfolgreich waren und daß Ihnen erhabenes Gelingen winkt.

HEXAGRAMM 11

Der Friede

Das Urteil

Gelingen und Erfolg. Mittelfristig wird es zu einer enormen Erweiterung der Möglichkeiten kommen. Schon jetzt beginnt sich der Aktionsraum allmählich zu öffnen. Ihre Ausrichtung auf bestimmte Werte ist der Grund für diese günstigen Entwicklungen in Ihrem persönlichen Umfeld. Sie gewinnen die Unterstützung anderer.

Die Erfordernisse im besonderen

Das Werk ist zur Frucht gereift. Es wird gut aufgenommen, und angemessene Anerkennung ist bereits auf dem Weg. Günstig und äußerst vielversprechend.

Das Klima

Angenehm, harmonisch.

Der gedankliche Rahmen

Die Lage ist sehr günstig. Da alle richtigen Vorbereitungen zur rechten Zeit getroffen wurden, wird Ihre Arbeit gute Früchte tragen.

Wenn ein geschäftliches Unternehmen gedeiht, herrscht eine Atmosphäre des Friedens und der Harmonie zwischen Management und Personal, und alle haben teil am Gelingen. So geschieht es, wenn ein Unternehmen die natürlichen Rhythmen beachtet und danach handelt.

Das Unternehmen, das die Weisheit besitzt, sein Handeln an den natürlichen Kreisläufen, das heißt an den natürlichen Zyklen, wie sie den Wachstumszyklen der Pflanzen entsprechen, auszurichten, wird regelmäßig ein vollkommenes Gleichgewicht und gedeihliches Wachstum erleben. Diese Überlegung wird aus der Abfolge der Hexagramme insgesamt abgeleitet. Die ganze Philosophie des *I Ging* ist eingefangen in der Essenz dieses Hexagramms.

Grundannahmen für den Entscheidungsprozeß

Die folgenden Einschätzungen gelten vorbehaltlich der Auskünfte, die in den Wandlungslinien gegeben werden. Die Wandlungslinien haben immer Vorrang.

Management

Jetzt ist die Zeit für Gehaltserhöhungen, Bonuszahlungen und Geschenke.

Planung

Revidieren Sie die kurz- und mittelfristige Planung in einem optimistischeren Licht.

Wachstum und Produktivität

Es wird zu erheblichem Wachstum kommen, erwarten Sie aber keine dramatischen Steigerungen.

Investition und Finanzierung

Vergangene Schwierigkeiten werden ausgemerzt. Erwarten Sie mehr Kooperation in der Zukunft. Sie werden in der Lage sein, in Ihren Geschäftsbereich zu investieren und zu expandieren.

andene Ressourcen

Wie auch immer die Situation in der Verangenheit war, Sie werden in Zukunft eine größere Spanne haben, Ihre Möglichkeiten zu erweitern.

Beginn einer Unternehmung

Günstig.

Feedback

Das Verhältnis zwischen Management und Personal ist ausgezeichnet. Es sollte durch gemeinsame soziale Aktivitäten noch verstärkt werden.

Urteilsvermögen

Es wird sich bald zeigen, daß es genau den Nagel auf den Kopf getroffen hat.

Werbung

Ihre Investition wird mit Leichtigkeit zurückfließen.

Marketing
Sie werden auf eine starke Nachfrage stoßen.

Verträge und Vereinbarungen
Sie können es sich leisten, fair, sogar großzügig zu sein, obwohl dies ohnehin ein Grundsatz sein sollte.

Quellen für Unheil
In Zeiten des Gedeihens ist es wichtig, allen, die in irgendeiner Weise zum Erreichen eines gemeinsamen Zieles beigetragen haben, freundlich zu begegnen. Ein etwaiges Mißlingen kann daher nur durch eine kleinliche, geizige Einstellung kommen. Dies gilt natürlich sowohl für das Personal wie auch für das Management.

Quellen für ein Gelingen
Beobachten Sie die Kreisläufe der Natur und halten Sie sich genau daran. Wenn Sie dies tun, erfahren Sie etwas, das Sie vielleicht »Glück« nennen würden, doch in Wirklichkeit hat es nichts mit Glück zu tun. Glück bedeutet, daß höhere Mächte am Werk sind, die wir natürlich anziehen oder abweisen können. Ein Gefühl der Dankbarkeit gehört auch dazu.

Die Wandlungslinien – Die Brücken zur Zukunft

Anfangs eine Neun

Gleichgesinnte Menschen fühlen sich stets unwiderstehlich zu guten, positiven Einflüssen hingezogen. Machen Sie Pläne, wie Sie die Arbeit gemäß dieser Richtlinie entwickeln können.

Neun auf zweitem Platz

Sie können es sich leisten, großherzig zu sein und über die Fehler von anderen einfach hinwegzugehen. Ein erfinderischer Mensch vergeudet keine Ressourcen. Schenken Sie Einzelheiten Ihre Aufmerksamkeit, aber verlieren Sie das Ganze dabei nicht aus dem Auge. Es gibt immer eine Neigung, in Zeiten, da kein Druck herrscht, wichtige Dinge zu übersehen. Nutzen Sie die Abwesenheit von Druck dazu, Ihr Werk vollkommener zu machen.

Neun auf drittem Platz

Es ist hinlänglich bekannt, daß Perioden des Gelingens bei einzelnen oder Unternehmen nicht ewig andauern; es liegt aber bleibendes Gelingen darin, sich dieses Umstands bewußt zu sein und kein zu großes Gewicht auf materielles Gelingen zu legen, denn wirkliches Gelingen ist ein Bewußtseinszustand. Wenn Sie dies erst einmal begriffen haben, können Sie unbesorgt Ihre Arbeit tun.

Sechs auf viertem Platz

Wenn eine gute Atmosphäre zwischen Menschen herrscht, ganz gleich, welchen Standes sie sind oder wie es um ihren Reichtum beschaffen ist, dann wird der Reichtum bereitwillig und offenen Herzens, das heißt ohne einen Anflug von Herablassung, geteilt.

Sechs auf fünftem Platz

Eine Vereinigung des Großen mit dem Kleinen findet statt, ohne Rücksicht auf Rang oder Reichtum. Dies ist eine freudige Angelegenheit, die Gelingen nach sich zieht.

Oben eine Sechs

Hier ist in äußerlichen Dingen Unheil eingetreten; dies ist nicht auf Fehler zurückzuführen, sondern ist ein unvermeidliches Ergebnis im Kreislauf des Gelingens. Da Sie nichts tun können, um allgemeines Unheil zu verhindern, ist das Weiseste, was Sie tun können, andere vor den Auswirkungen zu schützen. Ihm offen und trotzig entgegenzuwirken, wäre Energieverschwendung.

HEXAGRAMM 12

Die Stagnation (Der Stillstand)

Das Urteil

Unheil, wenn Sie mit Menschen zusammenarbeiten, die niedere Absichten haben. Sie sollten sich aktiv betätigen und zielgerichtet Ihre Absichten verfolgen, selbst wenn die Ereignisse dergestalt sind, daß wirklicher Fortschritt schwer zu erreichen ist.

Die Erfordernisse im besonderen

Handlungen sind unkoordiniert. Nehmen Sie sich Zeit zum Planen. (Vgl. Hexagramm 61: *Die innere Wahrheit*, und Hexagramm 20: *Ein vollständiger Überblick*.) Ihre gegenwärtige Position ist nicht verläßlich. Vorsicht. Verdächtige Praktiken sind am Werk.

Das Klima

Unehrlichkeit, Disharmonie, Uneinigkeit. Fehleinschätzung: Die Dinge sind nicht, was sie zu sein scheinen.

Der gedankliche Rahmen

Mit dem besten Willen der Welt kann doch nur eine oberflächliche Wirkung erzielt werden. Der segensreiche Einfluß »guter Absichten« ist wie weggeblasen. Folglich unterbreiten Leute, die dem Unternehmen nichts Gutes wollen, Angebote mit verborgenen Fallstricken. Man darf der Lage nicht trauen. Verdeckte Aktivitäten, auseinandergehende Interessen, Egoismus und geheime Vorhaben sind an der Tagesordnung. Lassen Sie sich nicht hineinverwickeln, und machen Sie sich nicht zur Zielscheibe.

Dies ist nicht die Zeit, an Fortschritt zu denken oder kreative Ideen weiterzuverfolgen. Es ist schwierig, etwas zu erledigen. Geben Sie nicht Ihre Grundsätze auf. Die Versuchung wird auf Sie zukommen. Lehnen Sie sie ab, mit aller Entschiedenheit – doch ohne aus der üblen Lage eine große Sache zu machen.

Grundannahmen für den Entscheidungsprozeß

Die folgenden Einschätzungen gelten vorbehaltlich der Auskünfte, die in den Wandlungslinien gegeben werden. Die Wandlungslinien haben immer Vorrang.

Management

Sehen Sie sich alle Fakten und Entscheidungen persönlich an. Schieben Sie keine Angelegenheit auf Anraten oder Empfehlung von Dritten auf die lange Bank. Bedauerlicherweise müssen Sie davon ausgehen, daß entweder Inkompetenz oder üble Praktiken der Grund für alle Fehler sind, die nun in den Belangen des Unternehmens auftreten. Vermeiden Sie jedoch eine Konfrontation.

Planung

Dies ist nicht die Zeit, neue Pläne zu erstellen oder mitzuteilen. Es kann eine Zeit sein, um Pläne insgesamt aufzugeben.

Ziele

Dies ist eine Zeit des Niedergangs und des Stillstands. Halten Sie Pläne zurück. In einer feindseligen, mißtrauischen Atmosphäre sollten Sie besser über kurz- und langfristige Zielsetzungen Schweigen bewahren, bis Sie wissen, woran Sie bei jedem einzelnen sind.

Wachstum

Es ist zum Stillstand gekommen. Trachten Sie zur Zeit nicht nach Wachstum.

Der richtige Zeitpunkt

Halten Sie alles zurück, bis sich Ihre Stellung klärt und der Verstand, unterstützt durch Ihre Intuition, Ihnen gestattet, eine entspanntere Haltung einzunehmen.

Ressourcen

Gehen Sie sorgfältig damit um. Sorgen Sie dafür, daß sie hinreichen. Ihre Ressourcen könnten bedroht sein.

Feedback

Negativ. Jedes positive Feedback muß mit strengsten Vorbehalten behandelt werden.

Wie Sie die Zeit am besten nutzen

Sichern Sie Ihre eigene Lage so gut Sie können und arbeiten Sie an Projekten, die eher das Sammeln von Informationen als das Erarbeiten von Synthesen beinhalten.

Entscheidungen

Vermeiden Sie alle wirklich wichtigen Entscheidungen, außer Negativentscheidungen, die ein »Nein« verlangen oder Antworten wie »Lassen Sie mir Zeit, die Sache zu überdenken.«

Intuition

Schärfen Sie Ihre Intuition, damit Sie den Charakter der Leute objektiv beurteilen können; dies wird Ihnen helfen, die »Echten« von den »Falschen« zu unterscheiden.

Persönliche Pläne

Geben Sie sich rätselhaft.

Ausblick

Wenn Sie, was Ihre persönlichen Wertvorstellungen angeht, eine klare Haltung bewahren, kann Ihnen nichts geschehen, und Sie brauchen sich keine Sorgen zu machen. Unheil kann in Gelingen umschlagen, wenn die rechte Zeit kommt.

Werbung

Werbung ist darauf angelegt, so weit wie möglich Produkte und Unternehmen zu verherrlichen. Es ist jetzt nicht die Zeit, einem kalkulierten, verzerrten Selbstbild Aufmerksamkeit zu schenken, da es Auswirkungen auf die Entscheidungen des Unternehmens haben könnte. Es könnte sich sehr wohl um eine Lüge handeln.

Quellen für Unheil

Wenn man Versuchungen nachgibt, die zwar attraktiv erscheinen mögen, aber verborgene Elemente enthalten. Lassen Sie sich nicht von anderen durch Rechtfertigungen ihres rücksichtslosen Verhaltens (Habgier) verlocken. Dies ist ein Lieblingsspiel, das sich gern als »gesunder Menschenverstand« tarnt und unter vielen anderen Namen bekannt ist, wie zum Beispiel »Eigeninteresse«, »Jeder für sich selbst«, »Realismus«.

Quellen für ein Gelingen

Vermeiden Sie, Fehler zu begehen, die Sie als solche erkennen können. Zeigen Sie Charakterstärke, auch wenn Sie unter Druck geraten. Kompromittieren Sie keine Grundsätze oder Werte, die ihren Wert in der Vergangenheit unter Beweis gestellt und Ihnen und anderen wirkliches Glück beschert haben.

Die Wandlungslinien – Die Brücken zur Zukunft

Anfangs eine Sechs

Es kann vorkommen, daß die Wendungen des Schicksals einen Menschen dazu zwingen, seine berufliche oder geschäftliche Karriere aufzugeben, da ein Verbleiben den Verrat seiner Grundsätze bedeutet hätte; dabei sollten Sie bedenken – ein Gelingen kann sich für Menschen, die ihre Integrität bewahren, auch in Bereichen jenseits von Geschäft und Beruf einstellen.

Sechs auf zweitem Platz

Ein Mensch mit Grundsätzen ist, wenn nötig, eher bereit, persönliche Opfer zu bringen als zuzusehen, wie seine Grundsätze durch vertrauensunwürdige Individuen verletzt werden. Auf diese Weise erzielt er Erfolg, doch hängen sich die Leute unterwürfig an ihn, etwa durch Bestechung oder Schmeichelei, um sich eigene Entscheidungen zu ersparen. Er läßt sich aber nicht versuchen, obwohl die Angebote vom materiellen Standpunkt her durchaus attraktiv sein könnten.

Sechs auf drittem Platz

Es kommt vor, daß Menschen, die mit höchst fraglichen Praktiken zu Reichtum und Macht gelangt sind, plötzlich feststellen, daß sie unfähig sind, mit ihrer Machtposition umzugehen. Sie haben nicht das Format, Entscheidungen zu treffen, und sehen sich überwältigt von einer organisatorischen Infrastruktur. Eine solche Erfahrung ist demütigend und ist der erste Schritt zu einem Wandel der Gesinnung.

Neun auf viertem Platz

Die Situation beginnt sich zu erholen; die entgegenwirkenden Kräfte geben allmählich den Weg frei, so daß wieder ein Fortschritt möglich ist. Doch hat dieser Prozeß gerade erst begonnen. Um ihn fortzusetzen, braucht es einen Menschen von starkem Charakter und mit klaren Prioritäten, da die Aufgabe, die Ordnung wiederherzustellen, keineswegs einfach ist. Wird die richtige Person dafür ausgewählt, so wird sie alle Unterstützung bekommen, die sie braucht, und am Ende kommt Gelingen.

Neun auf fünftem Platz

In Weiterführung des Textes zur vorangegangenen Linie übernimmt hier die geeignete Person die Kontrolle über die Situation und beginnt damit, die Ordnung wiederherzustellen. Diese Linie bezieht sich auf die Haltung dieser Person. Sie sollte sich während der ganzen Arbeit stets die Zerbrechlichkeit der Lage vor Augen halten und sich nicht durch falsche Gefühle in Sicherheit wägen. Sie sollte so tun, als sei der Erfolg noch keine beschlossene Sache. Jede Bewegung, jeder Schritt zählt. Sie muß jetzt denken wie ein Schachspieler.

Oben eine Neun

Wenn nichts getan wird, wird sich die Lage verschlechtern, dann durch einen Prozeß des Stillstands in Stagnation geraten und schließlich auseinanderfallen. Dieser Prozeß kann aufgehalten werden durch die erneuernde Kraft eines schöpferischen, dynamischen einzelnen. Nur mit Hilfe eines solchen Katalysators kann es aus der Stagnation zu einer Situation des Gedeihens kommen. Die Lage verspricht Gutes.

HEXAGRAMM 13

Gemeinschaft mit Menschen (Die Zusammenarbeit)

Das Urteil

Erfolg, wenn Sie mit anderen zusammenarbeiten. Der Schwerpunkt dieses Hexagramms liegt auf Zusammenarbeit, Joint Ventures, Partnerschaften, internationalen Vereinbarungen, Zusammenschlüssen und auf einer erfolgversprechenden Erweiterung des Aktionsraumes von allgemeinem Nutzen. Der Geist der Zusammenarbeit ist vielversprechend und fördert Gelingen, wenn Sie beharrlich sind.

Die Erfordernisse im besonderen

Der Zusammenschluß mit anderen, um gemeinsam hochgesteckte Ziele zu verfolgen. Das Gelingen ist hier an eine grundlegende Bedingung geknüpft: Das Ergebnis der Zusammenarbeit muß dem allgemeinen Wohl dienen.

Das Klima

Gegenseitiges Vertrauen. Eine solide Grundlage für Übereinstimmung – der organisatorische Rahmen muß aber den Zielsetzungen entsprechen. Eine nationale bis weltumspannende Perspektive wird von der Zeit begünstigt.

Der gedankliche Rahmen

Je umfassender der Plan, je größer sein potentieller Nutzen für andere, desto größer ist die Chance zu seiner Verwirklichung. Dies ist ein eher ungewöhnlicher Umstand, da wir meistens der Ansicht sind, Pläne müßten besser vorsichtig und klein gehalten werden. Es werden auch viele Fälle in diesem Buch genannt, in denen genau dieses Vorgehen absolutes Gebot ist, wenn sich Erfolg einstellen soll. Hier jedoch sammeln sich Menschen um dringend notwendige humanitäre Ziele. Das ist der Grund, warum der Zusammenschluß mit anderen unter einem hohen Ideal als »glückverheißend« bezeichnet wird.

Es gibt keine Motivationsprobleme, da alle Beteiligten ein Gefühl für die erhabenen Werte haben. Alle haben ein allgemeines Verständnis dessen, was erreicht werden soll. Die Ideale und Ideen bedürfen noch der Verfeinerung und konsequenten Weiterentwicklung auf der Grundlage einer optimistischen Einstellung.
Dies ist eine Zeit, da erhellende Ideen hervorsprudeln. Begeisternde und klar bestimmte Ideale geben der Motivation eine eindeutige Richtung. Es wäre gut, Tag und Nacht ein Notizbuch bei sich zu haben, denn jetzt können jederzeit neue Ideen, Antworten auf Probleme und Lösungen für Schwierigkeiten auftauchen. Solche Einfälle könnten allzu leicht in der Überfülle der Gedanken verlorengehen. Achten Sie darauf, keine Ideen zu übergehen, hinter denen sich – in anderem Gewand – brillante Einsichten verbergen könnten.

Grundannahmen für den Entscheidungsprozeß

Die folgenden Einschätzungen gelten vorbehaltlich der Auskünfte, die in den Wandlungslinien gegeben werden. Die Wandlungslinien haben immer Vorrang.

Management

Je offener und vertrauensvoller der Umgang im Management, desto größer das Spektrum an verfügbaren Ideen. Hier ist nichts zu befürchten. Angenehmes und Unerwartetes – Glück? – kommt eher zu Menschen und Organisationen, die offen und empfänglich sind. Die Menschen fühlen sich am wohlsten in einer Arbeitsumgebung, der sie sich wirklich zugehörig fühlen. Die Lage ist stark und positiv. Die Vorzeichen sind gut.

Planung

Angesichts einer so klaren Vision ist jetzt die Zeit günstig, langfristige Ziele zu formulieren. Fahren Sie dann fort, indem Sie auch die kurzfristigen Ziele abstecken. Es empfiehlt sich, die Planung in Form eines Diagramms zu erstellen, auf dem die Hauptzielsetzungen in einer klaren zeitlichen Abfolge zu erkennen sind; bringen Sie das Diagramm an einer gut sichtbaren Stelle an, so daß alle, die an seiner Entwicklung beteiligt sind, es häufig sehen.

Wachstum und Produktivität

Hervorragende Aussichten. Talente finden zusammen. Pflegen Sie sie.

Risiken

Es bestehen keine Risiken. In den sich entwickelnden Ideen liegt eine implizite Logik, die Sie sich bewußt machen sollten.

Vorhandene Ressourcen

Gut. Sollten sie kurzfristig nicht ausreichend sein, so wird die richtige Präsentation Ihrer Ideen gegenüber Dritten (Einzelpersonen oder Unternehmen) eine ernsthafte Reaktion nach sich ziehen. Suchen Sie finanzielle Unterstützung – insbesondere wenn es sich um den Beginn einer Unternehmung handelt – bei Menschen, die das Wesen des Projekts verstehen, sei es aus genauer Kenntnis von Einzelheiten, sei es intuitiv. Es bringt zum Beispiel nichts, die noch unpatentierten Blaupausen eines neuen Computer-Schaltsystems dem Direktor Ihrer Bank vorzulegen. Er wird nicht dafür bezahlt, den Investitionsbedarf einer neuen Unternehmensgründung zu verstehen, ganz gleich, wie genial Ihre Idee ist. Suchen Sie Investoren, die eine persönlichere Einstellung zu Ihrem Projekt haben und denen die Sache am Herzen liegt.

Beginn einer Unternehmung

Günstig. Ist das Team erst einmal zusammengestellt, werden auch die Ziele sehr schnell klarer. Doch ist Geduld nötig, wenn das neue Projekt Gestalt annimmt.

Produktwahl

Es werden sich viele Ideen präsentieren. Schreiben Sie alle auf und erwägen Sie jede im Lichte ihrer unterschiedlichen Vorteile: Originalität, Stand der Technik, Präsentation, Kosten usw. Verwerfen Sie im Augenblick noch keine dieser neuen Ideen – dies sollten Sie sich zur Regel machen. Treffen Sie keine unumstößlichen schnellen Entscheidungen und geben Sie noch keine endgültigen Erklärungen ab, vor allem keine negativen.

Urteilsvermögen

Sie können ihm vertrauen. Entwickeln Sie Ideen weiter, um sich über deren Potential klarzuwerden. Konzentrieren Sie Ihre Bemühungen darauf, Ihre Wahrnehmung in jede vorgeschlagene Richtung auszudehnen. Gehen Sie den Dingen nach und erforschen Sie sie, denn es sind noch Gelegenheiten zu entdecken. Beziehen Sie andere Menschen mit ein.

Verträge und Vereinbarungen
Die Atmosphäre ist günstig, die Zeit ebenfalls.

Konkurrenz
Diese wird sich wahrscheinlich in Zusammenarbeit umwandeln. Machen Sie sich keine unnötigen Gedanken bezüglich Geheimhaltung, da diese Ihren Zielsetzungen nicht angemessen ist.

Quellen für Unheil
Versäumnis, die Ideen zu sammeln und geordnet zu registrieren.

Quellen für ein Gelingen
Die Bildung einer organisierten Struktur, damit alle Beteiligten ihre schöpferischen Fähigkeiten und Leistungen optimieren können. Organisieren Sie Ziele, Arbeitspläne, Systeme. Schaffen Sie einen klar umrissenen, großzügigen Rahmen für die Verwirklichung und Verbreitung von Ideen. Machen Sie dies zu ihrem absolut vorrangigen Ziel.

Die Wandlungslinien – Die Brücken zur Zukunft

Anfangs eine Neun
Bevor ernsthaft mit der Planung der Arbeit begonnen wird, bedarf es einer offen ausgesprochenen Verpflichtungserklärung von seiten aller Beteiligten. Alle müssen herzlich und freimütig miteinander kommunizieren; es dürfen keine geheimen Bündnisse unterhalten werden.

Sechs auf zweitem Platz
Das Werk ist verdorben, da sich das Team in egoistisch motiverte Interessengruppen gespalten hat. Wenn ein gemeinsames höheres Ziel erreicht werden soll, müssen eigennützige Interessen zurückstehen.

Neun auf drittem Platz
Das Unternehmen ist in zwei Lager gespalten, und es herrscht gegenseitiges Mißtrauen. Beide Seiten schmieden Pläne und Ränke zum eigenen Vorteil. In dieser Lage kann nichts erreicht werden. Es ist eine Verschwendung von Zeit und Geld und führt nur zu weiterer Entfremdung. Jemand muß die Sache offenlegen und eine Vertrauenserklärung abgeben.

Neun auf viertem Platz

Eine Möglichkeit, ein Patt zu überwinden, besteht darin, das Brett abzuräumen und – ohne Konfrontation – neu zu beginnen. Wenn Sie sich klarmachen, daß keine Seite gewinnen kann, sollten Sie zu beiderseitigem Nutzen zusammenarbeiten.

Neun auf fünftem Platz

Wenn Menschen, die zusammengehören, durch vorübergehende, unüberwindliche Schwierigkeiten, die außerhalb ihrer Macht liegen, getrennt sind, sind beide Seiten unglücklich. Solange sie jedoch den Wunsch haben, wieder zusammenzukommen, wird nichts sie für längere Zeit trennen können. Ihre schließliche Wiederbegegnung wird Anlaß zu großer Freude sein.

Oben eine Neun

Wir spüren eine machtvolle Resonanz mit Menschen, die unsere Überzeugungen teilen, und es drängt uns ganz natürlich dazu, uns ihrem Tun anzuschließen. Solange wir uns dieses starke Gefühl bewahren, wird uns dies unweigerlich schließlich gelingen, ohne daß es Anlaß zu Reue gäbe. Sie sollten unsere Ziele klar bewahren und Ihrer Intuition vertrauen, was die gegenseitige Anziehung und Ihre Fähigkeit angeht, sich in andere einzufühlen.

Hexagramm 14

Besitz in großem Maß

»Wer angesichts des Gewinns an Pflicht denkt, der kann auch für einen vollkommenen Menschen gelten.«
(Kungfutse: Gespräche, Buch XIV)

Das Urteil

Erhabenes Gelingen – materielles Gelingen. Die persönlichen Umstände lassen das Urteil positiv ausfallen, allerdings unter einem Vorbehalt. Gesteigerte Möglichkeiten, ein erweitertes Spektrum an Optionen und Alternativen, die aber auch mit entsprechend mehr Verantwortung und Verpflichtung zur Rechenschaft verbunden sind.

Die Erfordernisse im besonderen

Es geht um den rechten Umgang mit Macht und mit der Verwaltung von Reichtum. Fortschritt stellt sich leicht ein. Die Arbeit geht gut voran. Es ist genügend Energie vorhanden, wünschenswerte Ergebnisse zu erzielen. Ein persönliches Gefühl von Wohlbefinden stärkt den Willen, effizient zu sein.

Das Klima

Vertrauensvolles und kenntnisreiches Handeln. Kompetenz.

Der gedankliche Rahmen

Großer Reichtum geht einher mit starker Verpflichtung. Ohne klare Richtung und beständige Energiezufuhr zerstreut sich der Reichtum, werden Ressourcen verschwendet, und anderen erwächst kein Nutzen, obwohl sie guten Gebrauch davon machen könnten.

Materieller Reichtum bedeutet daher für die, die ihn besitzen oder verwalten, immer die Verpflichtung, darauf zu achten, daß er nur den edelsten Zielen dient. Das *I Ging* spricht davon, daß diejenigen, denen Reichtum oder Besitz in großem Maß anvertraut ist, vom Schicksal dazu bestimmt wurden.

Es handelt sich um eine höchst produktive Zeit, in der Sie eine Menge erreichen können. Alle notwendigen Energien sind vorhanden, und dem Erfolg steht kein Hindernis im Weg. Nutzen Sie die Gunst der Zeit. Der Lohn wird beträchtlich sein, vorausgesetzt das, was Sie tun, ist darauf gerichtet, das Wohl anderer zu fördern.

Grundannahmen für den Entscheidungsprozeß

Die folgenden Einschätzungen gelten vorbehaltlich der Auskünfte, die in den Wandlungslinien gegeben werden. Die Wandlungslinien haben immer Vorrang.

Management

Einer Kooperation steht nichts im Wege. Seien Sie das wegweisende Licht. Ignorieren Sie es nicht, wenn neue persönliche Interessen und Spezialisierungen in Erscheinung treten, da Sie imstande sein werden, Ihren Aktionsraum bedeutend zu erweitern. Wählen Sie Manager aus, die einen weiten Horizont haben und freundschaftlich gesinnt sind; solche Menschen werden eher empfänglich sein für die Bedürfnisse des Umfelds und mit viel größerer Wahrscheinlichkeit Ihre Motive verstehen.

Planung

Fürchten Sie sich nicht davor, kühne langfristige Pläne zu machen. Die Leute werden sich darauf einstellen, ohne daß man sie allzu viel dazu antreiben müßte.

Einstellung

Da alles gut läuft, reagieren die Menschen auf Ihre freundliche und aufmerksame Art. Dies ist eine Zeit, da jede Gefälligkeit, die Sie anderen erweisen, große Wirkung hat und nicht vergessen wird.

Kommunikation

Leicht. Gegenseitiges Verstehen stellt sich auf natürliche Weise ein.

Risiken

Tun Sie das, wovon Sie wissen, daß es *richtig* ist, dann werden Sie nicht scheitern.

Investition und Finanzierung

Günstig.

Vorhandene Ressourcen

Materielle Ressourcen stehen zur Verfügung. Auf jeden Fall sind reichlich energetische Ressourcen vorhanden. Eine ungeheuer große Kapazität, um Dinge erfolgreich zu bewältigen.

Beginn einer Unternehmung

Sehr günstig. Seien Sie absolut engagiert, dann wird das Unternehmen gelingen. Menschen scharen sich um Sie, wenn Sie sie brauchen.

Feedback

Optimal und kooperativ. Sofern nicht durch ein zweites Hexagramm nach der Wandlung Gegenteiliges ausgesagt wird, steht nichts im Weg.

Produktwahl

Sie können Ihrem Urteil vertrauen. Nehmen Sie – ohne große Mühe und Besorgnis – eine Einschätzung der Überlegungen anderer vor.

Urteilsvermögen

Natürlich und vollkommen ausgewogen. Vergeuden Sie keine Zeit, indem Sie kreative Entscheidungen hinauszögern; die richtigen Entscheidungen sind die, die Ihnen am natürlichsten kommen.

Intuition

Lassen Sie sich von Ihrer Intuition leiten und notieren Sie sich Ihre ungewöhnlichsten Einfälle; wenn Sie Ihren Ahnungen folgen, könnte dies Kräfte freisetzen, die enormes Gelingen bringen, vorausgesetzt, das, was Sie tun, ist für andere von objektivem Nutzen.

Inspiration

Ideen fließen leicht und mit Klarheit. Was Sie erreichen, wird normalerweise zu einer anderen Zeit nicht zu erreichen sein. Es ist die Fähigkeit vorhanden, unzählige Eindrücke mit kreativem Ausdruck zu verbinden. Es genügt aber nicht, die Dinge klar zu sehen; man muß auch in der Lage sein, auf das, was man wahrnimmt, mit Objektivität zu reagieren und entsprechend zu handeln. Es gehört zur gegenwärtigen Situation, daß man genau dazu auch die Macht hat.

Hexagramm 14

Marketing

Wenn das Werk *stimmig* ist, wird es die Menschen ohne ungebührliche Ausgaben erreichen. Wahre Verkaufsförderung ist eher eine Sache der *einfühlenden Resonanz:* Ideen verbinden alle Menschen, die auf natürliche Weise damit in Resonanz stehen. So soll es auch sein. Riesige Werbeausgaben sind keine Garantie für einen geschäftlichen Erfolg, die Ideen müssen der Öffentlichkeit unprätenziös und einfach vorgestellt werden.

Verträge und Vereinbarungen

Es wird kein Problem sein, diese zum Ziel zu bringen. Die Menschen reagieren auf Sie mit Begeisterung. Seien Sie offen und zugänglich.

Konkurrenz

Die Zeichen stehen auf Zusammenarbeit. Sie brauchen nicht zu befürchten, daß Konkurrenz Sie behindert. Negatives Handeln von dritter Seite wirkt sich jetzt nicht behindernd auf Ihre Arbeit aus.

Konzentration

Stetig und über einen längeren Zeitraum.

Quellen für Unheil

Wenn Sie Zeit, Energie und Reichtümer für Projekte einsetzen, die einen Mißbrauch Ihrer bevorzugten Position darstellen und anderen schaden, werden diese am Ende immer scheitern.

Quellen für ein Gelingen

Wenn Sie ganz einfach die Zeit produktiv nutzen.

Die Wandlungslinien – Die Brücken zur Zukunft

Anfangs eine Neun

Sie sind noch nicht im Besitz des Reichtums, aber er ist auf dem Weg. Dies ist nicht die Zeit, um zu entspannen. Bewahren Sie Ihre Konzentration, bleiben Sie bescheiden und arbeiten Sie hart.

Neun auf zweitem Platz

Reichtum bedeutet nicht nur Berge von Geld, sondern auch *Ressourcen,* den *Gebrauch* und die *Verfügbarkeit* von Einrichtungen. Derjenige, der großen Besitz hat, verfügt über eine besondere, äußerst wertvolle Qualität: die Kooperationsbereitschaft anderer, ohne die nichts möglich ist. Der Schlüssel zu allem liegt im guten und wirtschaftlichen Gebrauch all dieser Möglichkeiten, damit das Potential, das in Geld, Waren und Leistungen steckt, verwirklicht werden kann.

Die Menschen, die Teil Ihrer Unternehmung sind, kennen ihre Aufgaben und können ohne Beaufsichtigung arbeiten. Projekte, die perfekt organisiert und ausgeführt werden müssen, setzen vollkommen vertrauenswürdige und kompetente Mitarbeiter voraus. Das ist Reichtum.

Neun auf drittem Platz

Großer Besitz ist habgierigen und selbstsüchtigen Menschen nicht angemessen. Solche Menschen machen sich nicht klar, daß man nichts wirklich besitzen kann. Im weitesten Sinne ist uns alles nur für eine kurze Zeit anvertraut, wenn wir Glück haben für die Dauer unseres Lebens. Daher muß Reichtum geteilt werden, und auch diejenigen müssen einen Nutzen davon haben, die nicht im gleichen Maße über Reichtümer verfügen. Großer Reichtum muß mit Großherzigkeit einhergehen. Gehen diese beiden nicht zusammen, so entsteht großes Unheil.

Neun auf viertem Platz

Bringen Sie sich nicht um Ihren inneren Frieden, indem Sie nach den materiellen oder sozialen Besitztümern derer trachten, die in Ihrer Umgebung leben oder arbeiten. Das macht einen sehr unschönen Eindruck und schlägt auf Sie zurück. Ändern Sie dies.

Sechs auf fünftem Platz

In Ihrem Geben sollten Sie nicht zu schrankenlos sein, da die Menschen Sie sonst für verrückt halten (was auf deren Mangel an Großzügigkeit schließen läßt). Geben hat nur dann die rechte Wirkung, wenn es von Herzen kommt. Eine integre Gesinnung strahlt nach außen aus.

Oben eine Neun

Wenn ein Mensch, der im Besitz großen Reichtums ist, diesen Reichtum anderen zur Verfügung stellt, die weise sind und gute Absichten haben, so ehrt er damit seinen Reichtum und seine Stellung. Indem man gutgesinnten Menschen hilft, kann mit ihrer Hilfe wiederum vielen anderen geholfen werden, so daß eine Kette des Guten entsteht. Es handelt sich dabei um ein höchst bedeutsames Tun, das von großem Gelingen begleitet ist; das *I Ging* spricht hier von erhabenem Erfolg.

HEXAGRAMM 15

Die Bescheidenheit

Das Urteil

Beharrliches Bemühen bringt Erfolg. Persönliches und Unternehmensprofil laden ein zu Kooperation. Es ist eine große Befähigung und ein großes Potential vorhanden, das über einen gewissen Zeitraum verwirklicht werden muß. Registrieren Sie die Fortschritte über den Zeitraum eines Jahres.

Die Erfordernisse im besonderen

Die Macht, Schwaches in Starkes zu verwandeln, Armut in Reichtum. Konkrete Leistungen ziehen unmittelbar Gelegenheiten für Anerkennung und Beförderung nach sich.

Das Klima

Die Wirkung einer bescheidenen Haltung liegt darin, daß sie den *status quo* verändert. In einer solchen Atmosphäre erleben die Arroganten ihren Fall, während die sorgfältig und bescheiden Arbeitenden zu Ansehen gelangen.

»Wie weiß ich, welche Leute Charakter und Talent haben, daß ich sie wähle?« fragte Dschung Gung.
Der Meister sprach: »Wähle die, so du weißt. Die, so du nicht weißt, werden die Menschen auf sie verzichten?«

(Kungfutse: Gespräche, Buch XIII)

Der gedankliche Rahmen

Sie werden befördert. Das Unternehmen wird befördert. Es kann zum Beispiel sein, daß ein bescheidener Mensch über eine lange Zeit gewissenhaft gearbeitet hat, ohne angemessene Hilfe, Unterstützung oder Anerkennung seitens seiner Vorgesetzten, doch setzt er seine Arbeit beharrlich fort. Bemühungen, die über lange Zeit konsequent in einen bestimmten Tätigkeitsbereich investiert wurden, werden schließlich für andere sichtbar. Das ist die Wirkung von beharrlichem und bescheidenem Tun.

Grundannahmen für den Entscheidungsprozeß

Die folgenden Einschätzungen gelten vorbehaltlich der Auskünfte, die in den Wandlungslinien gegeben werden. Die Wandlungslinien haben immer Vorrang.

Management

Seien Sie objektiv, was die Fähigkeiten der Menschen angeht. Was sagen deren Leistungen über ihre Fähigkeiten aus? Keiner in einem Unternehmen sollte von einer solchen Prüfung ausgeschlossen sein. Handeln Sie nach dieser Maxime. Es ist selten, daß man einen Menschen findet, der freiwillig seinen Platz für die Beförderung eines anderen räumt, weil er nach eigener objektiver Einschätzung nicht seinen Mann steht. Einen solchen Menschen sollte man nur kurzfristig absteigen lassen, denn die Fähigkeit, *dermaßen* objektiv zu sein, deutet auf seine Führungsqualität. Diejenigen aber, die sich als inkompetent erweisen und sich trotzdem an ihre Posten klammern, sollten entweder etwas aus sich machen oder ihren Hut nehmen.

Planung

Überprüfen Sie Ihre wichtigsten Zielsetzungen und verändern Sie deren Gewichtung. Das könnte bedeuten, daß Sie bestimmte Zielsetzungen zu Prioritäten erheben und andere, überholte Prioritäten, die nur noch Ballast sind, über Bord werfen.

Wachstum

Das Wachstum befindet sich im Stadium der Vorbereitung. Veränderungen müssen in Nebenbereichen vorgenommen werden, damit späteres Wachstum möglich ist. Gewisse Charaktermerkmale werden in der Personallandschaft der Organisation sichtbar, nachdem sie lange verborgen waren. Haben diese eine gemeinsame Eigenschaft? Wenn ja, welche?

Investition und Finanzierung

Seien Sie vorsichtig. Es ist hier ein Umschwung angedeutet. Wenn Sie gedeihliche Zeiten hinter sich haben, können diese nur aufrechterhalten werden, wenn die Lage im Unternehmen entsprechend umgekehrt wird. Wenn sich das Innen nicht im Einklang mit dem Außen verändert, könnte es zu Verlusten kommen.

Hexagramm 15

Beginn einer Unternehmung

Es findet ein Umschwung statt. Dies könnte Ihre Chance sein, vorstellig zu werden. Geben Sie acht, Ihrer Sache nicht zuviel Gewicht beizumessen, aber bringen Sie sie vor. Nicht alle Menschen können Gedanken lesen.

Feedback

Bitten Sie nicht von sich aus darum. Sollten Sie in der Vergangenheit übersehen worden sein, so verändert sich die Lage gerade jetzt zu Ihren Gunsten. Das ist vielversprechend. Versuchen Sie aber nicht, mehr zu tun, als das, wozu Sie in der Lage sind. Tun Sie das, was Sie praktiziert und verbessert haben.

Urteilsvermögen

Wenn Erfolg Sie selbstzufrieden gemacht hat, dann sind Sie im Begriff, eine wirklich teure Entscheidung zu treffen. Wenn Sie aber auf der Hut sind, könnten Sie das Top-Urteil treffen, das Ihr künftiges Gedeihen verbessert.

Objektivität

Zur Zeit alles entscheidend.

Beförderung

Wenn Sie bisher das unbeachtete »Rückgrat« waren, ist Ihre Zeit jetzt gekommen. Können Sie sich der Herausforderung stellen?

Wie Sie die beste Leistung von Ihren Mitarbeitern bekommen

Belohnen Sie die Leute, die die Arbeit tun, auch wenn sie es gar nicht erwarten.

Werbung

Stellen Sie Ihre Ideen und Produkte vor. Ausgaben, die darauf verwendet werden, das Produkt oder die Idee über die einfache Präsentation hinaus zu »pushen«, werden das Gegenteil der erwünschten Wirkung erzielen. Die Leute werden eher abgestoßen als angezogen. Die Verschwendung von Ressourcen führt häufig zum Niedergang von Unternehmen, die zu viel Werbung gemacht haben. Übertriebenes Feilhalten hat die Tendenz, die Leute für die Qualität blind zu machen. Wenn dies geschieht, ist es der Anfang vom Ende.

Quellen für Unheil

Das Wichtigste, wovor man sich nach einer Beförderung, bei der die eigenen Möglichkeiten erweitert wurden, hüten muß, ist eine Haltung der Selbstgefälligkeit. Vergessen Sie nie: Beförderungen werden für vergangene Arbeit vergeben, sie sind das Ergebnis vergangener Anstrengungen. (Vgl. Hexagramm 60: *Die Beschränkung.*)

Quellen für ein Gelingen

Gelingen ist einfach eine Sache ständigen Bemühens und der Flexibilität gegenüber negativen äußeren Kräften. Tun Sie das *Rechte,* was unter Umständen heißt, nicht der Politik zu folgen, da diese falsch sein könnte.

Die Wandlungslinien – Die Brücken zur Zukunft

Anfangs eine Sechs

Vermeiden Sie, aus einer Mücke einen Elefanten zu machen. Selbst relativ schwierige Aufgaben lassen sich kompetent erledigen, wenn Sie sich nicht durch zuviele Gedanken an die ehrfurchtgebietende Bedeutung eines Projekts blockieren lassen.

Sechs auf zweitem Platz

Ein wirklich bescheidener Mensch strahlt diese Eigenschaft aus in allem, was er tut. Hemmnisse werden leicht überwunden. Die Menschen kooperieren oder treten beiseite.

Neun auf drittem Platz

Es gibt nichts, das mehr Schaden anrichten würde, als mitten im Verrichten guter Arbeit innezuhalten, um Lob zu erheischen. Schließen Sie die Arbeit ab. Die Menschen bewundern ganz natürlich diejenigen, die ihre Aufgaben erledigen, ohne nach Lob Ausschau zu halten.

Sechs auf viertem Platz

Hier ist die Falle: Sie müssen bescheiden hinsichtlich Ihrer Bescheidenheit bleiben. Wiederbeleben Sie Ihr Interesse an Ihrer Arbeit; das ist der einzige Platz, an dem Bescheidenheit sich zuhause fühlt.

Sechs auf fünftem Platz

Bescheidenheit ist nicht ganz einfach zu verstehen. Sie kontrolliert das Ego. Bescheidenheit hat nichts mit Selbstaufgabe oder mangelnder Handlungsbereitschaft zu tun. Der Schlüssel liegt darin, auf *objektive* Weise bescheiden zu sein.

Oben eine Sechs

Bescheidenheit stellt einen hohen Anspruch an persönliche Verdienste. Erfüllt ein bescheidener Mensch nicht seine eigenen Erwartungen, so gibt er nicht auf und läßt sich auch nicht in einen Sumpf von Selbstmitleid hinabziehen. Er zieht sich am eigenen Schopf heraus und packt die Sache neu an, um sie zu berichtigen. Auch behandelt er andere, mit denen er im engeren Kreis zu tun hat, in der gleichen Weise, so daß eine wirkliche Verbesserung möglich wird.

HEXAGRAMM 16

Die Begeisterung (Positive Energie)

Das Urteil

Erfolg, wenn Sie positiv in Ihrer Einstellung sind. Kommunikation und natürliches Einfühlungsvermögen üben eine starke Kraft aus. Eine gute Zeit, um Menschen zu begegnen. (Vgl. auch Hexagramm 58: *Das Heitere, Der See.*)

Die Erfordernisse im besonderen

Dinge in Bewegung bringen. Andere zur Leistung anspornen. Dem Weg des geringsten Widerstandes folgen. Die Begeisterung in anderen Menschen wiedererwecken oder fördern. Die Intensität und Qualität des Widerhalls in anderen verstärken.

Das Klima

Heiter. Musik am Arbeitsplatz. Ein erfrischendes, bestärkendes Klima. Fortschritt gelingt in dieser Atmosphäre erheblich leichter.

Der gedankliche Rahmen

Der Schlüsselgedanke dieses Hexagramms ist der, den Menschen zu geben, was sie brauchen oder sich wünschen. Das soll nun nicht etwa für alles und jedes gelten, sondern auf die Tatsache hinweisen, daß Menschen sich Ideen anschließen, bei denen sie sich wohlfühlen. Die meistgesuchten und daher auch erfolgreichsten Produkte und Dienstleistungen sind die, welche die Menschen am liebsten mögen oder am dringendsten brauchen. Wenn es einem Unternehmen gelingt, eine solche Marktlücke zu schließen, so kann dies – bei sonst gleichen Voraussetzungen – aus der Anonymität heraus zu einer hervorragenden Stellung führen.

Die Lektion daraus ist, daß Begeisterung eine reale Kraft in der Gesellschaft und insbesondere in geschäftlichen Dingen darstellt. Begeisterung ist lebenswichtig in jeder Situation, nicht nur in der inneren Einstellung des Managements, sondern auch in der Arbeit, in Produkten, Dienstleistungen und in der Art, wie sich die Belegschaft verhält. (Vgl. jedoch auch Hexagramm 62.: *Das Übergewicht des Kleinen*, wo es um ein Übermaß an Begeisterung geht.)

Grundannahmen für den Entscheidungsprozeß

Die folgenden Einschätzungen gelten vorbehaltlich der Auskünfte, die in den Wandlungslinien gegeben werden. Die Wandlungslinien haben immer Vorrang.

Management

Seien Sie bereit zur Anpassung. Zwingen Sie nicht Ihre Mitarbeiter, sich Ihnen anzupassen. Bemühen Sie sich vielmehr, deren Bedürfnisse hinsichtlich Führung und Arbeitsbedingungen zu erfüllen. Wenn Sie unsicher sind, worin diese bestehen, fragen Sie die Leute persönlich (aber nicht mittels Fragebogen). Nehmen Sie persönlich die Verantwortung auf sich.

Sie sollten nie vergessen, daß jeder einzelne täglich die besten Stunden seines Lebens der Arbeit widmet und daß Geld nicht der einzige Wert ist, der als Ausgleich hierfür geboten werden sollte. Ein Gefühl der Zugehörigkeit, Würde und persönlichen Anerkennung ist ebenfalls ein Teil der Gleichung. Es ist weder angemessen, weniger zu erwarten, noch ist es angemessen, weniger anzubieten.

Nutzen Sie eine Zeit der Begeisterung. Es ist eine Zeit zum Handeln, eine Zeit, den Aktionsraum des Unternehmens auszudehnen und neue Wege des Selbstausdrucks zu erkunden.

Ziele

Erweitern Sie die Aufgabenstellung des Unternehmens, ohne jedoch das Gefühl der Einheit innerhalb der Belegschaft oder des Managements zu zerstören.

Wie Sie die beste Leistung von Ihren Mitarbeitern bekommen

Keine Geheimnisse. Management und Belegschaft arbeiten wie eine einzige Kraft. Lassen Sie Ihre Begeisterung zu. Wenn Sie sie spüren, sollten Sie sie zum Ausdruck bringen.

Kommunikation

Reibungslos. Am besten auf persönlichem Wege. Vermeiden Sie Briefe.

Wachstum und Produktivität

Ungehindert. Begeisterung plus Arbeitsqualität erzeugen Energie – und Gewinn.

Investition und Finanzierung

Es könnte zu einer angenehmen Überraschung kommen. Laden Sie Investoren ein, damit sie ein persönliches Gefühl für das Geschäft bekommen. Dies verdient ernsthafte Beachtung.

Beginn einer Unternehmung

Günstig. Erste Eindrücke haben ein großes Gewicht. Zeigen Sie Ihre wahren Farben. Seien Sie begeistert – das kann magische Wirkung haben.

Feedback

Superpositiv.

Inspiration

Begeisterung und Kreativität gehen auf natürliche Weise zusammen. Ein kontrollierter Abbau von Spannung in kreative Tätigkeit kann Neues zum Blühen bringen. Zeiten wie diese haben mehr als etwas Magisches an sich.

Werbung

Seien Sie unternehmungslustig. Denken Sie in Begriffen von Musik und Harmonie.

Marketing

Äußerst günstig. Die Verkäufe könnten glänzend sein.

Verträge und Vereinbarungen

Günstig, doch sollten Sie immer eine zweite Meinung einholen. Dies ist ratsam, da Fehler sehr kostspielig sind und der Rechtsweg noch immer unbefriedigend ist. Es gibt jedoch keinen Anlaß zu befürchten, es sei nicht zu einem Einvernehmen gekommen.

Haltung

Dies ist nicht die Zeit, das eigene Licht zu verbergen. Ideen kommen gut an, sowohl draußen wie auch innerhalb des Unternehmens. Sie sollten weder zu leichtfertig sein noch sich zu viel Beschränkungen auferlegen, wie in Hexagramm 60: *Die Beschränkung,* beschrieben.

Hexagramm 16

Quellen für Unheil

Selbst das bestorganisierte und beststrukturierte Unternehmen kann keine optimale Produktivität auf seiten der Belegschaft und des Managements erreichen, wenn die begeisternde Kraft fehlt. Wenn freiwillige Initiativen gebremst werden und das Feedback zwischen der Belegschaft und dem Management kalt, reglementiert und allgemein negativ ist, kann die Organisation nie ihr volles Potential ausschöpfen. Das kann auch völligen Mißerfolg bedeuten. Die Lage verlangt sehr klar, daß die Bedürfnisse der Menschen an die erste Stelle gesetzt werden.

Quellen für ein Gelingen

Die Produktivität an einem Arbeitsplatz wird immer sehr durch die Schaffung einer wohltuenden und anregenden Umgebung erhöht. Hierin liegt der verborgene Einfluß jeder Management-Konstellation, der nicht »gekauft« werden kann und der doch den Schlüssel zur größtmöglichen Nutzung der Ressourcen darstellt. Die Förderung eines offenen Austauschs von Ideen und die Politik eines positiven Feedbacks zwischen Belegschaft und Management kann und wird den Unterschied zwischen Erfolg und Mißerfolg ausmachen.

Die Wandlungslinien – Die Brücken zur Zukunft

Anfangs eine Sechs

Begeistertes Name-dropping geht völlig an der Sache vorbei und beeindruckt nicht. Worauf es ankommt, ist, Menschen zusammenzubringen.

Sechs auf zweitem Platz

Sie erkennen das Geschehen mit Klarheit, verstehen es, die Zeichen der Zeit zu lesen, und wissen, wie sie zu interpretieren sind. Wenn Ihnen dies gelingt, ohne daß Sie sich damit brüsten oder sich unterwürfig gebärden, dann haben Sie ein gutes Gefühl für den richtigen *Zeitpunkt*. Solange Sie Ihre Augen offenhalten, werden Sie sich nicht in die falsche Beurteilung anderer Leute verwickeln.

Sechs auf drittem Platz

Achten Sie sorgfältig auf den richtigen Zeitpunkt für Ihren Schritt. Verlassen Sie sich *nicht* auf einen Wink von dritter Seite. Die anderen könnten sich irren, oder schlimmer noch, sie könnten nach derselben Sache Ausschau halten. Handeln Sie allein. Überlegen Sie allein.

Neun auf viertem Platz

Die Eigenschaften, die hier zum Ausdruck gelangen, sind glänzend; Selbstvertrauen ohne Arroganz; Ernsthaftigkeit, ohne nach Gewinn zu schielen; eine klare Vorstellung davon, wann es zu handeln gilt; großzügige Bereitschaft, anderen zu helfen, ihre Ziele zu erreichen. Sie können alles erreichen. Sie haben Freunde.

Sechs auf fünftem Platz

Sie mögen darüber betrübt sein, daß Ihnen die Freiheit beschnitten wurde, Ihrer Begeisterung Ausdruck zu verleihen. Im nachhinein werden Sie feststellen, daß es sowieso eine Energieverschwendung war.

Oben eine Sechs

Lassen Sie sich nicht davontragen. Wenn Sie sich zusammennehmen, geschieht kein Schaden.

HEXAGRAMM 17

Folge leisten (Anpassung an die Zeiten)

Das Urteil

Erhabener Erfolg, wenn man keine Geheimnisse hegt, anpassungsfähig ist und sich nach den Erfordernissen der Zeit richtet. Nutzen Sie die Ressourcen optimal. Beweisen Sie Unterscheidungsvermögen.

Die Erfordernisse im besonderen

Öffentlicher Beifall für harte Arbeit. Neue Möglichkeiten erkennen; an neuen Anwendungen für bereits eingeführte Ideen und Technologien arbeiten; neue Technologien entwickeln. Erhabener Erfolg.

Das Klima

Starke schöpferische Energie, die nichts Berechnendes hat. Sie dürfen nicht nach persönlichem Vorteil um jeden Preis streben. *Der Zweck heiligt nicht die Mittel.* Erhabener Erfolg kann sich – wenn es am rechten Unterscheidungsvermögen hinsichtlich der zu verwendenden Mittel mangelt – in abgrundtiefen Mißerfolg verwandeln.

Der gedankliche Rahmen

Es kann viel erreicht werden, wenn die Mitarbeiter nach einem Zeitplan arbeiten und sich auch daran halten. Selbstdiszipliniertes, organisiertes Arbeiten ermöglicht eine gleichbleibende Produktion.

Vorausgesetzt ein solches Vorgehen ist ohne Beeinträchtigung von Grundsätzen zu verwirklichen, führt es zu einem wirklich beachtlichen Erfolg. Jede Art von parteilichem Denken wirkt trennend und wäre falsch. Es beeinträchtigt die Produktivität und stört den Fluß der schöpferischen Kraft.

Loyalität und Treue sollte man nur gegenüber Menschen üben, die eine Bereitschaft zeigen, sich von höheren Grundsätzen leiten zu lassen. Das sind die Grenzen der Arbeitsethik. Führer und Geführte, Management, Angestellte und Arbeiter müssen sich hinsichtlich der

Qualität dessen, was getan wird, und hinsichtlich der Art, wie die Arbeit ausgeführt werden soll, einig sein. Man darf mindere Qualität nicht durchgehen lassen, ohne sich über die Folgen im klaren zu sein.

Grundannahmen für den Entscheidungsprozeß

Die folgenden Einschätzungen gelten vorbehaltlich der Auskünfte, die in den Wandlungslinien gegeben werden. Die Wandlungslinien haben immer Vorrang.

Management

Es können materielle Erfolge erzielt werden, doch sollten Sie sich immer fragen: »Zu welchem Preis?«

Planung

Obwohl die Hauptzielsetzungen klar sind, sollten Sie gewisse Optionen offenhalten.

Kommunikation

Nützlich und effektiv.

Wachstum und Produktivität

Die Aussichten werden zunehmend besser. Günstig.

Investition und Finanzierung

Es liegen wertvolle Ideen in der Luft – geben Sie sie nicht zu schnell auf. Doch vergeuden Sie keine Zeit und vermeiden Sie, durch unangemessene Vorsicht einschränkend zu wirken.

Beginn einer Unternehmung

Sehr günstig.

Feedback

Seien Sie flexibel und freundlich. Achten Sie auf Voreingenommenheiten.

Informationsbeschaffung

Seien Sie gründlich in Ihren Erkundungen; lesen Sie ein breites Spektrum, halten Sie Ihren Geist offen.

Hexagramm 17

Produktwahl
Es könnte sein, daß Sie einer gewinnträchtigen Sache auf der Spur sind. Verfolgen Sie diese Spur weiter. Seien Sie anpassungsfähig. Das Geheimnis von Anpassungsfähigkeit liegt darin zu wissen, was der Zeit angemessen ist.

Urteilsvermögen
Im allgemeinen gesund, doch treffen Sie keine überstürzten Entscheidungen – beraten Sie sich mit anderen. Die Lage ist höchst günstig.

Selbstbild
Sie besitzen Selbstvertrauen, doch sollten Sie darauf achten, daß es sich nicht von den Fehlern anderer nährt.

Wie Sie die beste Leistung von Ihren Mitarbeitern bekommen
Vermeiden Sie es, andere zu verleumden oder zu verdächtigen, besonders in bezug auf Leute, von denen Sie eine Zusammenarbeit erwarten.

Werbung und Marketing
Machen Sie Ihr Produkt beziehungsweise Ihr Dienstleistungsangebot in der Branche bekannt, aber übertreiben Sie nicht in Ihren Behauptungen.

Unterstützung
Ja, wenn es Ihnen gelingt, Unterstützer von Ihrer Integrität zu überzeugen; für einige könnte dies eine Veränderung ihrer bisherigen Einstellung bedeuten. Günstig.

Verträge und Vereinbarungen
Wenn Sie Ihre Angelegenheiten in aller Offenheit darlegen, könnte dies günstig sein. Angebote werden Ihnen unterbreitet, wenn Sie sich selbst in den Markt begeben.

Gewinne
Ein senkrechter Aufstieg. Sehr günstig.

Forschung und Entwicklung
Ideen sind von großem Wert. Verfolgen Sie sie weiter.

Internationale Geschäfte
Die richtige Atmosphäre für allgemeinen Erfolg, doch vergleichen Sie Hexagramm 56: *Der Geschäftsreisende*.

Quellen für Unheil
Das Manipulieren von Menschen.

Quellen für ein Gelingen
Das Manipulieren von Ideen.

Die Wandlungslinien – Die Brücken zur Zukunft

Anfangs eine Neun

Betrachten Sie eine Frage im größtmöglichen Zusammenhang. Erweitern Sie aktiv Ihr Ideenspektrum. Sie brauchen mehr Informationen, insbesondere wenn deren Quelle Ihnen nicht vertraut ist. Vermeiden Sie es, ausschließlich nach einer Widerspiegelung oder Unterstützung Ihres eigenen Standpunktes zu suchen. Notieren Sie sich die Unterschiede zwischen Ihren Gedanken in bezug auf ein bestimmtes Thema und den Gedanken anderer. Die Unterschiede könnten Sie in interessante Gewässer führen.

Sechs auf zweitem Platz

Es kommt die Gelegenheit, da man den kleinen Fisch ziehen lassen muß, um den großen zu fangen. Wenn Sie Ihre sämtlichen Ressourcen an Ziele verschwenden, die es nicht wert sind, wird die große Gelegenheit vorübergehen. Tun Sie einen Schritt nach vorn.

Sechs auf drittem Platz

Auch wenn Sie niedergeschlagen sind – jetzt ist der Zeitpunkt, einen Schritt weiterzugehen. Sollte Ihnen eine neue Stelle oder eine Beförderung angeboten werden, greifen Sie zu! Die Zeit des Verweilens ist vorbei, und es wäre ein Fehler, diese Gelegenheit wegen einer Stimmungslage vorübergehen zu lassen.

Neun auf viertem Platz

Lob zu spenden und annehmen zu können, erfordert ein gewisses Maß an innerer Festigkeit, sonst sind Sie allzu leicht zu manipulieren. Bewahren Sie sich Ihre Objektivität, insbesondere gegenüber neuen Leuten, die ein übermäßiges Interesse an Ihnen zeigen. Wo sollte die Falschheit anderer Leute Fuß fassen, wenn Sie Ihr Ego unter Kontrolle haben? Ein rechter Mensch trachtet nicht nach persönlichem Vorteil auf Ihre Kosten. (Vgl. Hexagramm 16: *Die Begeisterung.*)

Neun auf fünftem Platz

Wie sieht die Idee aus, die Sie versuchen zu verwirklichen? Wer verkörpert für Sie Ihre höchsten Ideale? Pflegen Sie die Vorstellung eines Leitbildes und folgen Sie diesem.

Oben eine Sechs

Ihr enger Freund oder Lehrer zeigt sich bereit, Ihrem Bedürfnis nach Führung zu entsprechen; er hilft Ihnen, obwohl er sich bereits aus allen Vorhaben und Absichten zurückgezogen hat. Zwischen Ihnen ist ein äußerst mächtiges Band, und daraus wird viel Gutes entstehen.

HEXAGRAMM 18

Die Arbeit am Verdorbenen

»Denn das Glück ist nur ein Nebenprodukt der Funktion, wie das Licht ein Nebenprodukt des elektrischen Stromes ist, der durch die Drähte fließt. Wenn der Strom nicht richtig fließt, kommt kein Licht. Deshalb findet keiner das Glück, der es um seiner selbst willen sucht. Der Mensch muß vielmehr danach trachten, wie der (...) ungehinderte Fluß der Elektrizität zu sein (...) Also leuchtet das Licht. Gut funktionieren – das ist das Glück.«

(T. H. White: Das Buch Merlin)

Das Urteil

Erhabener Erfolg, wenn Sie nicht faul sind. (Vgl. Hexagramm 34: *Die Macht des Großen.*)

Die Erfordernisse im besonderen

Den Boden bereiten für kontinuierliche, harte Arbeit. Neuorganisation. Es bedarf eines Arbeitsplanes.

Das Klima

Die Kontrolle über sich selbst wiedergewinnen.

Der gedankliche Rahmen

Ihre Antriebskraft hat nachgelassen. Das Ziel der Übung besteht darin, wieder zurück an die Arbeit zu kommen. Beginnen Sie langsam und legen Sie dann an Geschwindigkeit zu, bis Sie ein Arbeitstempo erreicht haben, daß Sie beibehalten können. Dies sollte etwa drei Tage Vorbereitungszeit beanspruchen und weitere drei Tage, um das Tempo zu stabilisieren. Nach Ablauf dieser Zeit haben Sie die selbstgefällige Haltung abgeschüttelt und beginnen, wieder mit vollem Einsatz bei der Sache zu sein.

Es bedarf einer bewußten Anstrengung und eines festen Entschlusses, da der Anfang immer am schwersten ist. Es gibt viel zu tun, aber irgendwo müssen Sie beginnen; hören Sie auf, die Sache hinauszuschieben. Sind die Räder erst einmal in Bewegung, wird auch wieder Energie erzeugt, und andere Menschen werden durch Ihr Beispiel angeregt. Was jetzt zählt, ist, daß Sie so schnell wie möglich Ihre Ziele und Ihr Arbeitstempo festlegen, und beides mit einem Minimum an Getue oder Aufheben. Überwinden Sie Ihre Gleichgültigkeit.

Grundannahmen für den Entscheidungsprozeß

Die folgenden Einschätzungen gelten vorbehaltlich der Auskünfte, die in den Wandlungslinien gegeben werden. Die Wandlungslinien haben immer Vorrang.

Management

Freundlichkeit wird sich auszahlen. Machen Sie sich dies zur ständigen Maxime. *Gleichgültigkeit ist tödlich.*

Planung

Revidieren Sie Ihre Planung gründlich, da Veränderungen angezeigt sind.

Investition und Finanzierung

Der Markt könnte schon bald unbeständig erscheinen. Sie brauchen Insider-Informationen, bevor Sie sich binden, doch sieht die Lage mittelfristig vielversprechend aus.

Beginn einer Unternehmung

Versuchen Sie im Augenblick noch nichts, was zu ehrgeizig wäre. Beginnen Sie langsam, klären Sie Ihre Ziele und arbeiten Sie hart.

Rhythmus, Routine, Tempo

Sorgen Sie dafür, daß diese zu einer festen Einrichtung werden, damit Sie, einmal begonnen, nicht mehr den Boden unter den Füßen verlieren. Behalten Sie dieses Muster bewußt bei, wenn alles läuft.

Feedback

Eine deutliche Verbesserung ist nötig.

Kreativität

Ein riesiges Potential.

Seien Sie willig.

Persönliche Einstellung

Selbstbild

Gewinnen Sie an Profil.

Organisation

Sorgen Sie dafür, daß *Sie* die Organisation verstehen. Machen Sie sie sich selber deutlich.

Werbung

Schauen Sie sich die Ideen noch einmal an. Sie könnten noch verbessert werden.

Marketing

Es wird Energie verschwendet. Gehen Sie die Strategie noch einmal durch und straffen Sie sie.

Unterstützung

Suchen Sie gerade jetzt noch nicht nach finanzieller Unterstützung.

Quellen für Unheil

Faulheit.

Quellen für ein Gelingen

Energie.

Die Wandlungslinien – Die Brücken zur Zukunft

Anfangs eine Sechs

Fehler der Vergangenheit lasten auf Ihnen, die Sie wahrscheinlich nicht selbst zu verantworten haben. Tun Sie, was Sie können, um diese zu korrigieren, doch sollten Sie – trotz aller Wichtigkeit – nicht zu verbohrt vorgehen.

Neun auf zweitem Platz

Die Schwierigkeit könnte durch die Unachtsamkeit einer Frau verursacht worden sein, während die in der Anfangslinie erwähnten Fehler ihren Ursprung in einem Mann hatten. Sie können Rücksichtnahme üben, indem Sie das Problem übergehen.

Neun auf drittem Platz

Es ist richtig, wenn Sie sich so sehr um die Fehler anderer kümmern, daß Sie den Wunsch haben, etwas dagegen zu unternehmen. Doch könnte Ihr Vorgehen kontraproduktiv sein, wenn Sie sich zu offensichtlich einmischen. Die Menschen sind immer empfindlich, wenn es um ihre Fehler geht.

Sechs auf viertem Platz

Wenn Sie erkennen, daß etwas falsch ist, müssen Sie den Mut beweisen, es zu berichtigen. Lassen Sie es nicht noch schlimmer werden, sondern unternehmen Sie etwas dagegen, solange dazu noch Gelegenheit ist.

Sechs auf fünftem Platz

Jeder echte Versuch, Fehler auszurotten, wird gewürdigt. Wenn Sie in Ihren Bemühungen Hilfe brauchen, sollten Sie darum bitten – die Menschen helfen bereitwilliger, wenn sie sehen, daß Sie sich selbst auch bemühen. Gelingen.

Oben eine Neun

Vielleicht wählen Sie nicht den Weg, anderen zu helfen, ihr Leben zu verbessern. Das ist auch in Ordnung so, Sie müssen nicht. Die Arbeit an der Entwicklung des eigenen Selbst kennt allerdings kein Ende. Ob Sie an sich selbst arbeiten, *indem* Sie für andere arbeiten, oder ob Sie allein an sich arbeiten, liegt ganz im persönlichen Ermessen; zwischen diesen Möglichkeiten können Sie wählen. Die Alternative, sich untätig zurückzulehnen und negative Kritik aufzutischen, ist natürlich eine Falle.

HEXAGRAMM 19

Der Vorstoß/Die Annäherung (Ein klarer Weg zeichnet sich ab)

Das Urteil

Erhabenes Gelingen, wenn Sie weiter vorstoßen. (Vgl. auch Hexagramm 35: *Der Fortschritt.*) Die Menschen sind offen und ansprechbar für die Projekte und Ideen, die Ihnen am meisten bedeuten.

Die Erfordernisse im besonderen

Andere lehren und schulen; Ideen miteinander verbinden und verstehen. Begegnungen und Zusammenkünfte stehen unter einem guten Stern. Kommunikation ist vorteilhaft. Neue Möglichkeiten tauchen auf. Gelegenheiten für Zusammenarbeit.

Das Klima

Das Tor zum Fortschritt ist weit offen.

Der gedankliche Rahmen

Die Zeit ist bestens geeignet für Wachstum und Erweiterung. Die Energie ist da, um Ihren Tätigkeitsbereich zu vergrößern; ein Aufschwung schöpferischen Wirkens, wie beim Herannahen des Frühlings. Die Kraft des Wachstums vermag jedes Hindernis zu überwinden. Es liegt in der Natur des Kreislaufes, daß auch wieder eine Zeit des Niedergangs kommt – wenn das Jahr seinem Ende zugeht. Was heute zählt, ist die Tatsache, daß jeder Energieeinsatz Ertrag bringen wird, und wer sich danach richtet, kann auf diese Weise bereits vorausschauend für die Zeit des Niedergangs Vorsorge treffen.

Menschen, die sich in einer Position der Stärke und des Verstehens befinden, fühlen sich motiviert, andere zu fördern, indem sie ihnen Zeit und Aufmerksamkeit schenken. Dies ist die Zeit, die Jungen und in der Welt Unerfahrenen voranzubringen. Ein Lehrender vermag in solchen Zeiten seine Vorstellungen sehr wirksam zu erhellen.

Grundannahmen für den Entscheidungsprozeß

Die folgenden Einschätzungen gelten vorbehaltlich der Auskünfte, die in den Wandlungslinien gegeben werden. Die Wandlungslinien haben immer Vorrang.

Zielsetzungen für das Management
Mitarbeiter lehren und schulen.

Zielsetzung für Lernende
Soviel wie möglich lernen. Günstig.

Planung
Erweitern, entwickeln, aktivieren Sie Ideen; bringen Sie Bewegung hinein.

Kommunikation
Unter einem guten Stern. Die Menschen sind empfänglich.

Wachstum und Produktivität
Senkrecht und rasch, plötzlich. Günstig.

Risiken
Jetzt ist die Zeit, Ideen zur Geltung zu bringen und etwas zu unternehmen. Erfolg.

Investition und Finanzierung
Günstig, wenn Sie schnell handeln. Die Betonung liegt auf kurzfristigen Gewinnen.

Beginn einer Unternehmung
Höchst günstig. Seien Sie vorbereitet – Sie können Dinge geschehen machen.

Feedback
Positiv. Fördern Sie Systeme mit Wechselwirkung.

Urteilsvermögen
Ausgezeichnet. Erhabenes Gelingen.

Neue Ideen
Zunahme. Beobachten Sie die Medien.

Ausdruck von Ideen
Großes Potential. Neue Ideen werden günstig aufgenommen.

Werbung
Erfolgreich. Verfolgen Sie die Sache weiter.

Marketing
Extraarbeit steigert den Erfolg. Günstig.

Unterstützung
Höchst günstig. Wenden Sie sich an die richtigen Leute.

Verträge und Vereinbarungen
Höchst günstig. Die Bedingungen sind vorteilhaft und fair für beide Seiten.

Internationaler Handel
Seien Sie unternehmungsfreudig. Günstig.

Quellen für Unheil
Es ist schwer, *keinen* Erfolg zu haben, wenn die Macht der Zeit Sie vorwärtsdrängt. Übertriebene Vorsicht, Angst oder eine allgemein negative Einstellung können einen an sich positiven Prozeß verzerren. Sorgen Sie dafür, daß dies nicht geschieht.

Quellen für ein Gelingen
Vorwärtsgerichtete Bewegung. Aktivität. Pflegen Sie die Kommunikation, besuchen Sie Zusammenkünfte. Arbeiten Sie hart.

Die Wandlungslinien – Die Brücken zur Zukunft
Anfangs eine Neun
Inspiration und die Kraft der Vision machen sich in den Fluren der Macht bemerkbar; ihnen folgen große, positive Veränderungen. Lassen Sie sich nicht von Ihrem Kurs abbringen. Die Richtung stimmt. Eine günstige Zeit.

Neun auf zweitem Platz

Menschen, die Macht und Verantwortung haben, laden Sie ein, Ihren Teil beizusteuern. Die Zukunft ist auf Rosen gebettet. Sorgen Sie sich nicht um Aufstieg und Niedergang des Schicksals. Konzentrieren Sie sich ganz auf das, was unmittelbar vor Ihren Füßen liegt, und überlassen Sie die Zukunft sich selbst.

Sechs auf drittem Platz

Werden Sie Ihrer Verantwortung gerecht. Die Macht, Entscheidungen für andere zu treffen, ist eine Form von Dienstleistung und kein Freibrief für eine Oberherrschaft. Das I Ging warnt – selbst in den günstigsten Zeiten – immer wieder vor dem Mißbrauch von Macht, der zu Bedrängnis führt und freien Energiefluß stört. Dieser freie Fluß kann nur dadurch gewährleistet bleiben, daß die Menschen, die sich in den entscheidenden Positionen befinden, Ehrlichkeit, Festigkeit und Stärke beweisen. Gelingen, wenn Sie tun, wozu Sie an Ihrem Platz berufen sind.

Sechs auf viertem Platz

Hier tritt ein einzelner, der große Macht und Einfluß besitzt, aus seinem eigenen Kreis heraus und bietet einem anderen eine einflußreiche Position an. Ein solches Handeln ist günstig.

Sechs auf fünftem Platz

Der Kopf eines Unternehmens braucht – neben anderen Dingen – ein besonders gutes Urteilsvermögen, was die Fähigkeiten anderer betrifft. Bei der Rekrutierung von Bewerbern für das Management sollten Kompetenz und die Fähigkeit, ohne Aufsicht zu arbeiten, den Ausschlag geben. Jedes Unternehmen braucht Menschen mit Eigeninitiative und Eigenmotivation, um voranzukommen.

Oben eine Sechs

Ein einzelner von hohem Ansehen und erwiesenem Wert mag häufig noch im Ruhestand gebeten werden, bei den laufenden Geschäften oder bei der Neuorganisation der Ressourcen zu helfen. Seine Erfahrung wird so hoch geschätzt, daß ihm besondere Vorteile und Handlungsfreiheit gewährt werden. Das Unternehmen hat richtig gehandelt, eine solche Person zu bestellen, und sollte sorgfältig aus allem lernen, was diese Person tut.

HEXAGRAMM 20

Ein vollständiger Überblick (Planung/Projektierung)

Das Urteil

Sorgfältige und ernsthafte Betrachtung bringt großes Gelingen.

Die Erfordernisse im besonderen

Sich einen Überblick verschaffen, verstehen. Die wichtigsten Bezugspunkte klären. Kurz-, mittel- und langfristige Pläne erstellen. Ideen durchdenken und koordinieren. Beziehungen zwischen den Dingen und wirkende Kräfte verstehen. Orientierung gewinnen. An der Vereinfachung zeigt sich, ob etwas verstanden wurde.

Das Klima

Ruhe.

Der gedankliche Rahmen

Nutzen Sie Ihren gegenwärtig erhöhten Standort, um zu erkennen, welche Muster, Trends und Tendenzen sich am Markt abzeichnen. Jetzt ist die Zeit für eine Bestandsaufnahme all dessen, was Sie umgibt. Nehmen Sie in sich auf, was Sie sehen, machen Sie es sich zu eigen und setzen Sie es dann in praktisches Handeln um. Das Hexagramm unterstreicht die Bedeutung der Betrachtung in Ruhe, mit anderen Worten, der Konzentration. Der Sinn der Übung besteht darin, Ihre Strategie auf allen Ebenen zu planen – kurz-, mittel- und langfristig, persönlich und geschäftlich. Verbinden Sie die beiden letztgenannten Bereiche eng miteinander, damit sowohl Ihre eigenen Bedürfnisse befriedigt werden als auch die des Unternehmens. Es geht dabei um Phantasien und deren Vergegenständlichung im Außen. Meiden Sie jetzt drängende Probleme und Dinge, die Sie ablenken könnten; gehen Sie vielleicht für eine Weile fort, um objektiver zu werden.

Die Zeit der Planung ist immer eine kritische Zeit – die Ereignisse nehmen Form und Gestalt an. Wählen Sie geeignete Blickwinkel und Vorgehensweisen, nehmen Sie eine sorgfältige und genaue Einschätzung der Zielsetzungen sowie der vorherrschenden Kräfte und Umstände vor. Wenn Sie Ihre Fragen genau formulieren, sollte die daraus folgende Entscheidung offenkundig sein – eine Sache glasklarer Logik.

Das ist mit der im *I Ging* so oft zitierten Feststellung gemeint, daß, wenn die Anfänge korrekt sind, alles, was daraus folgt, ebenfalls korrekt ist. Die Bedeutung einer detailgenauen Planung sollte daher nicht unterschätzt werden.

Menschen mit einem guten Sinn für räumliche Wirklichkeit sind als Planer am besten geeignet, da sie fähig sind, die Dinge mehrdimensional zu sehen, Synthesen zu bilden und ein Team von Spezialisten zusammenzubringen. Planer brauchen eine ausgesprochene Fähigkeit zu Kreativität, das heißt, die Fähigkeit, Eindrücke und abstrakte Vorstellungen zu synthetisieren und ihnen Gestalt in der Anwendung zu verleihen. Die Praxis der Synthese kann nicht gelehrt, aber sie kann gelernt werden.

Grundannahmen für den Entscheidungsprozeß

Die folgenden Einschätzungen gelten vorbehaltlich der Auskünfte, die in den Wandlungslinien gegeben werden. Die Wandlungslinien haben immer Vorrang.

Wie Sie die beste Leistung von Ihren Mitarbeitern bekommen
Beraten Sie sich mit ihnen in allen Einzelheiten. Führen Sie keine Ideen aus, bevor Sie dies nicht beherzigt haben.

Überzeugung
Sie müssen wissen, was Sie tun, aber Sie müssen auch davon überzeugt sein. Dies steht allerdings nicht in Zweifel.

Kommunikation
Der Plan selbst muß vorbildliche Werte verkörpern.

Wachstum und Produktivität
Die mittel- und langfristigen Aussichten sind ausgezeichnet.

Risiken
Welches Risiko? Es wird jetzt nicht gehandelt. Beurteilen Sie Optionen und stellen Sie Pläne auf.

Investition und Finanzierung

Unbedingt.

Beginn einer Unternehmung
Bedenken Sie alles, was bisher gesagt wurde. Es ist wirklich ein vielversprechender Beginn. Bewahren Sie Ihre Energien. Die nächsten sechs Monate werden zum Prüfstein für Sie.

Feedback
Dies ist das zweite Gebot jeder Planung, doch sollten Sie sich gut vorbereiten, bevor Sie Kollegen einbeziehen.

Verfügbarkeit von Informationen
Umfassend und vollständig.

Urteilsvermögen
Ausgezeichnet, doch sollten Sie sich mit Ihren Kollegen beratschlagen.

Intuition
Ausgezeichnet, doch sollten Sie sich in diesem Stadium auf die Planung beschränken.

Inspiration
Andere können dadurch geführt werden. Schreiben Sie alles auf.

Werbung
Sie wird sich auszahlen, wenn Sie beharrlich sind und das Projekt durchführen.

Marketing
Sie verstehen etwas davon. Günstig.

Unterstützung
Bemühen Sie sich darum.

Verträge und Vereinbarungen
Sie können sich beim Handeln auf Ihre eigene Einschätzung verlassen.

Internationaler Handel

Sehr günstig. (Vgl. auch die Hexagramme 40: *Die Befreiung*, 60: *Die Beschränkung*, und 56: *Der Geschäftsreisende*.)

Quellen für Unheil

Die Unfähigkeit, ein Muster in den Dingen zu erkennen. Das Ignorieren von Wegmarken. Vergeßlichkeit. Mangelnde Aufmerksamkeit für Einzelheiten. Zögern. Mangelndes Durchhaltevermögen.

Quellen für ein Gelingen

Dies ist eine günstige Zeit, um sorgfältig langfristige Tendenzen zu eruieren. Richten Sie Ihre Planung daran aus, obwohl sie natürlich auch flexibel bleiben muß.

Die Wandlungslinien – Die Brücken zur Zukunft

Anfangs eine Sechs

Ihr Verständnis reicht nicht tief genug. Sie dürfen nicht aufgrund von oberflächlichen Annahmen handeln. Überlegen Sie noch einmal neu. Betrachten Sie als erstes das ganze Szenario, die Bedeutung einzelner Punkte ist besser aus dem Zusammenhang heraus zu begreifen.

Solange diejenigen, die die Verantwortung tragen, die Lage verstehen, entsteht kein Unheil. Sie sollten daher die vorhandenen Möglichkeiten zu einem besseren Verständnis nutzen.

Sechs auf zweitem Platz

Sie sind nicht *objektiv* genug. Ihre Sichtweise ist egozentrisch und persönlich. Beziehen Sie einen objektiven Standpunkt und erweitern Sie Ihren Blickwinkel.

Sechs auf drittem Platz

Schärfen Sie Ihre Selbstwahrnehmung. Betrachten Sie, was Sie getan haben, um festzustellen, ob es nützlich und effektiv oder rein egoistisch war. Bemühen Sie sich dabei um Objektivität, indem Sie das Verhältnis zwischen den eingesetzten Mitteln und dem daraus entstandenen Nutzen abschätzen. Ist dieses Verhältnis ausgewogen?

Sechs auf viertem Platz

Die Person, die weiß, was zu tun ist, um die Dinge in Gang zu bringen und gedeihen zu lassen, ist eingetroffen. Ein solcher Mensch ist rar und sollte folgendermaßen behandelt werden: Man gebe ihm die volle

Unterstützung der Organisation sowie alle Freiheit und Mittel zu handeln, und zwar nicht als Angestelltem, sondern als einem Freund des Unternehmens. Seine Unabhängigkeit sollte unter allen Umständen gewahrt bleiben, damit er dort handeln kann, wo es am dringendsten gebraucht wird. Das führt zum Gedeihen für alle Beteiligten.

Neun auf fünftem Platz
Nur Sie können wissen, ob Sie wirklich das Richtige getan haben oder nicht. Es ist unter den gegebenen Umständen dringend geboten, daß Sie korrekt handeln, wenn andere von Ihnen abhängig sind – deren Interessen sollten Ihnen am Herzen liegen. Das zu verstehen erfordert einen rigorosen Akt der Selbstprüfung.

Oben eine Neun
Ihr Zustand innerer Freiheit sagt Ihnen bereits, daß alles so ist, wie es sein sollte.

HEXAGRAMM 21

Das Entschiedensein

Das Urteil

Rechtliche Schritte. Günstig, doch sollten Sie den genauen Tatbestand feststellen und rasch handeln.

Die Erfordernisse im besonderen

Strafbare Handlungen. Es muß gehandelt werden, um Dinge auszuräumen, die dem Recht im Wege stehen. Wenn Menschen Unrecht begehen, sollten Sie die Angelegenheit nicht tatenlos durchgehen lassen. Registrieren Sie alles sorgfältig. Bringen Sie die Wahrheit ans Licht der Öffentlichkeit.

Das Klima

Spannung. Vermeiden Sie negative Einflüsse und Kontroversen.

Der gedankliche Rahmen

Während sich das Hexagramm einerseits mit einer Lage befaßt, in der eine konkrete Straftat begangen wurde, liefert es gleichzeitig den Bezugsrahmen für eine bestimmte Haltung, indem es darauf hinweist, daß in wichtigen Dingen, wie zum Beispiel im Falle einer Straftat, die Dinge nicht von selbst wieder in Ordnung kommen. Entschiedene, strategische Planung ist vonnöten, um die Angelegenheit klarzustellen. Wenn der Fall abgeschlossen ist, ergibt sich eine günstige Lage.

Grundannahmen für den Entscheidungsprozeß

Die folgenden Einschätzungen gelten vorbehaltlich der Auskünfte, die in den Wandlungslinien gegeben werden. Die Wandlungslinien haben immer Vorrang.

Grundannahmen für den Entscheidungsprozeß

Zielsetzung

Es handelt sich darum, selbst bei vorsätzlicher Vertuschung den Tatbestand festzustellen und die Angelegenheit zur sofortigen Entscheidung vor die geeigneten Stellen zu bringen. Es bedarf des Handelns und der Beharrlichkeit.

Kommunikation

Behandeln Sie andere mit einer gesunden Portion Skepsis. Stellen Sie alles in Frage, was nicht offenkundig wahr ist. Vertrauen Sie Ihrer Intuition ebenso wie Ihrem Verstand.

Risiken

Schlechter Rat. Klären Sie die Vorgehensweise. Ist sie geeignet, die Wahrheit in der betreffenden Angelegenheit festzustellen?

Der richtige Zeitpunkt

Handeln Sie jetzt.

Feedback

Reagieren Sie prompt auf alle Kommunikation, aber registrieren Sie alles. Regen Sie zu Kommunikation und Feedback an, wenn diese nicht freiwillig stattfinden. Seien Sie in dieser Hinsicht ausdrücklich aktiv. Bewahren Sie sich einen unabhängigen Standpunkt.

Informationslage

Fügen Sie alle Informationen über die betreffende Angelegenheit zusammen und sortieren Sie diese zu einer klaren Ordnung, damit sie verstanden werden können.

Intuition

Falsche Gerüchte verdunkeln die Tatsachen. Die Leute erzählen absichtlich Lügen, die genau kalkuliert sein könnten, um einen Zustand der Verwirrung herbeizuführen. Sie sollten darauf reagieren, indem Sie Ihren eigenen Standpunkt noch klarer – notfalls wiederholt – herausstellen. Dies ist absolut notwendig.

Haltung

Seien Sie fest und entschieden. Eine Wischi-Waschi-Haltung führt zu Verzögerungen, die gegen Sie arbeiten würden.

Verträge und Vereinbarungen

Schlecht beraten. Behandeln Sie rechtliche Angelegenheiten mit Sorgfalt, und halten Sie sich an den Geist der Vereinbarung.

Quellen für Unheil

Wenn Sie zulassen, daß Ihnen die Dinge durch Verzögerungen in der Kommunikation und durch ungenaue schriftliche Unterlagen entgleiten, wenn Sie nicht gründlich genug sondieren.

Quellen für ein Gelingen

Eine schnelle Entscheidung der Angelegenheit durch die zuständigen Stellen. Uneingeschränkte Kooperation mit den zuständigen Stellen, die der Wahrheit zu dienen haben und über exakte, aktuellste Informationen verfügen müssen.

Die Wandlungslinien – Die Brücken zur Zukunft

Anfangs eine Neun

Ein erster Verstoß gegen das Recht sollte unverzüglich, aber milde bestraft werden.

Sechs auf zweitem Platz

Eine Strafe, so sehr sie jemand, der wiederholt das Recht beugt, verdient hat, sollte nie im Zorn oder im Geist der Rache angeordnet werden.

Sechs auf drittem Platz

Tiefe Gefühle der Feindseligkeit richten sich auf eine Person, die in den Augen des Rechtsbrechers nicht die nötige Autorität besitzt, ihm eine Strafe aufzuerlegen. Das mag zutreffen. Doch was kann man dagegen tun?

Neun auf viertem Platz

Ein schwieriges Urteil wird schließlich und endlich erfolgreich gefällt.

Sechs auf fünftem Platz

Es ist immer vorzuziehen, Milde walten zu lassen, wenn das Urteil Strafen beinhaltet, die den Rechtsbrecher in arge Bedrängnis bringen würden. (*Bestrafung darf nie in Rache ausarten,* sonst verlieren die Menschen den Glauben an die Justiz und den Respekt vor gerichtlichen Verfahren.) Wenn dennoch eine Bestrafung für notwendig erachtet wird, sollte sie aber wenigstens soviel bewirken, daß der Rechtsbrecher die Konsequenzen seines Tuns erkennt und es nicht zu einer Wiederholung in der Zukunft kommt.

Oben eine Neun

Es gibt Rechtsbrecher, die keinerlei Absicht haben, ihr Vorgehen angesichts *gerechter* Gesetze zu ändern; solche Menschen bringen Schande über sich und drohen, das Gesetz der Mißachtung preiszugeben. Sie bedürfen der besonderen Besserung und Belehrung. Es sollten Vorkehrungen getroffen werden, mit starrköpfigen und grob unwissenden Menschen entschieden zu verfahren.

HEXAGRAMM 22

Die Anmut

Das Urteil

Erhabenes Gelingen. Unvoreingenommenes Urteilsvermögen, künstlerischer Ausdruck. Die Lage ist günstig. (Vgl. auch Hexagramm 50: *Der Tiegel.*)

Die Erfordernisse im besonderen

Ideen veranschaulichen; Gedanken erhellen; Dinge erklären und sie in Gestalt und Form umsetzen. Umgang mit künstlerischen Produkten und Dienstleistungen kultureller Art. Günstig.

Das Klima

Erfreulich und sehr heiter. Äußerst günstig.

Der gedankliche Rahmen

Es geht hier um Kunst, Symmetrie und die äußere Manifestation innerer Wirklichkeiten, die Erschaffung »des Schönen«, die wahre Verbindung von Idee und Form. (Vgl. *Der gedankliche Rahmen* zu Hexagramm 2: *Das Empfangende,* wo die Beziehung zwischen dem Schöpferischen und dem Empfangenden in ihrer grundlegenden Bedeutung erläutert wird.)

Grundannahmen für den Entscheidungsprozeß

Die folgenden Einschätzungen gelten vorbehaltlich der Auskünfte, die in den Wandlungslinien gegeben werden. Die Wandlungslinien haben immer Vorrang.

Management

Konzentrieren Sie Ihre Bemühungen darauf, die Arbeitsumgebung angenehmer und harmonischer zu gestalten. Produkte und Dienstleistungen bewahren einen hohen Standard an Qualität und Originalität.

Planung

Tragen Sie Ihre Ideen vor, doch treffen Sie keine wichtigen Entscheidungen auf der Grundlage von Kommunikation.

Kommunikation

Sie können Ihre Ideen so veranschaulichen und erhellen, daß sie für andere nachvollziehbar sind. Wenn Sie *beschreibende* Methoden verwenden, um *die Klarheit* des Verständnisses zu fördern, so ist dies von Wert. Nur Qualität wird erinnert und gewürdigt.

Investition und Finanzierung

Kulturelle Produkte und Dienstleistungen werden bevorzugt. Sehr erfolgversprechend für Arbeit von hoher Qualität.

Impuls

Richten Sie Ihre Energien darauf, Ideen einen Schritt weiter zur Verwirklichung zu bringen. Erschaffen Sie Dinge oder Pläne. Es kommt nicht darauf an, auf welcher Stufe der Verwirklichung Ihre Arbeit angelangt ist. Der Antrieb geht dahin, den Prozeß weiterzutreiben und etwas Greifbares zum Vorzeigen zu haben. Sorgen Sie dafür, daß Ihre Ideen sich anderen vermitteln lassen. Da hier der Wert des *Prozesses* betont wird, brauchen Sie kein Meisterstück zu produzieren oder glauben, es müsse ein »großes Werk« sein.

Beginn einer Unternehmung

Die Stellung ist noch nicht stark genug. Es ist mehr Grundlagenarbeit erforderlich.

Produktwahl

Es werden einige gute Ideen vorgestellt. Registrieren Sie diese sorgfältig, denn es könnte etwas daraus werden. Wenn Hexagramm 17: *Folge leisten (Anpassung an die Zeiten)*, in Ihren Überlegungen zur Produktwahl vorkommt, könnten Sie auf dem Weg zu etwas sein, was höchst gewinnträchtig ist.

Urteilsvermögen

Sehr stark. Sehr günstig. Erhabenes Gelingen.

Werbung

Gute Ideen. Wählen Sie das Ungewöhnliche und Originelle.

Marketing
Gehen Sie in Führung durch die Präsentation der Produkte selbst und nicht durch Beschreibungen Ihrer Produkte.

Unterstützung
Erwarten Sie in diesem Stadium keine Vereinbarungen, sie werden aber noch kommen.

Quellen für Unheil
Wenn Sie Ideen präsentieren, die eher geeignet sind, zu verwirren als zu erhellen.

Quellen für ein Gelingen
Je schöner, je farbiger, je auffälliger Ihre Ideen, desto erfolgreicher werden Sie sein.

Die Wandlungslinien – Die Brücken zur Zukunft

Anfangs eine Neun
Lehnen Sie Angebote ab, die einen falschen Eindruck von Ihrer Arbeit geben. Verlassen Sie sich auf sich selbst und vermeiden Sie anmaßendes Verhalten in all seinen Spielarten.

Sechs auf zweitem Platz
Was ist ein Buch ohne Worte? Was ist eine Form ohne Gehalt? Was ist äußere Erscheinung ohne Substanz? Bloßer Schein.

Neun auf drittem Platz
Wenn sich ein Mensch ständig mit trivialen Dingen beschäftigt, wird sein Leben form- und zwecklos, es verliert seinen Sinn und die bewegende Kraft. Es gibt Ideen, die geeignet sind, einen Menschen zu sammeln, und die nicht durch ein schwammiges oder aufgeblasenes Äußeres abgewertet werden dürfen.

Sechs auf viertem Platz
»Das fliegende Pferd ist das Bild der Gedanken, die alle Schranken des Raums und der Zeit überfliegen.« (R. Wilhelm.) Dies ist der große Gast, der kommt, um Wirklichkeit von Illusion zu scheiden. Ihr wahrer Freund ist nicht mehr fern.

Sechs auf fünftem Platz

Die wahrhaft Weisen sind nie fern. Wenn wir des Trivialen überdrüssig sind, suchen wir sie in Ernsthaftigkeit auf. Die Menschen *brauchen* die Gewißheit, daß es die tiefere Seite des Lebens wirklich gibt, besonders wenn sie ein gewisses Bedauern über ihren bisherigen Lebenswandel empfinden.

Oben eine Neun

Wenn Innen und Außen sich entsprechen, sind Schönheit und Sinn erreicht. Die äußere Form einer Sache *veranschaulicht,* was innen ist. Das ist Kunst im besten Sinne.

HEXAGRAMM 23

Die Trennung

Das Urteil

Wenn Sie schweigend leiden, Gelingen. Sonst Unheil. (Vgl. auch Hexagramm 49: *Die Revolution.*)

Die Erfordernisse im besonderen

Alle, die in einer Position der Stärke und im Besitz von Reichtum sind, müssen an die Armen und Schwachen abgeben; tun sie dies nicht, so gerät alles kopflastig und wird verfallen, und sie werden mitsamt dem Haus untergehen. (Vgl. auch die Hexagramme 41: *Die Minderung,* und 42: *Die Mehrung.*)

Das Klima

Der Schatten untergräbt das Licht.

Der gedankliche Rahmen

Ein Ungleichgewicht. Eine kopflastige Situation. Obwohl sie vorübergehen wird, fällt es in solchen Zeiten schwer, die persönliche Ruhe zu bewahren. Es bedarf einer bewußten Anstrengung, Ausbrüche unter Kontrolle zu halten. Es könnte zu einer Belastungsprobe in den Beziehungen zwischen Management und Belegschaft kommen. Es könnte zu Umbesetzungen von Stellen und zu Kündigungen kommen. Die Ressourcen bedürfen einer Verlagerung und neuen Ausrichtung. Die gegenwärtige Lage kann nicht aufrechterhalten werden – etwas wird einstürzen.

Grundannahmen für den Entscheidungsprozeß

Die folgenden Einschätzungen gelten vorbehaltlich der Auskünfte, die in den Wandlungslinien gegeben werden. Die Wandlungslinien haben immer Vorrang.

Management und Führung
Es droht ein ernsthafter Zusammenbruch und Unheil, wenn die Ressourcen nicht gleichmäßig über die gesamte Struktur des Unternehmens verteilt werden.

Planung
Alle *grundlegenden* Annahmen sind zu überprüfen.

Kommunikation
Schlecht; bedarf der Verbesserung. Worum geht es wirklich? Worin besteht das gemeinsame Anliegen?

Wachstum und Produktivität
Das Potential könnte nicht größer sein. Die Knospe öffnet sich zur Blüte.

Risiken
Können Sie es sich leisten, *kein* Risiko einzugehen?

Investoren
Es wird eine Rendite auf das eingesetzte Kapital geben, wenn es sich bei dem Objekt um eine gut funktionierende Sache handelt; dies läßt sich nicht ausschließlich aus den Ergebnissen der Vergangenheit bestimmen.

Verluste
Potentiell kritisch.

Gewinne
Wenn Sie jetzt handeln, können die mittel- und langfristigen Aussichten ausgezeichnet sein. Handeln Sie weit vorausschauend und haben Sie Vertrauen.

Feedback
Bedarf einer wesentlichen Verbesserung.

Informationslage
Informationen sind in eine verständliche Form zu bringen. Zusätzliche Informationen sind eine notwendige Voraussetzung für langfristige Pläne und Lösungen.

Haltung

Wenden Sie keine Gewalt an. Sie können sich einer natürlichen Kraft nicht *entgegenstellen,* doch können Sie ihre potentiell verheerenden Auswirkungen abschwächen. Schenken Sie allen Ratschlägen Beachtung, die in diesem Hexagramm gegeben werden.

Input

Lebenswichtig.

Zusammenwirken

Äußerst schlecht.

Zusammenarbeit

Äußerst schlecht. (Vgl. *Kommunikation.*)

Quellen für Gelingen oder Unheil

Diese können ohne weiteres aus dem Gesagten abgeleitet werden. Um die Lage noch einmal zusammenzufassen: Sie benötigen modernere konzeptionelle Instrumente. Ihre Aufgabenstellung bedarf der Verfeinerung.

Die Wandlungslinien – Die Brücken zur Zukunft

Anfangs eine Sechs

Die Situation wird *absichtlich* durch einzelne untergraben, deren Absichten alles andere als gut sind. Loyalitäten werden in Frage gestellt. Intrigen sind im Verborgenen am Werk.

Sechs auf zweitem Platz

Böswillige Kräfte sind ganz in der Nähe. Benutzen Sie Ihre Intuition, um herauszufinden, wo sie sich aufhalten. Gehen Sie ihnen aus dem Weg. Seien Sie vorsichtig, mit wem Sie kommunizieren. Sollten Sie im Zweifel sein, so kommunizieren Sie am besten gar nicht.

Sechs auf drittem Platz

Bleiben Sie der Person treu, von der Sie wissen, daß sie rechtens ist. Indem Sie dies tun, werden auch Sie ein Opfer der bösartigen Kraft. Dennoch ist die Entscheidung richtig.

Sechs auf viertem Platz

Die bösartige Kraft ist zum Durchbruch gekommen. Die Auswirkung kann nicht länger vermieden werden. Selbst Vorsicht dürfte hier nichts nutzen.

Sechs auf fünftem Platz

Wenn eine bösartige Kraft ihrem Gegenpol sehr nahe kommt, wird ihr Wesen dadurch verändert, gemildert und sogar transformiert. Durch ihre bereitwillige Unterwerfung unter eine »lichte Kraft« wird die Lage günstiger, die Gefahr nimmt ab.

Oben eine Neun

Eine Periode des Unheils kann nicht ewig dauern. Irgendwann geht ihr die Luft aus. Wenn dies geschieht, kommt es zu einem allgemeinen Übergang, es zeichnet sich ein Aufschwung ab. Ein Teil des natürlichen Wandlungskreislaufes sorgt aber dafür, daß sich einzelne Personen (wie in der ersten Linie beschrieben) durch ihr Handeln in eine sehr angreifbare Stellung gebracht haben. Diejenigen, die den Schatten genutzt haben, um Chaos zu stiften, werden jetzt, da das Licht wieder an Kraft gewinnt, ans Licht des Tages gebracht. Darum spricht der Text des Hexagramms davon, keine Gewalt anzuwenden, sondern zu warten.

HEXAGRAMM 24

Die Wiederkehr (Der Wendepunkt oder Übergang)

Das Urteil

Erfolg durch die Gunst der Zeit. Der natürliche Übergang vom Dunklen zum Lichten. Allmähliches Nachlassen der Spannungen. Eindeutiger Fortschritt. Der Beginn eines neuen Zyklus' oder einer neuen Arbeitsphase. Gelingen.

Die Erfordernisse im besonderen

Fortsetzung der Geschäfte in der üblichen Weise. Geduld. Forcieren Sie keine Veränderungen. Erneuerung.

Das Klima

Es bedarf keiner Extra-Anstrengung. Ein Gefühl der Leichtigkeit und Erleichterung.

Der gedankliche Rahmen

Der natürliche Zyklus hat seine eigene Schwungkraft. Nach einer Zeit der Ungewißheit, die durch Zähigkeit, langsames Vorankommen und Mangel an Zusammenarbeit gekennzeichnet war, ändert sich das Klima. Die Dinge bessern sich von selbst, ohne irgendwelche besonderen Anstrengungen Ihrerseits. (Andere Hexagramme sprechen zum Teil von besonderen Anstrengungen, die notwendig sind, um die Gunst der Stunde zu nutzen, wie zum Beispiel Hexagramm 11: *Der Friede.*) Das bedeutet, daß Sie mit Ihrem ganz normalen Tagewerk größere Strecken als sonst zurücklegen können. Die Dinge werden von einer natürlichen Kraft vorangetrieben. Einfache Routine-Arbeit ermöglicht Ihren Erfolg. Die Menschen sind kommunikativer und stärker bereit zur Zusammenarbeit. Spannungen lassen nach, und die ganze Atmosphäre wird leichter.

Es ist daher wichtig, nicht in diesen Prozeß einzugreifen in dem Versuch, den Trend vorwegzunehmen, obwohl es nicht schaden kann, wenn Sie sich bereits im Geiste auf neue Möglichkeiten einstellen. In solchen Zeiten gehen berufliches und geselliges Leben gut zusammen.

Grundannahmen für den Entscheidungsprozeß

Die folgenden Einschätzungen gelten vorbehaltlich der Auskünfte, die in den Wandlungslinien gegeben werden. Die Wandlungslinien haben immer Vorrang.

Management

Nach einer Zeit, in der die Dinge nur langsam und mühsam vorangegangen sind, ist es nicht weise, nun hastig zu drängen und die Mitarbeiter anzutreiben, alle Bremsen zu lösen. Behandeln Sie die Situation wie ein neues Auto, das erst eingefahren werden muß, bevor Sie es auf Höchstleistung bringen können, ohne die Kolben zu ruinieren.

Planung

Der Plan wird sich entfalten. Widerstehen Sie der Versuchung, zu viel zu extrapolieren.

Investition und Finanzierung

Die Anzeichen sind gut. Mit etwas Vorsicht können Sie mit Blick auf einen mittelfristigen Ertrag handeln. Wilde Spekulationen sind nicht zu empfehlen.

Feedback

Positiv, aber fein abgestimmt. Diplomatie in Megaphonstärke ist nicht gefragt. Es sollte persönlich, höflich, kultiviert und umgänglich sein.

Informationslage

Seien Sie besonders empfänglich. Umkreisen Sie das Thema durch Lektüre. Nutzen Sie die Zeit, um sich ein Bild von der Sachlage und der Art des Geschäftes zu machen.

Neue Ideen

Warten Sie ab, bis feststeht, welche Tragweite die neuen Ideen haben, bevor Sie ihnen Gewicht beimessen.

Werbung

Tätigen Sie nur sehr bescheidene Ausgaben.

Marketing
Vermeiden Sie einen zu großen Erkundungsdrang. Warten Sie, bis sich der Weg ein wenig öffnet.

Zusammenwirken
Nehmen Sie die routinemäßige Feinabstimmung vor und prüfen Sie, ob alle Verbindungen funktionieren.

Quellen für Unheil
Ein gewaltsamer Gebrauch des Gaspedals, bevor der Motor ausgewogen läuft.

Quellen für ein Gelingen
Ein maßvolles Vorgehen. Es gibt keinen Grund zur Eile.

Die Wandlungslinien – Die Brücken zur Zukunft

Anfangs eine Neun
Kein Wenden nach rechts. Kein Wenden nach links. Ein wenig Neugierde ist tolerierbar, doch der Weg liegt ganz geradeaus.

Sechs auf zweitem Platz
Als erstes müssen Sie die bewußte Entscheidung treffen, daß Sie wollen, daß sich die Dinge bessern. Alte Gewohnheiten aufzugeben, ist schwer, doch mit ein wenig Hilfe von seiten Ihrer Freunde können Sie es schaffen.

Sechs auf drittem Platz
Sie kennen den Unterschied zwischen dem rechten und dem falschen Pfad. Während Sie auf dem rechten Pfad voranschreiten, vergessen Sie sich und gelangen auf den falschen Pfad. Doch ist die Sache weder schwerwiegend, noch ist die Lage außer Kontrolle. Sie haben noch immer die Möglichkeit, sich auf Ihre Entscheidung zu besinnen und sich danach zu richten.

Sechs auf viertem Platz
Sie schreiten auf dem falschen Weg mit den falschen Leuten. Sie entziehen sich dem verlockenden Einfluß dieser Leute und machen sich auf in die Richtung, aus der Ihr Freund ruft, der sich auf dem rechten Weg befindet. Es liegt aber bei Ihnen, sich dafür zu entscheiden und danach zu handeln.

Sechs auf fünftem Platz

Sie wechseln mit einem kraftvollen Entschluß Ihre Richtung. Das ist ausgezeichnet und trifft auf Entgegenkommen.

Oben eine Sechs

Unheil, weil Sie sich an falsche Vorstellungen klammern. Wenn Sie jetzt nicht die Gelegenheit zur Selbstberichtigung oder Neuausrichtung ergreifen, werden sich die Folgen Ihrer falschen Sichtweise in allem zeigen, was Sie tun, und Sie werden Hindernis über Hindernis begegnen. (Vgl. die Hexagramme 7: *Das Heer*, 13: *Gemeinschaft mit Menschen*, 14: *Besitz in großem Maß*, 18: *Die Arbeit am Verdorbenen* und 22: *Die Anmut*.)

Hexagramm 25

Die Unschuld (Das Unerwartete)

Das Urteil

Natürliches Handeln (ohne Vorbedacht) bringt erhabenen Erfolg. Unheil, wenn Sie Zweifeln Raum geben, Pläne schmieden oder bestimmte Wirkungen erzielen wollen. Spontaner Fortschritt. Die naturgegebene Begabung ist hier am Werk.

Die Erfordernisse im besonderen

Jede Art von Tun mit anderen Menschen. Ein hohes kulturelles Niveau. Einfach für Menschen und Dinge dasein, in einer Haltung natürlicher Fürsorge, die für andere von weitreichendem Nutzen ist. Man ist aufrichtig und ohne Hintergedanken. Erfolg.

Das Klima

Der Geist ist wahrhaftig, die Kommunikation unschuldig und vertrauenswürdig. Vertrauen ist angebracht.

Der gedankliche Rahmen

Das Hexagramm heißt *Die Unschuld,* weil hier spontanes Handeln, das nicht von materiellen Absichten getrübt ist, Gelingen bringt und sich anderen mitteilt, die darauf vertrauen können. Aus einer anderen Quelle heraus zu handeln, bringt Unheil. Dieser Umstand wird hier besonders hervorgehoben, da es wichtig ist, in anderen, denen Sie vielleicht mißtrauen, den Keim der Motivation zu legen; nur so können Sie entscheiden, ob Sie mit ihnen Geschäfte machen wollen.

Die Wandlungslinien werden Ihnen weitere Einzelheiten geben, soweit diese relevant für Ihre Fragestellung sind. Die Frage der reinen Absichten (Unschuld) rührt an die Wurzeln des Selbstbildes, das ein Mensch von sich hat, und man kann ihr nun nicht mehr ausweichen. Die Lösung dieser Frage wird die unternehmerische Tätigkeit einschließlich der dazugehörenden Einstellung neu definieren, und zwar entweder als uneingeschränkten Freibrief für alle oder als etwas, wozu die einzelnen eine umfassendere und verantwortlichere Einstellung brauchen. (Vgl. Hexagramm 23: *Die Trennung.*) Unschuld, die aus Lebenserfahrung erwachsen ist, äußert sich im Unterschied zur reinen Unschuld eines Neugeborenen als Weisheit. Kein weiser Mensch, der in den Angelegenheiten des Lebens tätig war, ist ohne Unschuld. Aus diesem Grund spricht das *I Ging* von einem Handeln *ohne Beschämung.*

Grundannahmen für den Entscheidungsprozeß

Die folgenden Einschätzungen gelten vorbehaltlich der Auskünfte, die in den Wandlungslinien gegeben werden. Die Wandlungslinien haben immer Vorrang.

Management

Handeln Sie aus dem Herzen und nicht nur um des Nutzens willen.

Planung

Gute Absichten werden Unterstützung gewinnen und erfolgreich sein. Kurz-, mittel- und langfristige Ergebnisse haben Aussichten, gleichbleibend gut zu sein, sofern es sich um den Beginn von Beziehungen handelt. Gelingen.

Kommunikation

Eine aufrichtige Kommunikation strahlt weit über ihren unmittelbaren Aktionsradius hinaus aus und berührt auch andere Lebensbereiche. Eine unaufrichtige Kommunikation wirkt sich lokal begrenzt aus. Dieser Gedanke hat weitreichende Implikationen.

Arbeit und Produktivität

Es ist eine natürliche Befähigung vorhanden, so als gingen Menschen und Ressourcen Hand in Hand. Die einzelnen sind für ihre Aufgabe geboren. Sie brauchen keine Umwege, um etwas zu erreichen; es genügt, daß sie tun, was sie am besten können – dann kommt alles auf natürliche Weise zustande. Die Produktivität ist gut. Die Lage ist günstig.

Risiken

Glauben Sie an die Ideen? Sind Sie davon überzeugt, daß die Absichten derer, die diese Ideen vertreten, gut sind? Wenn dem so ist, gibt es kein Risiko. Wenn nicht, gibt es keine Risikoversicherung.

Beginn einer Unternehmung

Es könnte ein Gefühl von Unentschiedenheit vorherrschen. Die Ursache für Ihr Mißtrauen könnte übertriebene Vorsicht sein. Entweder es ist die wahre Sache, oder alles ist bloßer Schein.

Investition und Finanzierung

Wenn das Projekt die Mühe lohnt, ist es eine gesunde Investition.

Feedback

Es ist entweder eine Täuschung, oder es ist die Wahrheit. Wenn es die Wahrheit ist, sollten Sie Ihre volle Unterstützung geben. Anderenfalls sollten Sie keine Unterstützung anbieten.

Marketing

Künstliche Anstrengungen sind nicht erforderlich.

Urteilsvermögen

Ausgezeichnet. Vertrauen Sie darauf.

Verträge und Vereinbarungen

Wenn die Initiative bei Ihnen liegt, sollten Sie besonnen, aber fair sein.

Intuition

Die ersten Eindrücke sind wahrscheinlich die verläßlichsten. Erinnern Sie sich später wieder daran, wenn Zweifel auftauchen.

Haltung

Wie zwiespältig Ihre Gefühle auch sein mögen, die Zeichen sind positiv. Handeln Sie in jedem Fall mit Zuversicht – das heißt, entscheiden Sie im Zweifelsfall zugunsten einer Sache oder Person.

Werbung

Wenn die Produkte oder angebotenen Dienstleistungen keinen wirklichen Nutzen bringen, werden sie auch keinen Markt an sich ziehen.

Unterstützung

Günstig.

Quellen für Unheil

Insgeheime Pläne, die darauf abzielen, sich im wesentlichen einen privaten Vorteil zu sichern.

Quellen für ein Gelingen

Wenn Gedanken und Ideen ganz natürlich kommen und einer positiven Haltung anderen gegenüber entspringen.

Die Wandlungslinien – Die Brücken zur Zukunft

Anfangs eine Neun

Folgen Sie der Stimme Ihres Herzens. Sie wird sich als richtig erweisen. Gelingen und Erreichen des Ziels.

Sechs auf zweitem Platz

Beschäftigen Sie sich nicht damit, was Ihnen eine Sache persönlich einbringt. Tun Sie sie um ihrer selbst willen, sonst verschwenden Sie Energie. Erfolg, wenn Sie dies beherzigen.

Sechs auf drittem Platz

Vermeiden Sie sorglose Nachlässigkeit, da es andere gibt, die sie zu ihrem persönlichen Vorteil ausnutzen würden.

Neun auf viertem Platz

Hören Sie nicht auf das Geschwätz der Leute. Machen Sie sich keine Sorgen. Bewahren Sie nur Ihre Integrität, auch wenn andere ihre Integrität aufgeben.

Neun auf fünftem Platz

Lassen Sie die Dinge, wie sie sind. Die Lage wird sich auf natürliche Weise lösen, wenn Sie nicht eingreifen oder sie verschlimmern.

Oben eine Neun

Erfolg, wenn Sie warten und meditieren. Schmieden Sie keine Pläne. Handeln Sie im Augenblick nicht.

HEXAGRAMM 26

Die Zähmungskraft des Großen

Das Urteil

Gelingen. Die Lage birgt Gutes für Sie. Alles ist unter Kontrolle. Eine starke Organisation. Das System wird aufrechterhalten und verhindert kostspielige Verwirrungen.

Die Erfordernisse im besonderen

Die Energie, die sich aufgebaut hat, so im Griff haben, daß sie für die Umsetzung weiser Ideen genutzt werden kann.

Das Klima

Die Schwungkraft, um Dinge zu erreichen; Handeln. (Vgl. Hexagramm 60: *Die Beschränkung.*)

Der gedankliche Rahmen

Dies ist das Hexagramm des unternehmerischen Menschen, der ein Meister darin ist, seine Energien optimal zu nutzen. Dabei spielen zwei Gedanken eine zentrale Rolle: Erstens, der Gedanke der Kontrolle über sich selbst und über Situationen (seinen Einfluß dahingehend auszuüben, daß potentiell aus der Ordnung geratende Situationen oder Menschen *im Zaum gehalten* werden); und zweitens der Gedanke, sich selbst jeden Tag für die Arbeit frisch zu halten, was die Fähigkeit betrifft, abwechselnd Entspannung und Konzentration zu üben. Sich täglich frisch zu erhalten, ist das Gegenteil einer Haltung, die darin besteht, daß man wochenlang Zähigkeit und Widerstandskraft an den Tag legt, um am Ende zusammenzubrechen. Das Hexagramm konzentriert sich auf die Aufrechterhaltung eines guten Kräftegleichgewichts, so daß man beständig wirken kann.

Grundannahmen für den Entscheidungsprozeß

Die folgenden Einschätzungen gelten vorbehaltlich der Auskünfte, die in den Wandlungslinien gegeben werden. Die Wandlungslinien haben immer Vorrang.

Management

Die Zeichen sind positiv. Schwierige Situationen oder Menschen können gelenkt werden. Sie können die Loyalität von Mitarbeitern und Management mühelos gewinnen, indem Sie einfach Sie selbst sind. Es gibt keinen Grund, warum Sie nicht in der Lage sein sollten, einen stetigen Kurs zu steuern, entweder durch bewußte Anwendung einer Methode oder als eine Sache von Routine. Es handelt sich zwar um eine ungewöhnliche Zeit, aber die Willenskraft hinter der Aufgabe bleibt unangefochten, so daß Herausforderungen angenommen und Ziele erreicht werden können. Ist dieses Element in einem Unternehmen nicht vorhanden, so funktioniert gar nichts, da die geringste Störung die treibende Kraft und die Richtung des ganzen Unternehmens gefährdet. Eine solche Gefahr besteht hier nicht, vorausgesetzt Sie bewahren persönlich Ihren Schwung, und die Energie wird auf einem hohen Reaktionsniveau gehalten. Das ist eine Sache der täglichen Selbsterneuerung.

Ziele

Sie werden mit der Zeit durch beharrliches Bemühen verwirklicht.

Planung

Langfristige Ziele sind sehr begünstigt und werden aller Voraussetzung nach erreicht. Sie können die Ursachen besser erkennen als die Wirkungen. Dank bestimmter Umstände, die außerhalb Ihrer Kontrolle liegen, wird Ihnen viel Zeit- und Ressourcenverschwendung erspart.

Kommunikation

Klar und präzise. Vermeiden Sie sinnlose Streitereien.

Wachstum und Produktivität

Diese werden durch mühsame Arbeit verdient. Erwarten Sie keine kurzfristigen Gewinne. Schauen Sie auf die langfristigen Auswirkungen.

Investition und Finanzierung
Sie genießen Kreditwürdigkeit trotz allem.

Cashflow und Finanzhaushalt
Sorgfältig festgelegt und kontrolliert. Es sind vernünftige Spielräume vorhanden. Konzentrieren Sie sich strikt auf das, was nützlich ist.

Beginn einer Unternehmung
Sie sind vorbereitet oder Sie werden es sein. Übereilen Sie nichts.

Feedback
Zurückhaltend, aber allgemein positiv.

Urteilsvermögen
Einigermaßen gut, doch ist Ihre Sicht beschränkt. Sprechen Sie nicht zu schnell Ihr Urteil über die oft weiterreichende Sichtweise anderer aus.

Neue Ideen
Pflegen Sie hohe Ideale und setzen Sie sie um. Das bringt Gelingen. Solche Ideale entspringen uralter Weisheit, und es ist angemessen, sich von Zeit zu Zeit wieder mit ihnen zu beschäftigen, um ihnen mehr Bedeutung zu geben und sie besser kennenzulernen. Das Geheimnis Ihrer erfolgreichen Einflußnahme auf andere und Ihrer Führung liegt in dieser günstigen Einstellung. Es ist daher wichtig, daß Sie sich diese Ideale zunehmend bewußt machen.

Organisation
Die Festigkeit und Klarheit der Organisation ist Ihr größter Aktivposten.

Zusammenwirken
Gut trotz gegenteiliger Bestrebungen. Expansionsversuche werden vereitelt.

Werbung
Durchschnittlich. Jetzt nicht überlebensnotwendig. Im Augenblick ist es wichtiger, an der Qualität zu arbeiten als an der Projektion eines Images.

Marketing
Eine Situation, in der Sie kein Risiko eingehen sollten. Ausreichend. Obwohl Sie die Kraft haben, mehr zu tun und weiter hinauszugehen, sollten Sie Ihr Handeln zur Zeit lieber einschränken.

Unterstützung
Eine einleuchtende Möglichkeit. Sie werden sich darum bemühen müssen.

Verträge und Vereinbarungen
Die Aufgabenstellung ist zumindest sehr klar. Die Logistik? Die Akzeptanz?

Quellen für Unheil
Ein unregelmäßiges, zielloses Leben.

Quellen für ein Gelingen
Beständiges, konsequentes Bemühen – überwiegend eine Sache der Persönlichkeit.

Die Wandlungslinien – Die Brücken zur Zukunft

Anfangs eine Neun
Es ist nicht die Zeit, vorwärtszudrängen. Die zurückhaltende Kraft ist größer. Vergeuden Sie nicht Ihre Energie. Warten Sie.

Neun auf zweitem Platz
Sie wissen, daß Sie die Lage nicht beeinflussen können und versuchen es daher auch gar nicht. Geduld bringt Gelingen.

Neun auf drittem Platz
Die Zeit für ein *vorsichtiges* Voranschreiten ist gekommen. Vergewissern Sie sich, daß Ihre Ziele glasklar sind, damit Sie weiter in die richtige Richtung gehen können, während Sie die Augen nach allen Seiten offenhalten. Folgen Sie bewährten Vorgehensweisen und dem Protokoll.

Sechs auf viertem Platz
Man kann die gewaltige Kraft großer persönlicher Energien nicht mindern, aber man kann Bedingungen schaffen, daß diese Kraft in eine Führungsaufgabe gelenkt wird, anstatt zerstörerisch zu wir-

ken. Wenn dies rechtzeitig geschieht, sind die Erfolge wahrlich glänzend!

Sechs auf fünftem Platz
Die Kontrolle über die Lage wird auf die denkbar geschickteste Weise erreicht. Eine direkte Konfrontation wird dadurch vermieden, daß Umstände geschaffen werden, die die Bewegungsfreiheit einschränken, so daß die ungestüme Kraft im Zaum gehalten wird. Noch besser ist es, die Ruhe schon im Ursprung zu fördern, als Raserei von außen einzudämmen.

Oben eine Neun
Nun können Sie handeln und Großes erreichen; nichts hält Sie auf, der Nutzen ist weitreichend.

HEXAGRAMM 27

Die Ernährung (Die Gesundheit)

Das Urteil

Gelingen, wenn Sie auf Ihre Gesundheit achten. Sie engen Ihren Blickwinkel zu stark ein. Machen Sie sich eine umfassendere, verständnisvollere Sicht zu eigen.

Die Erfordernisse im besonderen

Andere nähren und sich selbst ernähren. Zeigen Sie ein breiteres Spektrum an Interessen. Es braucht ein höheres Maß an positiver Reaktion. Nehmen Sie die Zügel in die Hand. Nutzen Sie Ihr kreatives Potential zur Veränderung.

Das Klima

Die Wahrung eines Gleichgewichts zwischen Tun und Ruhen. Operationelle Verfahren entwickeln, um größeren Möglichkeiten gerecht zu werden.

Der gedankliche Rahmen

Für all jene, die im Bereich der Energieversorgung arbeiten, die das Herz einer Wirtschaft ausmacht – Nahrungsmittel, Öl, Gas, Strom, Kohle, Sonnen- und Kernenergie – liegt die Betonung auf Qualität und Ausgewogenheit, auf den richtigen Ressourcen am rechten Platz zur rechten Zeit und auf der Gewährleistung eines beständigen Flusses. Ist die Qualität der Energie schlecht, geht die Motorleistung zurück. Eine hohe Qualität der Nahrungsmittel ist die Voraussetzung dafür, daß Menschen ihr Bestes leisten können. Auch der menschliche Körper braucht den richtigen Brennstoff.

Der Gedanke der Ernährung wird ausgedehnt auf den Bereich kultureller Belange. Intellektuelle und emotionale Bedürfnisse müssen ebenso befriedigt werden. All dies trägt zum allgemeinen Wohlbefinden und zur Effizienz bei und macht das Beste aus den vorhandenen – und häufig nicht erneuerbaren – Ressourcen.

Grundannahmen für den Entscheidungsprozeß

Die folgenden Einschätzungen gelten vorbehaltlich der Auskünfte, die in den Wandlungslinien gegeben werden. Die Wandlungslinien haben immer Vorrang.

Management

Die Erfordernisse: Sorgen Sie für die grundlegenden Bedürfnisse der Mitarbeiter. Achten Sie auf ausreichende und gehaltvolle Nahrung in jeder Hinsicht. Es könnte sein, daß Sie die Zügel in die Hand nehmen müssen. Die Wirkung eines rechten Umgangs mit den energetischen Grundlagen ist im ganzen Unternehmen zu spüren.

Das Image des Unternehmens

Sorgen Sie dafür, daß die Farben intern aufgehellt werden (Selbstbild), und geben Sie Ihren Produkten ein neues Aussehen (öffentliches Image). Selbst fest am Markt etablierte Namen bedürfen einer Belebung. Der alte Ansatz hat den Vorteil, tröstlich und beständig zu sein, doch auf lange Sicht wirkt er bedrückend und wenig anregend.

Kommunikation

Wenig anregend. Zuviele Plattheiten.

Wachstum und Produktivität

Das Potential ist noch nicht verwirklicht. Halten Sie Ausschau nach möglichen Verbesserungen. Beginnen Sie bei den Wurzeln. Recken Sie sich mehr. Bringen Sie das bestehende System auf den neuesten Stand unter Berücksichtigung des Bedarfs und der Nachfrage.

Unterstützung

Machen Sie den Versuch, Unterstützung zu bekommen. Testen Sie Ihren Glauben.

Risiken

Was Sie als Risiko ansehen, könnte für ein anderes Unternehmen die Norm sein. Beweisen Sie ein wenig Gespür und Phantasie. Die sichere Option ist nicht unbedingt die richtige oder die wünschenswerteste. Geben Sie dem Neuen eine Chance, auch wenn dies auf den ersten Blick radikal und ungewiß erscheint. Erfolg.

Investition und Finanzierung

Sie nutzen die vorhandenen Ressourcen nicht optimal aus. Sie machen Verluste, wo Sie eigentlich Gewinne machen sollten.

Input

Die Zufuhr frischer Ideen tut not, um die organisatorischen Funktionen mit Energie zu versorgen und wiederzubeleben. Ziel der Übung ist ein Auffrischen der Organisation. Seien Sie flexibler. Sie klammern zu viele Optionen und Möglichkeiten aus, und das ist schädlich.

Feedback

Muß verbessert werden. Zu selbstbezogen und egoistisch. Sie schreiben sich gute Ideen nicht auf und behalten sie nicht in Erinnerung.

Ausbildung

Erweitern Sie die Aufgabenstellung. Räumen Sie dafür mehr Raum innerhalb des Unternehmens ein. Ausbildung ist ein verborgener Aktivposten, ohne den keine Organisation erwarten kann voranzukommen. Breiterem Wissen muß mehr Aufmerksamkeit geschenkt weden – die Menschen sind keine Automaten.

Urteilsvermögen

Bedarf der Verbesserung. Seien Sie phantasievoller. Nutzen Sie Ihre Gaben wirkungsvoller. Seien Sie offener und empfänglicher für alternative Standpunkte.

Das natürliche Gleichgewicht

Zuviel Nahrung hemmt die Arbeit, zu wenig senkt den Ausstoß an Energie. Zuviel Ruhe verzögert den Lauf der Maschine, zu wenig Ruhe führt zu Überhitzung. Es liegt in Ihrem Interesse, ein Gleichgewicht zu finden. Sollte dies schwierig sein, so könnte es ratsam sein, einen außenstehenden Berater hinzuzuziehen, der die spezifische Aufgabe hat, das innere Gleichgewicht des Unternehmens herauszufinden (die Aufgabe der Feineinstellung). (Vgl. Hexagramm 16: *Die Begeisterung.*)

Werbung

Die gegenwärtige Strategie ist vielleicht ein wenig uninspiriert. Bringen Sie mehr Würze und Feuer ins Bild. Die Methoden sind zu träge. Bringen Sie Leben hinein.

Marketing
Wenn es die Mühe lohnt, lohnt es sich, gründlich vorzugehen.

Verträge und Vereinbarungen
Der Gegenstand der Vereinbarung könnte fragwürdig sein. Es könnte moralische Bedenken geben. Betrügen Sie die Leute nicht, sondern geben Sie ihnen, was sie brauchen.

Internationale Geschäfte
Seien Sie flexibler und weitsichtiger. Es gibt eine Reihe von Gelegenheiten zu erkunden.

Quellen für Unheil
Verstopfung oder Unterernährung.

Quellen für ein Gelingen
Allseitige Ausgewogenheit. Erweitern und vergrößern Sie Ihr Einfluß- und Interessenspektrum. Erheben Sie die Befriedigung von Grundbedürfnissen zur Priorität.

Die Wandlungslinien – Die Brücken zur Zukunft

Anfangs eine Neun
Sie könnten Besseres tun, als Ihre Energie darauf zu verschwenden, andere um ihr Glück zu beneiden. Werden Sie aktiv. Erschaffen Sie etwas. Unterstützen Sie andere. Tun Sie etwas.

Sechs auf zweitem Platz
Erwarten Sie keine Almosen als Ersatz für eigene Arbeit. Sorgen Sie für sich selbst. Verdienen Sie sich Ihr Glück.

Sechs auf drittem Platz
Eine falsche Ernährung über lange Zeit wird Ihnen schaden. Es ist besser, die schädlichen Elemente ganz aus der Ernährung herauszulassen, sie könnten sich zu einer schlechten Gewohnheit entwickeln.

Sechs auf viertem Platz
Anders als in der zweiten Linie ist hier der Impuls, um äußere finanzielle und andere Unterstützung zu bitten, auf ein völlig anderes Ziel gerichtet. Die Person verfolgt gute Ziele, hat aber nicht die Mittel, diese allein zu erreichen. So mag sie sich intensiv um Unterstützung

bemühen; dies ist nicht beschämend, da sie den Nutzen anderer im Sinn hat – Arbeitsplätze und Ressourcen zu beschaffen, neue Ideen zu verbreiten und so weiter.

Sechs auf fünftem Platz

Suchen Sie um Rat nach, wie Sie vorgehen sollen, doch vergewissern Sie sich, nur Menschen zu fragen, zu denen Sie aufschauen. Lassen Sie ab von der Verfolgung zu ehrgeiziger Ziele.

Oben eine Neun

Die Lage ist äußerst günstig, da sich eine Person von großer Fähigkeit und Charakter daranmacht, schwierige Dinge zum Nutzen anderer zu erreichen. Ein solcher Nutzen ist äußerst weitreichend und glückbringend. Erhabenes Gelingen.

Hexagramm 28

Das Übergewicht des Großen

Das Urteil
Gelingen, wenn Sie das Kräftegleichgewicht verändern.

Die Erfordernisse im besonderen
Zuviel Druck am falschen Ort. Verbohrtheit. Frustration.

Das Klima
Die Situation kann nicht lange so währen; innere Spannungen.

Der gedankliche Rahmen
Es sind sofortige Veränderungen nötig, doch sind durchgreifende Veränderungen unmöglich. Die Organisation ist weder kopf- noch fußlastig; das Gewicht ist in der Mitte konzentriert. Menschen und Ressourcen sind wie in einer Falle gefangen. In der Sprache der Gefühle würde man von Frustration sprechen, die durch Verbohrtheit (unangemessene Konzentration von Stärke an einem einzigen Ort) bedingt ist. Wenn eine solche Kraft in der *Mitte* konzentriert ist, ergibt sich eine gefährliche Lage. Verlagern Sie sofort die Belastung. Anders ausgedrückt: *Lassen* Sie *los*. Eine völlige Entspannung ist jedoch nicht möglich, da die Kräfte, die die Last an den Ort binden, gleich stark sind. Ziehen Sie bewußt einen Teil der Energie ab, indem Sie diese Energie auf etwas anderes richten. Sie nehmen keine radikale Veränderung vor, und trotzdem entsteht daraus ein völliger Umschwung, der sich als Zustand von größerer Freiheit und erweiterten Möglichkeiten bemerkbar macht.

Außerdem ist es wichtig, die Lage nicht unverhältnismäßig zu dramatisieren, da dies nur die Spannung verstärkt und wirksames Handeln noch schwieriger macht als es bereits ist; die Situation zu unterstützen, ist allerdings ebenso gefährlich. Anders als in Hexagramm 23: *Die Trennung*, ist der gegenwärtig vorhandene Druck nicht

Teil einer sich entfaltenden natürlichen Kraft, die sich von allein verändert. Hier ist bewußtes Handeln notwendig, und Warten kommt nicht in Betracht. Doch so schwierig die Lage auch sein mag, sie ist nicht unlösbar.

Grundannahmen für den Entscheidungsprozeß

Die folgenden Einschätzungen gelten vorbehaltlich der Auskünfte, die in den Wandlungslinien gegeben werden. Die Wandlungslinien haben immer Vorrang.

Management

Überwinden Sie die gegenwärtige Krise in gemeinsamer Anstrengung. Seien Sie darauf vorbereitet, Ihre Methoden, Grundannahmen, ja selbst die Qualität der Zielsetzungen zu verändern. Lassen Sie nicht zu, daß andere mit ihrer Angst Ihre Gefühle oder Ihr Urteil beeinflussen.

Kommunikation

Es gibt viel atmosphärische Störung. Verwirrung. Sie werden letztlich eine strenge Ordnung auferlegen; haben Sie keine Angst.

Risiken

Es handelt sich um eine riskante Lage, und es könnte sehr wohl ein Risiko erfordern, die Angelegenheit unter Kontrolle zu bringen. Es gibt im Augenblick keine wirklich sicheren Optionen. Fassen Sie Mut.

Investitionen

Es könnte gefährlich sein zu investieren. Sie könnten Ihre Einlagen verlieren.

Der richtige Zeitpunkt

Sie müssen sofort handeln. Es kann gar nicht schnell genug sein.

Beginn einer Unternehmung

Treffen Sie alle Vorsichtsmaßnahmen. Vergewissern Sie sich nicht nur, daß Sie über alle erforderlichen Fakten verfügen, sondern auch, daß die Bedingungen und das Umfeld stimmen. Die Instrumente müssen der Aufgabe angemessen sein. Noch besser: Sie lassen die Angelegenheit für den Augenblick auf sich beruhen.

Feedback

Von geeigneter und qualifizierter Seite ist es wertvoll, sogar notwendig. Es könnte sein, daß Sie gerettet werden müssen.

Informationslage

In diesem kritischen Augenblick werden keine zusätzlichen Informationen gebraucht. Handeln Sie aufgrund der Informationen, die Sie haben oder die Ihnen leicht zugänglich sind. Es gibt keine Zeit für Nachforschungen.

Urteilsvermögen

Das Problem ist nicht ohne Lösung. Die besten Antworten kommen intuitiv, spontan und werden sich auf natürliche Weise aus den Bedürfnissen ergeben.

Integration

Nicht mehr synchron. Ein unangenehmer Zustand, der jedoch in rascher Veränderung begriffen ist.

Werbung

Es sind zuviele Ressourcen in einem Aktionsbereich gebunden. Die Energie sollte besser an der Quelle bewahrt werden.

Marketing

Der Fokus ist unausgewogen und zu eingeengt. Dem Markt könnte der Boden verlorengehen. Vielleicht ist es schon zu spät, um noch etwas dagegen zu unternehmen.

Unterstützung

Sie brauchen Hilfe. Sie können auch ohne Hilfe etwas erreichen, doch nur unter erheblichen Schwierigkeiten.

Verträge und Vereinbarungen

Erfolgreich, wenn Sie erst einmal wissen, was Sie wollen. Doch dieser Zeitpunkt ist noch nicht da. Die Lage ist noch nicht stabil.

Internationale Geschäfte

Wenn überhaupt, dann braucht diese Angelegenheit Ihre sofortige Aufmerksamkeit. Die Dinge laufen nicht wie geplant.

Quellen für Unheil
Träges Festhalten an alten Werten in Zeiten von Druck.

Quellen für ein Gelingen
Wenn Sie den höchsten Werten Geltung verschaffen, kommt die Angelegenheit zu einem erfolgreichen Ende. Alles, was diesem Standard nicht entspricht, wird sich in einer Zeit wie dieser allgemein verheerend auswirken.

Die Wandlungslinien – Die Brücken zur Zukunft

Anfangs eine Sechs
Legen Sie Ihr Fundament mit äußerster Sorgfalt, übersehen Sie nichts. Sorgfältiges Planen und Testen ist entscheidend, wenn Sie nicht an der ersten Hürde scheitern wollen.

Neun auf zweitem Platz
Gutentwickelte Organisationen würden gut daran tun, Bündnisse mit kleinen Organisationen zu schließen, da sich beide ergänzen und unerwartetes Wachstum bewirken können. Gelingen.

Neun auf drittem Platz
Akzeptieren Sie bereitwillig die rechte Hilfe, wenn sie Ihnen angeboten wird. Eine Einstellung wie »Ich weiß schon allein, wie es geht« wird in der Katastrophe enden.

Neun auf viertem Platz
Eine mächtigere Organisation vermag durchaus Ihre Übermacht gegenüber einem kleineren Bündnispartner auszunutzen, doch wird das falsche Spiel dem größeren Partner schaden. Die größere Organisation hat die Aufgabe, die kleinere zu *schützen* und zu *nähren* und nicht danach zu trachten, sie zu vernichten. Es könnte daraus eine David-und-Goliath-Situation entstehen, die sehr demütigend wäre. Ihr Handeln sollte Ruhe und Reife ausstrahlen.

Neun auf fünftem Platz
Große Organisationen, die nur zu Zusammenschlüssen mit anderen großen Organisationen bereit sind, anstatt sich mit kleineren, kreativeren Organisationen zusammenzutun, schaffen die Bedingungen für Stagnation. Die Situation erweckt vielleicht den Anschein von größerer Stärke, da der Umfang zugenommen hat, wenn aber die Vergrö-

ßerung nicht mit Qualität einhergeht oder keine neuen Ideen zuläßt, wird die Organisation schwerfällig und unflexibel.

Die Schwerlastigkeit der Lage kann den Fall beider Unternehmen zur Folge haben. Der leitende Gedanke bei solchen Zusammenschlüssen ist, »groß zu werden« und damit (so glaubt man) leichter in einem feindlichen Markt überleben zu können. Das ist ein Fehlschluß. (Vgl. die Hexagramme 13: *Die Gemeinschaft mit Menschen,* 14: *Besitz in großem Maß,* und 20: *Ein vollständiger Überblick.*) Solche Zusammenschlüsse geben sich aus als »gute Geschäftsentscheidungen«, aber sie wurzeln in Panik. Unheil.

Oben eine Sechs

Es kommt vor, daß es keinen Weg gibt, selbst wenn das Herz willig ist. Die Umstände lassen keinen wie auch immer gearteten Erfolg zu. Sie können nur eines tun: sich anmutig ergeben und die Sache fahren lassen, selbst wenn dies den Tod des ganzen Projekt bzw. Unternehmens bedeutet. Ein solcher Tod kann Raum schaffen für etwas Neues. Gelingen.

HEXAGRAMM 29

Die tiefen Gewässer

Das Urteil

Wenn Sie sich erfolgreich fühlen, können Sie Erfolg in allem haben; gehen Sie kalkulierte Risiken ein, glauben Sie an Ihre eigenen Fähigkeiten; verfolgen Sie Projekte engagiert bis zum Ende. Kompetenz. Außerordentliche fruchtbare Möglichkeiten.

Die Erfordernisse im besonderen

Den Sprung wagen, die Dinge nicht hinauszögern. Erfolg selbst in schwierigen oder gefährlichen Unternehmungen. Verlassen Sie sich auf sich selbst. Scharfblick. Gehen Sie Risiken ein. Das Leben hat Ihnen alles zu bieten, wenn Sie bereit sind, über Bekanntes hinauszugehen und so etwas wie ein Pionier zu sein.

Das Klima

Tückische, sogar gefährliche Gewässer. Wenn Sie ehrlich sind – Sie würden es gar nicht anders wollen. Günstig.

Der gedankliche Rahmen

Die Organisation ist für sich betrachtet eigenständig und beweglich, doch die Gewässer, mit denen sie zu tun hat, sind objektiv schwierig. Es geht um die Frage der Haltung. Zögern Sie Ihr Engagement, Ihr Handeln nicht hinaus, sondern springen Sie hinein und gehen Sie die Sache an. Sie sind besonders geeignet, schwierige Situationen zu handhaben, von denen andere leicht überrollt würden. Das ist mit der Fähigkeit zur Eigenständigkeit in einer objektiv schwierigen Umgebung gemeint. Sie brauchen aber das Gefühl des Vertrauens, daß Sie in der Lage sind, mit der Sache fertigzuwerden.

Auch ein scharfer Beobachtungssinn wird gebraucht. Um einen Aufgabenbereich zu verstehen, muß man ihn sich genügend lange anschauen (in diesem Fall mit einem Blick unmittelbarer Anteilnahme), um die eigenen Ziele zu erkennen und zu wissen, wie man sie erreicht. Auf diese Weise unterschätzen Sie weder die Herausforderungen noch sich selbst. Ihre Natur ist so beschaffen, daß selbst eine störrische Situation Ihnen nichts anhaben kann – ähnlich wie Wasser, das sich in Wasser stürzt, dem Wasser nichts anhaben kann. Das ist gemeint, wenn das *I Ging* davon spricht, daß Sie diesen Herausforderungen gut gewachsen sind und es keinen Grund zur Furcht gibt. Die Art des *Handelns* entscheidet hier alles.

Die Kontrolle über Sie selbst führt zur Kontrolle über Ihre Umgebung. Dies muß in der rechten Art geschehen. Wichtig ist daher eine klare Strategie und ein Gefühl dafür, wann das Werk abgeschlossen ist. Fehlt Ihnen hierfür das Verständnis, so können Sie das Werk nicht vollenden, und es wird immer eine Kleinigkeit geben, die das Ganze angreifbar macht. Das Abschließen des Werkes bedarf Ihrer besonderen Aufmerksamkeit, und es wird Ihnen dringend geraten, diesem Punkt die absolute Priorität zu geben. Auf diese Weise werden Sie eine solide Reputation auf Ihrem Gebiet erlangen. Wagen Sie das Neue. Zögern Sie nicht.

Grundannahmen für den Entscheidungsprozeß

Die folgenden Einschätzungen gelten vorbehaltlich der Auskünfte, die in den Wandlungslinien gegeben werden. Die Wandlungslinien haben immer Vorrang.

Management

Gewöhnen Sie sich daran, unter schwierigen und feindseligen Bedingungen zu arbeiten, so daß sie zu etwas Normalem werden, doch vergessen Sie dabei nie, daß die Situation in Wirklichkeit nicht normal ist. Handeln Sie entsprechend konzentriert und unter Hingabe an Ihre Ziele.

Finden Sie heraus, wer die Spezialisten im Team sind und überlassen Sie es ihnen, die Angelegenheit auf ihre Weise zu handhaben. Sie müssen davon ausgehen, daß sie es am besten wissen. Vertrauen Sie ihnen. Seien Sie bei der Planung und *Koordination* anwesend und halten Sie sich gut über Entwicklungen außerhalb Ihrer eigenen Arbeitsumgebung auf dem laufenden. Vergewissern Sie sich, daß Antworten richtig verstanden werden. Es gibt wenig Spielraum für Mißverständnisse. Das Hexagramm deutet auf eine große Befähigung zur Führungskraft.

Planung

Selbst sogenannte Zufallsergebnisse haben – insbesondere wenn sie günstig ausfallen – ihren Ursprung darin, daß Sie gewissenhaft tun, was moralisch richtig ist. Sorgen Sie dafür, daß der innere Motor harmonisch läuft, dann sorgt die Welt schon für alles übrige.

Kommunikation

Die Fähigkeit zur Kommunikation ist ausgezeichnet. Seien Sie phantasievoll, originell und haben Sie Vertrauen in Ihre Ausstrahlung und Anziehungskraft. Sie verfügen über ein großes Charisma und großen Charme, was hervorragend zur Geltung kommt.

Risiken

Sie werden viele Ihrer Schlüsselentscheidungen als »Risiken« betrachten, doch sie zu erledigen, ist eher eine Sache des persönlichen Zutrauens als die einer Strategie. Die Ausstrahlung positiver Energie vermag Gefahr in eine kontrollierte Situation zu verwandeln.

Investitionen

Hier ist kein Raum für Halbherzigkeiten. Vertrauen oder scheitern Sie.

Intuition

Die intuitiven Fähigkeiten des Managements und der Mitarbeiter spielen eine große Rolle im Entscheidungsfindungsprozeß. Daher muß jeder jedem im Unternehmen vertrauen. Ein Erfolg könnte sehr wohl davon abhängen, vorauszusehen, was ein anderes Mitglied des Unternehmens tun wird; dies könnte besonders für die Tätigkeit im Ausland zutreffen, wo in der Regel allein gearbeitet wird. Außerdem bedarf es einer ausgezeichneten Kommunikation zwischen Management und Belegschaft, um ein enges Zusammenwirken zu erzielen.

Gefühl für den richtigen Zeitpunkt

Entweder sehr gut oder sehr schlecht. Gehen Sie alle Faktoren sorgfältig durch, bevor Sie sich engagieren. Der Zeitpunkt für ein Engagement im einzelnen wird kommen, obwohl man sich im großen schon zum Handeln verpflichtet hat.

Motivation

Die Mitarbeiter in der Organisation müssen so geübt sein, daß die Arbeit fast automatisch läuft. Das setzt genügend Übungszeit voraus. Es bedarf einer natürlichen Bereitschaft, tätig zu werden und im Fluß zu bleiben. Das Räderwerk muß gut abgestimmt und fein ausgearbeitet sein, damit man sich vollständig darauf verlassen kann. Das ist die Grundlage dafür, daß Entscheidungen zum richtigen Zeitpunkt getroffen werden. Übung macht immer dann perfekt, wenn die besondere Fähigkeit, um die es geht, jemandem wirklich zu eigen ist.

Beginn einer Unternehmung

Binden Sie sich nur, was die allgemeine Aufgabenstellung angeht. Gehen Sie den Weg bis zu Ende, aber bleiben Sie anpassungsfähig.

Feedback

Lassen Sie nicht zu, daß andere Ihre Anweisungen, Absichten und Gedanken fehlinterpretieren, und achten Sie gleichzeitig darauf, daß auch Sie die anderen nicht mißverstehen.

Zusammenwirken

Von entscheidender Bedeutung. Wenn es Ihnen gelingt, hier Stimmigkeit zu erreichen, sind Sie gegen unerwartet auftretende Ereignisse gesichert und können günstige Gelegenheiten wahrnehmen. Lassen Sie immer ein wenig Spielraum zum Manövrieren in Ihren Gesamtstrategien. Von Menschen in Ihrer Position wird gern ein gewisses Maß an Feinfühligkeit erwartet.

Werbung

Überlassen Sie diesen Bereich Leuten, die gut darin sind. Dies könnte auch ein außenstehendes Unternehmen sein. Auf jeden Fall aber sollten Sie die Situation als riskant betrachten. Es könnte auch sehr gut sein, daß Sie keine Werbung brauchen.

Marketing

Ähnlich wie bei der Werbung ist es wahrscheinlich am besten, diesen Bereich nach außen zu vergeben. Wenn Sie selbst darauf spezialisiert sind, sollten Sie bereit sein, Risiken einzugehen und besonders innovativ zu sein, um Erfolg zu haben. Intuitives Improvisieren könnte eine äußerst wertvolle Originalität hervorbringen.

Unterstützung

Sie muß ausreichen, um die Aufgabe zu Ende zu führen, sonst könnten die Schwierigkeiten Sie in eine äußerst kompromittierende Lage bringen. Lassen Sie sich nur darauf ein, wenn Sie die Aufgabe auch zu Ende führen können. Stellen Sie sicher, daß potentielle Unterstützer dies wissen.

Verträge und Vereinbarungen

Es könnte Vertrauensprobleme zwischen den Parteien geben. Delegieren Sie diese Dinge nicht an andere. Sie müssen sich selbst von der Integrität der Verbindung überzeugen. Sind Sie nicht genügend überzeugt, so sollten Sie bereit sein zu warten, bis ein günstigerer Zeitpunkt kommt, um endgültigere, bindende Verpflichtungen einzugehen.

Internationale Geschäfte

Erfolg könnte sich auf eine unerwartete Art einstellen, durch eine ungewöhnliche Wende der Ereignisse – wie durch Zufall. Aber natürlich ist es kein Zufall.

Quellen für Unheil

Wenn Sie springen, bevor sie genau hingeschaut oder gründlich geprüft haben.

Quellen für ein Gelingen

Engagement und viel Übung schaffen das Vertrauen, in gefährlichen oder stark fordernden Situationen richtig zu handeln. Die natürliche Gabe beziehungsweise die Neigung zu dieser Fähigkeit ist reichlich vorhanden. Sie müssen nur daran glauben. Sorgen Sie sich nicht darum, nicht verstanden zu werden.

Die Wandlungslinien – Die Brücken zur Zukunft
Anfangs eine Sechs

Bewahren Sie um jeden Preis die volle Konzentration. Vergessen Sie nicht, daß obwohl Sie sich an außerordentliche Umstände gewöhnt und gelernt haben, erfolgreich damit umzugehen, diese Umstände immer noch außerordentlich sind und daher unerwartete Herausforderungen bergen können.

Neun auf zweitem Platz

Bewegen Sie sich nicht von der Stelle und bleiben Sie an der Sache dran. Sonst nichts.

Sechs auf drittem Platz

Es wird Ihnen nicht gefallen, aber Sie müssen die Lage wohl oder übel ertragen, ohne irgendetwas zu tun, um sie zu ändern. Halten Sie aber Ihre Augen für die *wirkliche* Gelegenheit offen; vorausgesetzt Sie halten danach Ausschau, werden Sie sie kaum verpassen können.

Sechs auf viertem Platz

Hier sind zwei Gedanken wichtig: Erstens, seien Sie darauf vorbereitet, die Initiative zu ergreifen. Wenn Sie etwas anzubieten haben, sollten Sie den ersten Schritt tun. Machen Sie aber kein Aufhebens davon. Seien Sie direkt aber feinfühlig.

Zweitens, in Ihrer Kommunikation sollten Sie schwierige Gedankengänge einfach halten, damit die Leute sie verstehen. Wenn die Bausteine erst einmal an ihrem Platz sind, können Sie fortschreiten in der Annahme, daß nun auch schwierigere Fragen vermittelt werden können.

Neun auf fünftem Platz

Die Schwierigkeit liegt in einer Haltung: Sie wollen mehr tun, als im Augenblick möglich ist. Sorgen Sie nur dafür, daß Ihre eigene Lage gesichert bleibt, das sollte Ihre gesamte Zeit in Anspruch nehmen.

Oben eine Sechs

Sie haben sich in die Verwirrung manövriert. Es wird eine Zeitlang brauchen, um die Knoten zu lösen. Dies ist keine Situation, die Sie jemals wiederholen möchten. (Das Geheimnis besteht darin, solange weiterhin das zu üben, worin Sie gut sind, bis Ihr Zutrauen wieder sein normales Maß erreicht hat.)

HEXAGRAMM 30

Das Haftende/Das Feuer (Der Kern der Sache)

Das Urteil

Gelingen, wenn Sie sich um Ihre Mitarbeiter, um Ideen und um die Betriebsausstattung kümmern. Die Quelle, von der die Energie ausgeht, will gewürdigt und richtig verstanden werden. Lenken Sie Ihr Augenmerk auch auf das, was *inspiriert*.

Die Erfordernisse im besonderen

Das eigene Werk zum Leuchten bringen, um andere mit dem Licht zu entzünden. Die Energieressourcen optimal nutzen, nichts vergeuden. Günstig.

Das Klima

Der geschickte Umgang mit Menschen und Dingen und ihre Pflege innerhalb klar umrissener Handlungsgrenzen. Kompetentes Arbeiten.

Der gedankliche Rahmen

Die Leuchtkraft und das Gelingen eines Unternehmens sind abhängig von seinen Ressourcen; in der Industrie bezieht sich dies zum Beispiel auf eine kontinuierliche Belieferung mit Rohstoffen, doch zählen zu den Ressourcen auch die Ausstattung, die Menschen (Management, Belegschaft und alle, die die Ressourcen verarbeiten) und die Ideen, die sich in den Betriebsfunktionen des Unternehmens ausdrücken. Im wesentlichen gilt es zu verstehen, was den Kern, das Herz des Bestehens und Gedeihens einer Organisation ausmacht.

Das *I Ging* verwendet hier traditionell das Bild einer Flamme. Dieses Bild bietet zwei Aspekte: Eine Flamme kann nicht ohne Brennstoff (Öl oder Gas) existieren, und außerdem braucht sie Sauerstoff (die natürliche Umgebung der Flamme). Sauerstoff wird erst dadurch hell, daß er verbrannt wird. Holz, Gas, Kohle oder Öl leuchten erst, wenn sie sich in der Flamme ausdrücken können. Menschen und Unternehmen leuchten erst auf, wenn sie sich von etwas ernähren, das ihnen am Herzen liegt. Grundsätzlich läßt sich sagen, daß eine Organisation sich dadurch ausdrückt, daß sie latente Formen in eine neue Art von Energie umsetzt. Eine Energieform muß in der richtigen Beziehung zu einer anderen »potentiellen« Energieform stehen – so besitzen Kohle, Gas, Öl und so weiter die Neigung, sich in Feuer umzuwandeln. Das gleiche gilt für jede andere Form der Energieumwandlung; die Beziehungen und Prozesse sind streng durch Naturgesetze bestimmt.

Grundannahmen für den Entscheidungsprozeß

Die folgenden Einschätzungen gelten vorbehaltlich der Auskünfte, die in den Wandlungslinien gegeben werden. Die Wandlungslinien haben immer Vorrang.

Management

Lenken Sie Ihr Augenmerk auf die energetischen Grundlagen für die *Zukunft* des Unternehmens. Damit könnten bislang unberücksichtigte oder unentdeckte Energiequellen gemeint sein, einschließlich aller denkbaren Ressourcen und nicht zuletzt der Menschen, die nicht nur als Ressource im engeren Sinn betrachtet werden sollten, denn ihre kollektive Energie ist immerhin entscheidend für alles, was getan wird. Wird gut für die Menschen gesorgt?

Planung

Vergewissern Sie sich, daß Sie genügend Energie haben, um künftige Projekte zu Ende zu führen. Das heißt nicht unbedingt, daß Sie streng sparen müßten, aber doch soviel, daß Sie sorgfältig kalkulieren sollten und der Prozeß sorgfältiger Überwachung bedarf. Achten Sie bei der Vorausschau besonders auf wechselseitige Abhängigkeiten. Sägen Sie sich nicht den Ast ab, auf dem Sie sitzen.

Kommunikation

Gute Ideen haben die Eigenschaft, sich rasch durch Mundpropaganda zu verbreiten. Darin liegt eine verborgene Kraft, die zu Ihren Gunsten arbeiten wird. Sie ist auch das Mittel, durch das Sie vieles erreichen werden. Günstig.

Investition und Finanzierung

Gute Aussichten; Geschäftsverkehr mit anderen Organisationen wahrscheinlich. Die Frage des guten Rufs wird in zukünftigen Transaktionen eine große Rolle spielen, hier wirkt sie sich günstig aus. Daraus ergibt sich die Verantwortung, einen hohen Standard für das eigene Verhalten zu setzen, und das Problem wird darin bestehen, die Einflußmöglichkeiten aufrechtzuerhalten. Dies ist eine Sache des Planens vor dem Hintergrund möglichst umfangreicher Kriterien, was die Einschätzung der am Markt beteiligten Kräfte angeht. Der Fragesteller scheint jedoch in der Lage, seine Stellung dank seiner Einzigartigkeit zu behaupten – ein Aktivposten von unschätzbarem Wert.

Timing

Das Arbeitstempo insgesamt sollte aufrechterhalten werden, es darf sich nicht verschlechtern.

Beginn einer Unternehmung

Am Anfang brauchen Sie Klarheit in bezug auf Ihre Zielsetzungen. Holen Sie kompetente Beratung ein; noch müssen Sie Ihren Markt finden, doch handelt es sich um einen sehr günstigen Beginn, und Sie sollten Mut schöpfen.

Feedback

Alles ist vorhanden, um die bestmöglichen Ergebnisse unter den gegenwärtigen Umständen zu erzielen. Es gibt immer Raum für Verbesserungen, doch sollten Sie darauf achten, daß es nicht durch Hast oder übertriebenen Ehrgeiz zu Energieverschwendung kommt.

Urteilsvermögen

Ausgezeichnet, doch *müssen* Sie sich unbedingt mit Kollegen beraten und bereit sein, sich von gesunden Ratschlägen leiten zu lassen, wenn die Ideen auch nur mit der geringsten Aussicht, am Markt zu »leuchten«, in die Praxis umgesetzt werden sollen.

Wachstum

Stetig; fallen Sie nicht auf das zurück, was bereits erreicht wurde. (Vgl. oben *Timing*.)

Werbung

Es ist die Fähigkeit vorhanden, die Produkte weit und breit bekanntzumachen.

Marketing

Wagen Sie etwas; falls Sie Ihre Ressourcen nicht in der Vergangenheit erschöpft haben, sollten Sie in der Lage sein, ungewöhnliche Ergebnisse positiver Art zu erzielen. Günstig.

Unterstützung

Wenn alles schriftlich vorliegt und gut organisiert ist, können Sie zuversichtlich fortfahren. Falls Sie im eigenen Bereich keine Begeisterung finden, sollten Sie um fremde Unterstützung nachsuchen, sorgen Sie aber dafür, daß Ihre Präsentation gut ist.

Verträge und Vereinbarungen

Vermeiden Sie einen Ausverkauf, unterschätzen Sie nicht, welchen Wert Sie für andere haben.

Forschung und Entwicklung

Günstig für die Entwicklung neuer Energiekonzepte.

Internationale Geschäfte

Die Aussichten sind hervorragend; Produkte und Dienstleistungen dürften gut aufgenommen werden, sofern sie gut präsentiert werden. Alles kann in die Sichtbarkeit treten.

Quellen für Unheil

Die Hauptschwierigkeit ist das richtige Tempo; vermeiden Sie, all Ihre Ressourcen zu rasch aufzubrauchen. Sie müssen davon ausgehen, daß sie begrenzt sind.

Quellen für ein Gelingen

Erkennen Sie den wirklichen Wert Ihrer Energiequellen. Versuchen Sie nicht, Ihre Wurzeln zu verleugnen. Geben Sie sich damit zufrieden, Ihr bestehendes Profil zu wahren. Sorgen Sie für die Grundlagen, auf denen Ihr Wirken beruht – dann werden diese auch für Sie Sorge tragen.

Die Wandlungslinien – Die Brücken zur Zukunft
Anfangs eine Neun

Hier wird ein Schlüsselgedanke formuliert, dessen Anwendungsbereich weit über die begrenzte Bedeutung hinausgeht: »Der Anfang enthält die Keime zu allem Weiteren.« (Richard Wilhelm). Das gilt für ein Projekt, das viele Jahre zu seiner Fertigstellung benötigt, ebenso wie für das Leben eines Menschen, der in seinen ersten Lebensjahren Liebe und Geborgenheit erfahren hat. Und gleiches gilt für die Arbeit jedes einzelnen Tages. (Vgl. Hexagramm 26: *Die Zähmungskraft des Großen*, wo die Bedeutung der täglichen Selbsterneuerung herausgestrichen wird.) In geschäftigen Zeiten ist es wichtig, sich vor Beginn der Arbeit zu organisieren und den Kopf zu klären. Ein schlechter Start läßt sich nur schwer korrigieren. Es ist besser, noch einmal neu zu beginnen, als von einem falschen Start aus weiterzumachen. Setzen Sie einen guten Anfang, dann sind die Chancen groß, daß auch das Ende gut wird.

Sechs auf zweitem Platz

Eine glänzende Zeit. Sorgen Sie dafür, daß alles weiterhin in hellem Licht erstrahlt.

Neun auf drittem Platz

Hier geht es um die Einstellung zur Transzendenz. Die Vergänglichkeit des Lebens ist ein Gedanke, mit dem wir uns alle persönlich auseinanderzusetzen haben. Wenn wir seiner gewahr werden, reagieren wir gewöhnlich mit zwei möglichen Einstellungen darauf – besonders wenn er in Zeiten des Gelingens auftritt (in Zeiten des Niedergangs ist der Gedanke der Vergänglichkeit allen Seins gleichermaßen bedeutsam): Entweder wir genießen das Leben, solange es währt, oder wir versinken in Selbstmitleid. Beides sind Extreme. Der beste Weg besteht darin, daß jeder für sich die goldene Mitte entdeckt.

Neun auf viertem Platz

Der Energieverbrauch muß so reguliert werden, daß er auf lange Sicht erhalten bleibt. Es kommt vor, daß Menschen in einem plötzlichen, machtvollen Ausbruch von Energie zu Ruhm und Glück gelangen, dann aber nicht die Stärke besitzen durchzuhalten. Wer der Welt etwas von bleibendem Nutzen schenken will, braucht eine gewisse Ernsthaftigkeit in der Zielsetzung. Das Licht, das im Einklang mit seiner Quelle beständig leuchtet, ist größer, weil es währt. Es gibt viele Beispiele für solche erleuchteten Menschen und Ideen, die die Jahrhunderte überdauert haben.

Sechs auf fünftem Platz

Das Gipfelerlebnis kann zum Ausgangspunkt einer wirklichen Transformation, zum Aufstieg in einen höheren Erfahrungszyklus werden. Hier können Sie Ihre Sicht über die Welt verändern und die Phänomene des Lebens ganz neu verstehen. Es ist schwierig, auf dieser Ebene der Erfahrung objektiv zu bleiben und sich weder zu Zynismus noch zu übertriebener Begeisterung hinreißen zu lassen. Die wahre Flamme brennt stetig und ohne Verirrung.

Oben eine Neun

Wenn etwas immer wieder schiefgeht, gilt es der Ursache auf den Grund zu gehen. Das *I Ging* liefert ein einleuchtendes Beispiel: Wenn sich eine Gruppe von Menschen zum Ziel gesetzt hat, die Gesellschaft und ihre Kultur zu zerstören, so gilt es, den Rädelsführer dieser Kräfte ausfindig zu machen, die Quelle der Macht. Ist der Anführer gefaßt, so ist damit die ganze Bewegung gestoppt.

Ein zweiter Gedanke, der dem ersten eng verwandt ist, behandelt die Methode, die geeignet ist, grundlegende Fehler unter Kontrolle zu bringen oder auszumerzen. Nachdem man die Quelle der »Korruption« oder »Krankheit« ausfindig gemacht hat, ist es nicht mehr nötig, das Ganze zu zerstören, wenn es auf andere Weise durch Beschneiden gerettet werden kann. Man sollte nur soviel tun, wie notwendig ist, um die Flamme zu erhalten. Für ein Unternehmen könnte dies heißen, eine bestimmte Methode abzusetzen, einen Direktor vor die Tür zu setzen oder sich von unnützen Dingen zu trennen. Man braucht nicht ins Extrem zu gehen, um isolierte Fehler oder Verirrungen zu korrigieren.

HEXAGRAMM 31

Einfluß und natürliche Anziehung

Das Urteil

Wenn Sie empfänglich sind, Gelingen. Unter mittel- und langfristigen Aspekten kann sich Ihre Vorsicht als unbegründet erweisen. Große Möglichkeiten liegen in dem, was Ihnen unbedeutend oder bizarr erscheinen mag. Gehen Sie den Weg des geringsten Widerstandes, dann wird alles gut.

Die Erfordernisse im besonderen

Kommunikation ist der Schlüssel. Nehmen Sie offen und bereitwillig Meinungen und Vorschläge anderer auf. Das wird äußerst geschätzt werden und kann zu günstigen Veränderungen und Gelingen führen. Zwischenmenschliches *Verstehen* ist letztlich keine Sache des Intellekts, sondern des Gefühls. Jeder gute Lehrer weiß, daß Kommunikation immer eine Sache von Resonanz und Einfühlungsvermögen ebenso wie eine Angelegenheit von Sympathie ist.

Das Klima

Günstig für freundschaftliche Beziehungen und für Vereinbarungen. Schaffen Sie eine ansprechende und entspannte Umgebung abseits vom Arbeitsplatz, wenn dies dem Gedankenaustausch förderlich ist.

Der gedankliche Rahmen

Auch Menschen und Organisationen, die aufgrund ihrer Größe oder Stärke in einer von Natur aus vorteilhaften Position sind, sollten sich dem Einfluß von Menschen und Organisationen öffnen, die nicht in vergleichbarer Lage sind. Dies ist äußerst günstig, da es mehr als ein gemeinsames objektives Interesse auf beiden Seiten gibt. Sie können sich in einem Geist verbinden, der die rein formale Anziehungskraft einer geschäftlichen Vereinbarung übersteigt. Hier ist etwas Wärmeres, Persönlicheres am Werk, doch kann dem nur zu Bedeutung verholfen werden, wenn die stärkere Seite begreift, daß die Initiative von ihr ausgehen muß und nicht von der kleineren oder schwächeren Seite. Sie muß sozusagen die Tür zur Kommunikation öffnen und sich aufnahmebereit zeigen für die Ideen und Vorschläge der anderen Seite. Auf diese Weise können Begegnungen zu gegenseitigem Nutzen und im Sinne des Austauschs von Potentialen zustandekommen. Das Ausmaß an Stärke, Größe oder Macht bedeutet nicht unbedingt (wie hier) ein entsprechendes Mehr an Weisheit oder Wissen. Es kommt häufig vor, daß Menschen, die in einer weniger gehobenen Position sind, sich zu Menschen in höheren Positionen hingezogen fühlen, weil sie etwas Wertvolles anzubieten haben. Es ist daher im Interesse aller Seiten, solchen Menschen vorurteilsfrei zu begegnen. So sind die Umstände im Einklang mit der Zeit, und es entsteht Gelingen.

Grundannahmen für den Entscheidungsprozeß

Die folgenden Einschätzungen gelten vorbehaltlich der Auskünfte, die in den Wandlungslinien gegeben werden. Die Wandlungslinien haben immer Vorrang.

Beratung

Seien sie zugänglich und offen für den Rat und die Meinungen anderer, bevor Sie wichtige Entscheidungen treffen; wenn der Rat aus einer Richtung kommt, die normalerweise nicht Ihre Aufmerksamkeit bekommt, sollten Sie sorgsam zuhören. Es mag sein, daß Sie dabei allen Gepflogenheiten zuwiderhandeln müssen – aber Gepflogenheiten decken nicht unbedingt jedes unvorhergesehene Ereignis ab. Es sollte immer die Möglichkeit geben, Gesetze auf ungewöhnliche Art und Weise auszulegen, wenn klar auf der Hand liegt, daß das Befolgen der üblichen Auslegung offensichtlich absurden, ungerechten oder gar gefährlichen Unsinn produzieren würde. In solchen Fällen sollte man nie der üblichen Auslegung folgen. Wenn die Lage absurd erscheint, so nur, weil die Dinge bisher nicht ausreichend verstanden wurden.

Feedback

Seien Sie besonders feinfühlig.

Kommunikation

Es gibt keinen Mangel an Kommunikation. Sie verlangt aber Sorgfalt und eine ansprechende, entspannte Atmosphäre.

Grundannahmen für den Entscheidungsprozeß

Planung

Überschätzen Sie in gewissen Situationen nicht Ihre Stärke. Unterschätzen Sie nicht die Gegenseite. Das Bild ist noch nicht vollständig, so daß es der Intuition bedarf; das Zusammentragen von Fakten reicht in diesem Fall nicht aus.

Wachstum

Das Potential dazu ist zweifellos vorhanden. Günstig.

Produktivität

Eine Steigerung ist möglich, doch müssen Sie in der Herangehensweise flexibel sein. Es könnte sein, daß eine neue Abteilung geschaffen werden muß, die sich mit neuen Produkten- oder Dienstleistungsideen beschäftigt. Das bedeutet eine echte Verpflichtung.

Investition und Finanzierung

Wenn Sie sich keinen Verlust leisten können, ist dies ein Risiko. Es gilt, mit den Erfordernissen der Zeit Schritt zu halten.

Unterstützung

Die Unterstützung wird zunächst noch nicht greifbarer Natur sein, sie wird nur im Prinzip zugesagt und muß noch in Zahlen übersetzt werden. Stellen Sie alle denkbaren Informationen zur Verfügung, um Ihren Antrag zu stützen.

Management

Vermeiden Sie eine Haltung des »Ich weiß sowieso alles.« Sie wissen nicht alles, und eine anmaßende Haltung ist nicht gerechtfertigt. Wenn etwas zu schnell verworfen wird, könnte dies ein Fehler sein. Schauen Sie sich alles sorgfältig an. Nehmen Sie sich die Zeit.

Informationen

Seien Sie gründlich und sorgsam, was die Schlußfolgerungen angeht, die Sie allein ziehen. Schauen Sie sich an, zu welchen Rückschlüsen andere kommen, ohne daß Sie ihnen bewußt Anregungen geben. Notieren Sie diese nach Kategorien wie positiv, mittel und negativ und arbeiten Sie sie dann weiter aus, indem sie die zugehörigen Begründungen analysieren.

Werbung und Marketing

Es könnte unüblich sein, ein bescheidenes Profil in den Medien zu präsentieren, doch könnte dies wirksamer sein als lauter Trompetenschall. Gute Ideen besitzen die Kraft, sich mitzuteilen, ohne daß viel nachgeholfen werden müßte. Das setzt voraus, daß eine *natürliche*, auf gegenseitiger Ergänzung beruhende Resonanz zwischen Ideen und Dingen besteht.

Internationale Geschäfte

Ungewöhnliche, phantasievolle Geschäfte können erfolgreich getätigt werden, wenn Sie Ihrer Intuition folgen. Mittel- und langfristig günstig.

Quellen für Unheil

Blinder Eifer. Die Menschen spüren dies immer und meiden ihn.

Quellen für ein Gelingen

Lassen Sie neue Ideen in Ihre Überlegungen einfließen. Vermeiden Sie, nur aus Gepflogenheit die eingefahrenen Gleise zu benutzen. Seien Sie originell, geben Sie dem Unerwarteten eine der Hauptrollen im Spiel. Schenken Sie Glauben, wo Glauben angezeigt ist.

Die Wandlungslinien – Die Brücken zur Zukunft

Anfangs eine Sechs

Ein leichtes, intuitives »Zwicken«. Doch reicht das, um Sie zum Handeln zu bewegen?

Sechs auf zweitem Platz

Sie fühlen sich gedrängt, etwas zu unternehmen, da aber Ihr Handeln nicht aus dem Herzen kommt (Sie sind nicht wirklich überzeugt!), hat es nicht die nötige Kraft, Erfolg zu bringen. Bleiben Sie, wo Sie sind.

Neun auf drittem Platz

Bleiben Sie, wo Sie sind – nicht aus Mangel an Zutrauen in Ihr Handeln, sondern weil die Situation objektiv nicht zum Handeln geeignet ist. Sie könnten aber den Wunsch dazu verspüren. Sie hätten keine Angst zu handeln, wenn Handeln aber wirklich angezeigt wäre, würden Sie es dann tun?

Neun auf viertem Platz

Wenn Sie andere bewußt und berechnend beeinflussen wollen, entsteht keine allgemeine Kraft. Auf diese Weise kommt keine universelle Einwirkung zustande. Nur ein aufrichtiges Gefühl (das nicht berechnend Ausschau danach hält, auf wen es einwirkt) besitzt die wahre Kraft der Einwirkung. Es kommt direkt aus dem Herzen, und seine Größe rührt her von seiner uneingeschränkten Aufrichtigkeit. In diesem Sinne folgt das Handeln unmittelbar dem Herzen, und so soll es auch sein.

Neun auf fünftem Platz

Menschen, die unzugänglich sind für den Einfluß anderer werden selten in ihrem Tun verwirrt. Daher handeln sie ohne Reue. Doch berühren solche Menschen andere nie im Herzen. Die Menschen lassen sich von denjenigen leiten oder ahmen diejenigen nach, die eine *gefühlsmäßige* Verbindung zu anderen haben. Darin liegt das Geheimnis wirklicher Einflußnahme. Dies ist der Grund, warum Ideen am Ende machtvoller sind als Persönlichkeiten. Die Ideen machen die Musik und bewirken eine Resonanz zwischen verschiedenen Menschen, ohne daß sie in Worten oder Bildern unbedingt Gestalt angenommen haben müßten. Ideen können durch die Jahrhunderte wirken, wenn man mit der Vorstellung der Resonanz arbeitet.

Oben eine Sechs

Reden allein bewirkt nicht so viel, wie manche Leute es gern hätten. Das ist lediglich die Feststellung einer Tatsache.

HEXAGRAMM 32

Die Dauer (Die Kraft, die Zeiten zu überdauern)

Das Urteil

Erfolg: ein Zustand gleicher Stärke. (Vgl. auch Hexagramm 63: *Die Vollendung.*) Der Kurs ist korrekt. Beziehungen sind in Ordnung.

Die Erfordernisse im besonderen

Wenn erst einmal die Mitte gefunden ist, geschieht Kontrolle durch Selbstkontrolle. Fortschritt wird erzielt, indem die Geschäfte gleichmäßig weiterbetrieben werden. Es stehen keine stürmischen Zeiten unmittelbar bevor.

Das Klima

Wie beim Atmen bewahrt das Muster seine Regelmäßigkeit durch wechselnde Umstände. Gelingen.

Der gedankliche Rahmen

Ein Gleichgewicht der Kräfte. Dies ist der Punkt des Gleichgewichts, der natürlichen Harmonie innerhalb der Gesamtordnung der Wandlungen. Er ist verbunden mit der Vorstellung, daß das Leben und die Lage durch den Vorgang des Atmens aufrechterhalten werden. Die Lage ist ruhig und doch dynamisch. Die Ruhe bedeutet nicht Stagnation oder Rückgang, sie ist – wie das Atmen – lebenserhaltend und stark und imstande, ihren Platz dadurch zu bewahren, daß sie einfach nur darin fortfährt, sie selbst zu sein. Der springende Punkt ist der, daß sie in der Mitte ist.

Gemeint sind nicht die Lungen einer Organisation, sondern eher ihre Funktion in bezug auf den Gesamtorganismus. Es ist der Gleichgewichtspunkt, der selber die Zeiten überdauert, und – in Erweiterung des Gedankens – der Punkt, *durch* den andere Dinge ihre Dauer erhalten. Durch seine Lage übt er eine natürliche Kontrollfunktion aus, genau so wie der Atem das Wohlbefinden eines Organismus steuert oder ein Drehpunkt den Aktionsradius um sich herum bestimmt. Es handelt sich um den Punkt, den alle Wandlungen durchlaufen müssen, um andere Positionen zu erreichen. Ebenso wie die Stellung, die mit Hexagramm 63: *Die Vollendung*, bezeichnet ist, ist dies eine *Schlüssel*stellung.

Aus dieser Stellung heraus kann die Organisation zwar nicht wachsen, aber sie kann auch nicht zurückfallen. Es ist eine uneinnehmbare Stellung. Sie hält sich in einem Zustand des dynamischem Gleichgewichts, aber nicht im Sinne von Wassertreten (vgl. Hexagramm 5: *Die Geduld*, wo es besonderer Anstrengung in Erwartung einer Veränderung bedarf.) Hier wird das Gleichgewicht einfach gewahrt. Die Kräfte auf beiden Seiten sind, trotz ihres qualitativen Unterschieds, bezogen auf die gesamte Wandlungsordnung gleich stark. Das Handeln und die Art, wie Sie handeln, stimmen überein.

Innerhalb der Organisation erscheint (aus der Sicht der Mitarbeiter und des Managements) alles klar bestimmt; alle spezialisierten Teile arbeiten individuell aber harmonisch; es herrscht ein Zustand der reinen Funktion. Daher sind »Gelingen« oder »Unheil« hier keine angemessenen Urteile, sondern *Erfolg* (reibungslose Funktion) ist als Urteil angemessen.

Dies ist eine gute Zeit, um objektiv alle Beziehungen in der Infrastruktur des Unternehmens zu betrachten. Selten werden Sie erleben, daß sie so ausgewogen harmonisch funktionieren; alles und jedes hat sozusagen sein eigenes, ausgewogenes Funktionsniveau gefunden. Es ist gut, sich diesen Zustand klar vor Augen zu führen, da er in späteren Zeiten als wertvolle Richtschnur dienen kann.

Das Unternehmen ist auf dem richtigen Kurs. Dies ist nicht die Zeit, Veränderungen in der Unternehmenspolitik in Betracht zu ziehen, radikale Umbesetzungen im Management vorzunehmen oder Veränderungen in der Produktion durchzusetzen. Dies ist keine aktiv schöpferische Zeit. Als allgemeine Regel gilt, daß jede Art von dramatischer Veränderung verheerende Folgen hätte (ausgenommen, wenn die Wandlungslinien etwas anderes besagen), da sie die richtungsmäßige Übereinstimmung von Vergangenheit und Zukunft aus dem Lot bringen und Wellen verursachen könnten, die sich später als Hemmnisse manifestieren würden. Solche Hemmnisse können häufig darauf zurückgeführt werden, daß in Zeiten des Gleichgewichts der Kurs verlassen wurde.

Die Wahrung eines Gleichgewichtszustandes wird auch durch die Aufrechterhaltung der Kommunikation bestimmt. Es gibt keinen Hinweis darauf, daß Sie, nur um ein Verlassen des Kurses zu vermeiden, sich pedantisch an überkommene Muster halten müßten. Notwendig ist nur, daß Sie Ihre Organisation informieren und Anpassungen vornehmen, die das dynamische Gleichgewicht stabil halten. Das mag paradox erscheinen, ist aber eine Sache des rechten Maßes. Es geht um einen natürlichen Wandel im Einklang mit den Zeiten und nicht um eine forcierte, einschneidende und wechselhafte Politik. Um so zu handeln, gilt es, die Trends am Markt zu beobachten; sie sollten im Lichte vergangener Erfahrungen und künftiger Erwartungen betrachtet werden. Eine Sichtweise im Sinn von Hexagramm 20: *Ein vollständiger Überblick*, wäre für den augenblicklichen Zweck zu weitgehend. Das rechte Maß für das, was angeschaut werden sollte, liegt also zwischen diesen beiden Polen.

Grundannahmen für den Entscheidungsprozeß

Die folgenden Einschätzungen gelten vorbehaltlich der Auskünfte, die in den Wandlungslinien gegeben werden. Die Wandlungslinien haben immer Vorrang.

Management

Ein stetiger Kurs wird durch die Stärke einer unabhängigen Position gewährleistet, die für Ausgleich sorgt. Halten Sie die Dinge in Bewegung, aber seien Sie wachsam.

Risiken

Gehen Sie keine Risiken ein, was das interne Funktionieren der Organisation angeht. Unterhalten Sie Ideen, die dazu beitragen, daß das Unternehmen mit dem, was draußen in der Gesellschaft geschieht, Schritt hält.

Planung

Nehmen Sie keine Veränderungen grundlegender Natur vor. Blicken Sie nicht zu weit nach vorn. Dies ist nicht der Zeitpunkt für Entscheidungen mit langfristigem Charakter. Mittelfristigkeit ist angemessen.

Kommunikation

Gut. Es herrscht ein allgemeiner Konsens, was die Prinzipien und die Praxis angeht.

Feedback

Gut. Ehrlich. Zuverlässig.

Neue Ideen
Betrachtung unter dem politischen Aspekt. Sie können nur mit dem Finger am Puls der Zeit die richtigen Positionsanpassungen vornehmen.

Verträge und Vereinbarungen
Routine-Vereinbarungen sind in Ordnung.

Investitionen
Aufregendes und Neues zieht im Augenblick nicht. Alles, was zu viel Phantasie verlangt, sollte noch für eine Weile in der Schwebe gehalten werden. Es wird aber kein Urteil abgegeben, was die Ideen angeht, die Unterstützung suchen.

Werbung und Marketing
Jetzt ist nicht der Zeitpunkt, dem Markt ein neues Unternehmensimage zu verkaufen. Das etablierte Image genießt Vertrauen.

Urteilsvermögen
Es steht augenblicklich nicht auf dem Prüfstand. Es ist angemessen und solide in bezug auf die Entscheidungen, die Sie zu treffen haben.

Wachstum und Produktivität
Nehmen Sie die Zahlen der letzten sechs Monate als verläßlichen Maßstab für den Durchschnitt der kommenden sechs. Ansonsten stetiges Wachstum.

Quellen für Unheil
Ablenkung; plötzliche Wechsel in der Unternehmenspolitik; Richtungsänderungen. Nichts von alledem ist ratsam.

Quellen für ein Gelingen
Fahren Sie fort in dem, was Sie am besten zu tun imstande sind. Wenn es für Sie in der Vergangenheit funktioniert hat, können Sie getrost erwarten, daß es auch jetzt für Sie funktioniert.

Die Wandlungslinien – Die Brücken zur Zukunft
Anfangs eine Sechs
Um herauszufinden, welches das richtige Tempo ist (das unbegrenzt aufrechterhalten werden kann), sollten Sie herausfinden, welches die Extreme sind. Welches Arbeitstempo ist das schnellste? Welches das

langsamste? Dies sollte nicht theoretisch, sondern durch Erfahrung ermittelt werden. Setzen Sie eine Testperiode an. Wenn dann die wahre Kapazität festgestellt ist, können Sie sicher sein, daß Sie sich zu keinem Zeitpunkt übernehmen. Das Orakel warnt hier davor, sich zu übernehmen. Nehmen Sie Arbeit nur in einem Tempo und Maß an, das auch dann beibehalten werden könnte, wenn der Prozeß nie enden würde. Die Arbeit muß *angenehm* zu bewältigen sein, damit alle Faktoren wie ein einziger Organismus zusammenwirken.

Neun auf zweitem Platz

Sie sind für größere Herausforderungen geschaffen, doch sollte dieser Gedanke Sie in der gegenwärtigen Situation nicht verleiten. Setzen Sie nur soviel Energie ein, wie diese Aufgabe verlangt – nicht mehr.

Neun auf drittem Platz

Sind Sie Herr über Ihre Stimmungen, oder haben Ihre Stimmungen die Herrschaft über Sie? Wenn letzteres der Fall ist, ziehen Sie Situationen an, mit denen Sie nicht fertigwerden. Es gilt, Ihre eigene Mitte, den Punkt Ihrer Schwerkraft, zu finden, das heißt, Ihrer Stimmungen Herr zu werden, damit Sie nicht von Wirbeln und Strömungen erfaßt werden, die sich gern an gefährlichen Orten bilden.

Neun auf viertem Platz

Die richtigen Gelegenheiten zu finden, verlangt ein Gefühl für das, was zusammengehört; um ein Instrument zu stimmen, braucht man ein Gefühl für die Tonhöhe. Es wäre unsinnig, Punkte im Tontaubenschießen mit einer Angelschnur gewinnen zu wollen. Sie müssen die richtige Sache im richtigen Tätigkeitsfeld tun. Alles hängt davon ab, was Sie erreichen wollen. Es kommt nicht darauf an, wie beharrlich wir unsere Absichten hochhalten, sondern darauf, die richtigen Wege und das richtige Umfeld zu finden, in dem unsere Absichten sinnvoll verwirklicht werden können.

Sechs auf fünftem Platz

Sie müssen das tun, von dem Sie glauben, daß es richtig ist, ohne sich ständig nach der Meinung anderer zu richten.

Oben eine Sechs

Der Wille zum Handeln besitzt mehr Stärke und Stetigkeit, wenn er aus dem Herzen kommt. Rastloses Tun ist weniger wirksam als ein Handeln in dynamischem Gleichgewicht. Ersteres ist außer Kontrolle. Letzteres ist unter Kontrolle, und die Dinge geraten gut.

HEXAGRAMM 33

Der Rückzug (Der strategische Rückzug)

Das Urteil

Erfolg, wenn Sie nicht versuchen voranzukommen. Ziehen Sie sich in eine sichere Stellung zurück. Binden Sie keine Ressourcen im Tätigkeitsfeld. Sie können zur Zeit keinerlei Fortschritt erzielen.

Die Erfordernisse im besonderen

Bewahren Sie Ihre Ressourcen, indem Sie sich angesichts vorrückender Kräfte zurückziehen. Handeln Sie sofort und mit Sorgfalt. Rückzug. Gelingen. Sie sollten wissen, wann es »Nein« zu sagen gilt.

Das Klima

Ein Druck, Ihre Ressourcen zu bewahren. Dringlichkeit. Druck, Ihre Unabhängigkeit der Wahl und des Handelns zu bewahren angesichts eines aggressiven Angebots, die Initiative zu ergreifen.

Der gedankliche Rahmen

Wenn Vorrücken gefährlich ist, gilt es zu wissen, wie man sich zurückziehen muß, damit die gegnerischen Kräfte die Lage nicht ausnutzen können. Anders als in Hexagramm 24: *Die Wiederkehr*, ist es hier nicht angebracht, gegen die Kräfte vorzugehen, sondern sie als das zu erkennen, was sie sind.

Rückzug ist angemessen, wenn die entgegenkommende Kraft droht, Ihre Stellung zu schädigen. Der Gegner muß nicht unbedingt physisch stärker sein als Sie, aber er könnte strategisch im Vorteil sein. Rückzug muß nicht bedingungslose Flucht bedeuten, sondern sollte ein strategischer Schachzug sein, der darauf abzielt, Sicherheit zu gewinnen und gleichzeitig das Vorrücken des Gegners zu verhindern.

Die gegnerische Kraft ist noch nicht in einer Position des Vorteils. Es gibt andere Hexagramme, die Situationen ansprechen, in denen man den Auswirkungen einer äußeren Macht hilflos ausgeliefert ist. Das ist hier nicht der Fall – noch ist Zeit, sich auf die Lage einzustellen. Um ein umfassenderes Verständnis zu gewinnen, was der Gedanke des Rückzugs impliziert, sollte man nicht ausschließlich in militaristischen Kategorien denken. Rückzug kann auch bedeuten, daß man einen hartnäckigen Einfluß davon abhält, einem selbst die Fassung zu rauben: sozusagen ein Rückzug in sich selbst, so daß man für Kommunikation nicht erreichbar ist. In dieser Situation ist es wichtig, welche innere Haltung man einnimmt. Rache, Feindseligkeit oder Aggression führen nicht zum Erfolg. Solche negativen Gefühle trüben das eigene Urteilsvermögen und das Gefühl für die richtige Strategie, so daß die Gegenseite sich dies leicht zunutze machen kann. Insbesondere in gefährlichen Situationen gilt es, eine klare Geistesverfassung zu bewahren; es sollte keine Angst vorhanden sein. Am besten sollte das Handeln objektiv, das heißt, von den Umständen bestimmt sein. Klein beigeben, das Gesicht verlieren oder einen peinlichen Kompromiß schließen – all das geschieht nur, wenn der Rückzug nicht effektiv und strategisch ausgeführt wird.

Grundannahmen für den Entscheidungsprozeß

Die folgenden Einschätzungen gelten vorbehaltlich der Auskünfte, die in den Wandlungslinien gegeben werden. Die Wandlungslinien haben immer Vorrang.

Feedback

Geben Sie keine Informationen, die dazu benutzt werden könnten, Ihre Stellung zu untergraben. Im Zweifelsfall sollten Sie schweigen.

Wachstum und Produktivität

Nehmen Sie eine Haltung der Vorsicht an und drosseln Sie die Dinge im Augenblick. Pläne, Ihre Stellung am Markt auszubauen, sollten zurückgehalten werden. Die Ausgaben könnten vergeudet sein, da Sie die Pläne und das Ausmaß der Konkurrenz nicht kennen. Rückzug ist nur relevant im Zusammenhang mit Wachstumsplänen.

Der richtige Zeitpunkt

Ziehen Sie sich sofort zurück. Achten Sie aber darauf, daß jeder Ihrer Schritte den Bewegungen des Marktes entspricht. Ziehen Sie sich *schrittweise*, aber doch so rasch wie wöglich zurück. Diese Unterscheidung ist wichtig, denn wenn Sie sich *abrupt* zurückziehen, können Ihre nächsten Schritte vorhersagbar sein, und der Gegner kann seine Planung danach richten.

Planung
Ändern Sie die Pläne, was den jetzigen Zeitpunkt angeht, aber halten Sie die Änderungen geheim.

Marketing und Verkauf
Binden Sie keine Ausgaben in Vorstöße in den Markt.

Werbung
Diese könnte jetzt gegen Sie arbeiten. Ihre Ideen könnten dazu verwendet werden, konkurrierende Unternehmen zu fördern, anstatt Unterstützung für Sie selbst anzuziehen. Binden Sie keine weiteren Mittel, bis Sie Gelegenheit hatten, eine Neubewertung vorzunehmen. Stoppen Sie sofort alle laufenden, noch nicht verpflichtenden Pläne.

Urteilsvermögen
Nicht erbarmungslos schlecht. Wenn es zum Rückzug genutzt wird, ist es ein Aktivposten, der vom Gegner nicht eingeschätzt werden kann. Wenn Sie entsprechend disponiert sind, nutzen Sie diese Hilfsquelle zu großem Vorteil.

Persönliche Initiative
Mischen Sie sich nicht in zentrale Überlegungen ein. Bleiben Sie in diesem Punkt im Hintergrund.

Beginn einer Unternehmung
Dies ist eine Zeit, Ihre Vorstellungen zu überprüfen und vielleicht zu einem späteren Zeitpunkt einen neuen Zugang zu erwägen – wenn überhaupt. Auf keinen Fall sollten Sie Mittel binden oder Vereinbarungen unterzeichnen.

Investition und Finanzierung
Es dürfen keine neuen Investitionen vorgenommen werden. Es könnte sein, daß Sie bestehende Verpflichtungen rückgängig machen oder konsolidieren müssen, um Verluste zu vermeiden.

Unterstützung
Suchen Sie keine verbindliche Unterstützung und erwarten Sie auch keine.

Vereinbarungen

Unterzeichnen Sie nichts. Ratifizieren Sie nichts. Halten Sie die Sache in der Schwebe unter dem Vorbehalt der Änderung oder des Rücktritts, falls bereits eine prinzipielle Übereinkunft getroffen wurde.

Internationale Geschäfte

Kehren Sie zurück zur Ausgangsbasis. Wenn möglich sollten Sie alle Ressourcen aus dem Aktionsbereich, dem die Überprüfung gilt, zurückziehen.

Risiken

Gehen Sie kein Risiko ein.

Quellen für Unheil oder Gelingen

Konsolidieren Sie Ihre Stellung durch den Rückzug von Ressourcen. Tun Sie dies aber nicht überstürzt. Erwägen Sie jeden einzelnen Schritt und machen Sie nicht den Fehler, Ihr Territorium zu halten, komme was da wolle. Solch unflexibles Verhalten könnte Ihnen schwere Verluste eintragen. Boden abzugeben heißt nicht unbedingt, Ressourcen zu verlieren; es könnte aber dazu kommen, wenn Sie zögern, sich aus Ihrer jeweiligen Stellung zurückzuziehen.

Die Wandlungslinien – Die Brücken zur Zukunft

Anfangs eine Sechs

Rückzug bedeutet hier soviel wie *Stillehalten*. Nehmen Sie nichts, geben Sie nichts. Worte und Handeln sind so zu beschneiden, daß es auf »keine Bewegung« hinausläuft. Das bietet der Gegenseite keine Gelegenheit, einen unmittelbaren Vorteil zu erlangen.

Sechs auf zweitem Platz

Hier geht die verfolgende Kraft schonungslos vor. Das ist nicht unbedingt unheilvoll, da aus einem starken Gefühl, Hilfe zu brauchen, etwas Gutes entsteht.

Neun auf drittem Platz

Es entsteht ein Problem, wenn es eigentlich richtig wäre, eine Situation zu verlassen, dieser Rückzug aber durch die Unersättlichkeit von Leuten behindert wird, die sich weigern, einen ziehen zu lassen. Um die Lage unter Kontrolle zu bringen, sind Sie gezwungen, sich zu überlegen, wie Sie diese Leute irgendwie verwenden können, obwohl sie nicht recht qualifiziert sind. Lassen Sie aber nicht zu, daß sie die Arbeit verderben.

Neun auf viertem Platz
Es ist jetzt sicher und angemessen, den Rückzug anzutreten. Ihr Einfluß war segensreich und wohltuend, und ohne Sie werden die Dinge nicht mehr so schön sein.

Neun auf fünftem Platz
Nur indem Sie sich um Ihre eigenen Dinge innerhalb der größeren sozialen Gruppe kümmern, können Sie darauf hoffen, die richtigen Vorbereitungen zu treffen und Warnungen so auszusprechen, daß die Menschen sich nicht verletzt fühlen. Ihre Vorhaben anzukündigen, ermöglicht Ihnen selbst, Ihre Angelegenheiten in Ordnung zu bringen, und gibt anderen Gelegenheit zu versuchen, Sie umzustimmen. Doch sollten Sie sich nicht davon abbringen lassen zu gehen, wenn die Zeit dafür gekommen ist.

Oben eine Neun
Sie können unbehelligt von Zweifeln, Anschuldigungen oder Bindungen weggehen. Sie sehen die Situation völlig richtig, und der neue Weg, den Sie beschreiten werden, steht Ihnen ungehindert offen.

HEXAGRAMM 34

Die Macht des Großen

Das Urteil

Der bewußte Gebrauch einer bevorzugten Position, um gerechte und gute Dinge zu erreichen. Sehr günstig.

Die Erfordernisse im besonderen

Die Macht zur Initiative im Dienste der Gerechtigkeit. Loyalität insbesondere gegenüber hohen sozialen Grundsätzen, weniger gegenüber einzelnen Menschen. Politische Übel entstehen, wenn das Gegenteil vorherrscht.

Das Klima

Große Energie, die in angemessener Weise zum Nutzen *anderer* eingesetzt wird.

Der gedankliche Rahmen

Dieses Hexagramm hängt mit den Hexagrammen 20: *Ein vollständiger Überblick*, und 2: *Das Empfangende*, zusammen. Das vorliegende Hexagramm beschäftigt sich mit der Fähigkeit, höhere Ideale zu verkörpern und dabei Fairness und Gerechtigkeit im eigenen Handeln zu verwirklichen. Wenn ein einzelner Macht besitzt, ist er nur allzu leicht geneigt, sie für eigene Zwecke zu nutzen. Diese Versuchung ist umso stärker, je weniger Schranken ihm sein Amt auferlegt. Daher sollen Menschen, die an der Macht sind, Rechenschaft über ihr Handeln ablegen, nicht so sehr gegenüber anderen Menschen, sondern eher gegenüber vorbildlichen Idealen wie »Güte« und »Gerechtigkeit«. Die besondere Bedeutung dieses Hexagramms liegt also in dem zentralen Gedanken der Selbstverpflichtung gegenüber höheren Prinzipien, die alle gesellschaftlichen Kräfte und jedes kulturelle Wachstum regieren.

Nur durch eine solche ausdrückliche Selbstverpflichtung kann ein guter Ruf – gesellschaftliches Ansehen – gewahrt werden. Die

Macht, in eine solche Stellung aufzusteigen, ist keine Angelegenheit der Strategie, sondern Ausdruck naturgegebener Macht. Eine solche Stellung zu halten, hat daher etwas mit Dingen zu tun, die das Licht nicht scheuen müssen, wie Offenheit, Ehrlichkeit, Gerechtigkeit und Fairness. Eine Gesellschaft und ihre Mitglieder werden an den Idealen gemessen, die sie hochhalten. Je höher und leuchtender die Ideale, desto erleuchteter die Gesellschaft. Auf diese Weise wird die Welt erhöht. Wenn aber solche Werte keinen starken Stand haben, verlieren sie schnell an Wert und Kraft, sobald ein natürlicher Energierückgang einsetzt. Lippenbekenntnisse sind Selbsttäuschung. Ideale können in Zeiten abnehmender Energie nur durch die Kraft der Überzeugung *aufrechterhalten* werden. Eine solche Überzeugung zu entwickeln, ist das Ziel der ganzen Menschheit. *Die Macht des Großen* ist die große Macht der Natur, die sich des menschlichen Geistes bedient, um große und gute Werke zu tun.

Grundannahmen für den Entscheidungsprozeß

Die folgenden Einschätzungen gelten vorbehaltlich der Auskünfte, die in den Wandlungslinien gegeben werden. Die Wandlungslinien haben immer Vorrang.

Management

Personen, die frisch befördert sind, sollten nicht nur an ihre pragmatische Verantwortung gegenüber dem Unternehmen und dem Arbeitgeber denken, sondern auch die weiterreichende Bedeutung ihrer Entscheidungen und die Werte, die dahinter stehen, bedenken.

Motivation

Die Zeit ist sehr günstig, um sorgfältig Ihre zukünftigen Engagements und Strategien zu betrachten. Mit dem, was Sie jetzt und in den nächsten Monaten tun, legen Sie ein Muster fest, das Auswirkungen auf künftige Wahlmöglichkeiten hat. Achten Sie darauf, daß Sie absolut klar sind.

Kommunikation

Eigentlich ist hier die Macht gegeben, mit einem Mindestmaß an Kooperation zum Ziel zu kommen, doch ist dies auch eine gute Zeit, Ihre Absichten denen kundzutun, die sich interessiert zeigen oder in der Zukunft eine Hilfe sein werden.

Hexagramm 34

Investition und Finanzierung

Gelingen, wenn Sie Ideen fördern, die Trends vorwegnehmen oder erzeugen. Die bestehende Organisation ist eine sichere Sache.

Risiken

Da es sich um eine Zeit der schicksalsmäßigen Besserung handelt (was sich entweder in Wachstum oder in einem Nachlassen von Beschränkungen ausdrückt), gibt es kein Risiko. Erfolgreich werden nur solche Ideen sein, die mit der Zeit gehen (greifbare Bedürfnisse befriedigen). Wird diese Bedingung nicht erfüllt, so gehen Sie Risiken ein, die sich nicht auszahlen. Hören Sie sorgfältig zu, lesen und beobachten Sie. Hören Sie auf Ihre Intuition und folgen sie ihr.

Initiative

Hier liegt ein besonderer Schwerpunkt. Reduzieren Sie die Zeit, die es braucht, um kollektive Entscheidungen zu treffen, auf ein Mindestmaß. Die Zeit sollte zum *Handeln* verwendet werden. Verwechseln Sie nicht übermäßig lange Sitzungen – so kreativ sie auch sein mögen – mit dem konkreten »Erledigen von Dingen«.

Timing

Setzen Sie einen Zeitrahmen von nicht mehr als zwei Monaten für die Umsetzung von Entscheidungen. Klären Sie die Hauptzielrichtungen spätestens innerhalb von zwei Wochen, sonst beginnt der Schwung nachzulassen.

Werbung

Zu den Bildern, die die Zeit widerspiegeln, gehören solche, die Himmel und Erde in Harmonie und im Zusammenspiel zeigen. Universelle Bilder prägen sich gut ein; insbesondere Bilder des Frühlings sind als starke Reaktionsauslöser beliebt.

Marketing

Ihre Strategie wird sich auszahlen, wenn Sie darauf abzielen, so sichtbar wie möglich zu sein.

Kreativität

Ein umfassenderes Verständnis birgt immer die Möglichkeit kreativerer Lösungen und Verfahrensweisen. Es wird Gelegenheiten geben, alte etablierte Praktiken durch neue Einsichten zu beleben und so umzuwandeln, daß sie den Erfordernissen der Zeit entsprechen.

Zielsetzungen und Absichten

Es wird ein allgemeiner Drang entstehen, eine oder mehrere neue Ebenen der Aktivität und neue Aufgabenbereiche einzuführen, wie etwa die Schaffung einer neuen Abteilung innerhalb einer Organisation, um einem wachsenden oder voraussichtlichen Bedarf zu entsprechen. Energie ist reichlich vorhanden, und die Dinge sollten nicht hinausgezögert werden. Die Ziele können durchaus langfristiger Natur sein, doch werden kurzfristige Wirkungen sofort spürbar sein.

Anwerbung von Personal

Dies ist eine Zeit, um neue Mitarbeiter mit klar umrissenen Verantwortlichkeiten einzustellen. Management, Mitarbeiter und Experten sollten ihren Platz in dem neu aufzubauenden Tätigkeitsbereich finden. Die Geeignetsten weisen sich aus durch ein Verständnis größerer Zusammenhänge, durch die Bereitschaft, persönliche Verantwortung zu übernehmen und die Fähigkeit, selbstinitiativ, mit einem Mindestmaß an Aufsicht zu arbeiten.

Verträge und Vereinbarungen

Was zu ratifizieren ist, wird in naher Zukunft ratifiziert werden. Neue Vereinbarungen sollten jetzt »im Prinzip« für zukünftige Planung gesucht werden.

Internationale Geschäfte

Zunehmend günstig, vorausgesetzt Fristen und Abmachungen werden eingehalten. Es ist etwas Spielraum vorhanden, aber nicht viel.

Beginn einer Unternehmung

Eine ausgezeichnete Zeit, um Neues zu beginnen. Gelingen.

Unterstützung

Vorausgesetzt Sie legen Ihre Absichten klar und wohlüberlegt dar, wird rasch weiteres Interesse folgen. Unterstützung von Leuten, die nicht bereit sind, rasch zu handeln oder das Projekt bis zum Ende zu unterstützen, sollte fallengelassen werden. Werfen Sie Ihr Netz recht weit aus. Es müssen ausreichende Ressourcen zur Verfügung stehen, und sie müssen im Planungsstadium möglichst detailliert – mit Spielräumen – festgestellt werden.

Quellen für Unheil

Wenn in einer Zeit des Wachstums die falschen Leute und Ideen gefördert werden, werden sie in Zeiten des Niedergangs die Oberhand haben. Dies kann zu Tyrannei und Unterdrückung anstatt zur Pflege und Erhaltung der Kräfte führen.

Quellen für ein Gelingen

Die Haltung sollte darin bestehen, sich an *wertvollen* Zielen auszurichten. Nur sie werden in der nächsten Saison Früchte tragen, nur sie werden sichtbar sein, nur sie werden geschätzt und haben Dauer.

Die Wandlungslinien – Die Brücken zur Zukunft

Anfangs eine Neun

Forcieren Sie die Dinge nicht zu Beginn. Alle Prozesse wollen auf natürliche Weise durchlaufen werden.

Neun auf zweitem Platz

Was gut getan wurde, äußert sich bereits in ersten positiven Anzeichen. Doch sollten Sie Ihre Küken nicht zählen, bevor sie ausgeschlüpft sind.

Neun auf drittem Platz

Macht und Verantwortlichkeit sollten darauf verwendet werden, den Nutzen zu mehren und die Arbeit zu fördern. Wichtigtuerei erweckt bei anderen nur den Eindruck, wie wenig Sie es wert sind, über Macht zu verfügen. Nur ein Despot täuscht sich selbst durch oberflächliche Kraftmeierei. Ein weiser Führer mißt seine Stärke an dem Segen, den sie bringt.

Neun auf viertem Platz

Die Menchen beginnen zusammenzuarbeiten, und Schwierigkeiten werden überwunden. Menschen, die selbstgenügsam (ihre Arbeit in aller Stille tun) und konsequent (mit klaren Zielen) sind, bringen etwas zustande, während rohe Kraft und lautes Geschrei zu nichts führt. Die Macht liegt im Charakter und nicht im äußeren Schein. Je höher das Ideal, desto größer die potentielle Macht. Wenn diese Ideale die höheren Bestrebungen der Menschheit beinhalten und ihren natürlichen Evolutionstendenzen entsprechen, werden sie zu einer machtvollen Quelle der Führung und Kraft. Hingegen hat der Drang zu Macht und Wohlstand um ihrer selbst willen keine Dauer. Er verbraucht sich letztlich (auf natürliche Weise), da er sich nicht in höheren Formen auszudrücken vermag. (Vgl. die Hexagramme 1: *Das Schöpferische*, und 2: *Das Empfangende*.)

Sechs auf fünftem Platz
Wenn es Ihnen gelingt, umgänglicher zu werden, erreichen Sie Ihr Ziel mit größerer Leichtigkeit und auf eine entspanntere Art, da sich Ihre Energie nicht in Wut, Ärger oder anderen negativen Gefühlen erschöpft.

Oben eine Sechs
Machen Sie sich klar, in welch mißliche Lage Sie sich durch Ihre Bockigkeit gebracht haben, damit Sie sie nicht weiter verschlimmern. (Vgl. Hexagramm 6: *Die Sackgasse*.)

HEXAGRAMM 35

Der Fortschritt

Das Urteil

Großes Gelingen; großer Fortschritt; das Schicksal ist Ihnen hold. Ein unausgesprochenes Zusammenwirken natürlicher und einfühlender Kräfte. Ideen, die jetzt verstanden werden, werden in der Zukunft von großem Nutzen sein.

Die Erfordernisse im besonderen

Die rasche Entwicklung von Projekten und Ideen, die mehr für die Gesellschaft insgesamt als zur Erlangung persönlicher Vorteile von Bedeutung sind. Nun ist eine günstige Zeit, um zu verstehen, *warum* bestimmte Ideen gut funktionieren und andere nicht.

Das Klima

Sinnerfüllte, unerschrockene Entwicklung. Fortschritt im Herstellen erfolgreicher Beziehungen.

Der gedankliche Rahmen

Dieses Hexagramm deutet auf die Verwirklichung machtvoller, stimulierender Ideen, die in ihrer Bedeutung und Tragweite über das persönliche Glück des einzelnen hinausgehen. Das Werk schreitet voran und ist schöpferisch. Sie haben das Gefühl, von einer höheren Macht geführt zu werden. Auch von außen wird sich später noch ein Feedback einstellen, doch im Augenblick stehen nur die Ideen selbst und die Gestalt, die sie annehmen sollen, im Mittelpunkt. Diese Ideen müssen weiterentwickelt werden, da sie wertvoll sind, obwohl ihre wahre Bedeutung möglicherweise nicht sofort erkannt wird. Teilen Sie sich anderen mit – wenn die richtigen Leute von dem Werk erfahren, werden sie sich als äußerst unterstützend erweisen.

Eine andere Andeutung hier besagt, daß die betroffene Person sich nicht in einer völlig unabhängigen Stellung befindet. Sie kann das volle Potential der Ideen nicht allein und nicht ohne Hilfe entfalten. Sie besitzt nicht genügend Ressourcen (Finanzen, Fachwissen, Verwaltungs- und Managementerfahrung), um das Projekt zur Reife zu bringen. Andererseits braucht aber das Projekt die Ideen und die Fähigkeit dieser Person, alle Anstrengungen in eine bestimmte Richtung zu bündeln, um zu funktionieren. Wenn dann der richtige Zeitpunkt kommt, werden alle notwendigen Ressourcen und Hilfen kommen (hier ist es wichtig, die Umstände einzubeziehen, die gegebenenfalls in Wandlungslinien und im zweiten Hexagramm genannt werden, um herauszufinden, wie Sie am besten vorgehen sollten). Ideen und Projekte entsprechen den »rechten Grundsätzen«, und das ist Grund genug. Die Ideen scheinen »von oben zu kommen«. Der einzelne fungiert als Katalysator, als »Empfänger/Sender« – ohne diese Komponente würde die sogenannte Logik der Situation keinen Sinn geben. Das Hexagramm besagt: »Fahren Sie fort, Sie machen Ihre Sache gut, und sorgen Sie sich nicht, ob die Leute Ihnen folgen oder Sie verstehen.«

Wenn diese Lage gegeben ist und Sie vertrauensvoll fortfahren, wird die rechte Hilfe unweigerlich kommen.

Grundannahmen für den Entscheidungsprozeß

Die folgenden Einschätzungen gelten vorbehaltlich der Auskünfte, die in den Wandlungslinien gegeben werden. Die Wandlungslinien haben immer Vorrang.

Management

Sehen Sie die Dinge unter dem größtmöglichen Blickwinkel. Verwerfen Sie keine Ideen, Pläne oder Möglichkeiten. Bemühen Sie sich um eine möglichst positive, zuversichtliche Einstellung. Was jetzt geschieht, wird sich auf jeden Fall positiv auf die Zukunft auswirken. Nehmen Sie, angetrieben von Ihrem eigenen Dampf, volle Fahrt auf – die inneren Kräfte kooperieren bestens. Kooperation von außen, das heißt von seiten anderer Unternehmen oder Organisationen, ist auf dem Weg; sollten hier Verzögerungen auftreten, so hat dies nichts zu besagen, was Ihren persönlichen Fortschritt angeht.

Planung

Die Zeit ist günstig, klare Pläne aufzustellen. Notieren Sie sich alles sorgfältig; sobald bestimmte Konzepte klar und deutlich erkennbar werden, sollten Sie diese unbedingt in einen größeren Zusammenhang bringen.

Urteilsvermögen

Ihr Urteilsvermögen ist zur Zeit ungewöhnlich brillant; sie können Ihren Intuitionen und Schlußfolgerungen vertrauen, vorausgesetzt Ihre Wahrnehmung ist nicht getrübt durch Gedanken an materiellen Gewinn. Entwickeln Sie Ihre Ideen, aber haben Sie Geduld; sehen Sie die Dinge langfristig.

Investition und Finanzierung

Günstig, wenn nicht jetzt, dann später. Der Ausgang ist jedoch gewiß, sobald die richtige Kooperation gefunden ist.

Unterstützung

Günstig. Suchen Sie, und Sie werden finden.

Wachstum

Die kurz-, mittel- und langfristigen Aussichten sind ausgezeichnet, doch hängt alles völlig davon ab, daß Sie das ganze Bild verstehen. Ein erhellender Einfluß ist im Aufsteigen begriffen.

Kooperation

Unvermeidlich, doch sollten Sie sicherstellen, daß Ihre Vorstellungen klar sind.

Feedback

Vorausgesetzt die Wandlungslinien oder das zweite Hexagramm sagen nichts Gegenteiliges aus, können Sie zuversichtlich in Ihrem gegenwärtigen Kurs fortfahren. Sollte es negatives Feedback geben, so ist es kein Urteil bezüglich Ihrer Ideen.

Reichtum

Reichtum – im materiellen wie im weitesten ideellen Sinne – wird sich durch diese Ideen einstellen. Günstig.

Werbung

Leuchtende Einfälle in Fülle. Machen Sie etwas daraus.

Marketing

Erfolgreich – wenn auch nicht unbedingt sofort.

Internationale Geschäfte

Besonders günstig, wenn die Offerten ein bereits voll entwickeltes Projekt unterstützen. Im anderen Fall gilt, daß die Zukunftsaussichten allgemein gesund sind.

Verträge und Vereinbarungen

Es herrscht eine herzliche Atmosphäre, die Lage ist verläßlich. Beide Seiten ziehen großen Nutzen aus den laufenden Verhandlungen, und derjenige, der Vorschläge macht, braucht nichts zu befürchten. Großzügigkeit ist angebracht.

Quellen für Unheil

Was in diesem Hexagramm beschrieben wird, ist ein Fortschritt aus der Dunkelheit selbstsüchtiger Ziele zu größeren Zielen, die Licht und Nutzen für andere bedeuten. Auf welche Weise sich diese größeren Ziele in der greifbaren Welt kundtun, hängt von den eigenen Anlagen und Fähigkeiten ab. Doch handelt es sich um *Fortschritt zum Licht*. Überwinden Sie eigennützige Zielsetzungen.

Quellen für ein Gelingen

Materielle Erwägungen sind zweitrangig für die Entwicklung und Klärung der jetzt auftauchenden kreativen Ideen.

Die Wandlungslinien – Die Brücken zur Zukunft

Anfangs eine Sechs

Ihr Werk ist von der rechten Art. Es könnte aber sein, daß andere die Bedeutung oder den Wert Ihrer Arbeit nicht verstehen oder nicht zu würdigen wissen, und die Dinge würden besser laufen, wenn dies der Fall wäre. Ändern Sie aber nicht Ihren Kurs. Wenn Sie ohne die Kooperation anderer arbeiten müssen, sei's drum. Gelingen kommt – vielleicht von unerwarteter Seite.

Sechs auf zweitem Platz

Die Zeiten sind im Augenblick vielleicht hart. Doch bleiben Sie an Ihrer Arbeit. Bald wird jemand, der Ihre schwierige Lage versteht, Ihnen zu Hilfe kommen, da die Arbeit gut und wertvoll ist und nicht von eigennützigen oder versteckten Motiven getragen wird.

Sechs auf drittem Platz

Mit der soliden Unterstützung anderer sind Sie in der Lage, das Werk voranzutreiben.

Neun auf viertem Platz

Dies ist eine Situation, vor der man sich energisch hüten sollte: Sie ist folgendermaßen beschaffen: ein einzelner (oder mehrere) erlangt Reichtum und Macht, entweder durch eigenes Tun oder durch verdiente oder unverdiente Gunst seitens eines Dritten. Ein Mensch von niederer Gesinnung sieht in neu erlangtem Reichtum oder Macht eine Gelegenheit, seine Stellung zu mißbrauchen beziehungsweise gegen die Regeln zu verstoßen, das heißt gegen den Geist zu handeln, der mit Reichtum und Einfluß verbunden sein sollte. Dieser Geist geht einher mit geistigem Format, Befähigung, Herzensbildung, Verständnis und wahrem Edelmut. In den Händen eines selbstsüchtigen, gemeinen, grausamen, unwissenden und feigen Menschen geraten Reichtum und Macht zu Übel. Am Ende gibt es kein Entrinnen aus den Folgen des Mißbrauchs.

Die Betonung bei dieser Linie liegt aber nicht auf einer Anklage, sondern auf einer Warnung vor den Fallstricken, die mit großem Fortschritt einhergehen können, wenn dieser mit einem Amt in Reichtum und Macht verbunden ist. Nur das. Doch gilt diese Warnung nirgends mehr als in der Welt der Politik und der Geschäfte. Die Kosten sind groß, wenn solche Warnungen nicht beachtet werden.

Sechs auf fünftem Platz

Es kommt vor, daß jemand nicht genügend Kraft hat, auch den letzten Vorteil aus einer Zeit des Fortschritts herauszuholen. Vergeuden Sie aber keine Zeit damit, sich über das zu ärgern, was Sie hätten tun können, und hängen Sie keinen »wenn – dann's« nach.

Oben eine Neun

In der Richtigstellung von Fehlern aus der Vergangenheit darf man wohl energisch fortschreiten, aber man sollte es auch nicht übertreiben. Ein Erzwingenwollen ist normalerweise nicht gerechtfertigt, doch ist hier ein gewisses Maß an Handeln notwendig, um zu verhindern, daß die Dinge außer Kontrolle geraten.

Hexagramm 36

Die Verfinsterung des Lichts

Das Urteil

Tragen Sie Ihre Fähigkeiten und Tugenden nicht zur Schau, dann wird Ihnen kein Schaden entstehen.

Die Erfordernisse im besonderen

Das Ziel der Übung ist, sich angesichts finsterer, schwieriger oder tyrannisierender Umstände nicht zu exponieren. Es sind Einflüsse da, die nicht vertrauenswürdig sind. Vorsicht.

Das Klima

Finsternis kommt, doch das Finstere verbirgt nicht nur Böses, sondern auch Gutes.

Der gedankliche Rahmen

Gegen eine Organisation, deren Menschen böswillig handeln, kann nicht *hier und jetzt* gekämpft werden. Die einzige Möglichkeit, solche Einflüsse auszugleichen, besteht darin, sich ruhig und nicht provozierend zu verhalten. Dies ist die Zeit des Tyrannen, und ein Tyrann braucht ein sichtbares Gegenüber.

Jeder Versuch, sich dem Feind entgegenzustellen, ist jetzt absolut zum Scheitern verurteilt; es sollte also keine gewaltsame Anstrengung unternommen werden. Der »Verfinsterungs«-Effekt, den dieses Hexagramm beschreibt, arbeitet zugunsten des Tyrannen und nicht zugunsten von Talent, Fähigkeit oder Kooperation.

Dieser finstere Einfluß kann sich auf vielerlei Weise ausdrücken, zum Beispiel in Gestalt von Menschen, die unwahre Gerüchte verbreiten und alles tun, um einen guten Ruf oder einen Namen zu untergraben. Menschen können aus purer Böswilligkeit, aus Neid oder Haß bewußt versuchen, anderen zu schaden. Es könnte sein, daß jemand, der im Geschäftsleben steht, wissen möchte, warum seine Arbeit oder seine Bemühungen um Kommunikation auf geheimnisvolle Weise auf keine Resonanz stoßen. Würde er das *I Ging* befragen und dieses Hexagramm zur Antwort erhalten, so würde sich das Geheimnis erklären. Die Lage ist dadurch entstanden, daß er negative Reaktionen (unverdient und ungerechtfertigt) bei anderen hervorgerufen und die Aufmerksamkeit auf sich gelenkt hat zu einer Zeit, in der er besser geschwiegen und gewartet hätte, bis sich die »Verfinsterung« wieder in Licht verwandelt.

Alle positiven Faktoren des vorangegangenen Hexagramms sind hier in ihr Gegenteil verkehrt. In einer solchen Zeit sollte man keine Zusammenarbeit erwarten. Es ist wesentlich besser, in der Arbeit fortzufahren und weiterhin *persönliche Fortschritte* zu machen und dabei das »eigene Licht unter den Scheffel zu stellen«. Bieten Sie Leuten keine Hilfe an, die nicht wollen, daß man ihnen hilft, denn dies ist eine Zeit, da sie für eine Führung nicht empfänglich, sondern eher geneigt sind, anderen, die ihnen helfen wollen, zu schaden. Registrieren Sie sorgfältig alles, was geschieht (nehmen Sie die Übeltäter sehr wohl zur Kenntnis), doch reagieren Sie nicht, werfen Sie keine Probleme auf und beginnen Sie keinen Streit. Diese Regel gilt, bis sich die Zeiten ändern. Dann werden Sie, vorausgesetzt Sie haben alles aufmerksam registriert, wissen, was zu tun ist.

Man sollte den eigentlichen Wert dieses Bildes sehen. Einige Umstände sind äußerst hart und sollten daher sehr ernstgenommen werden, andere Umstände mögen weniger hart sein, aber sie könnten doch den Keim der Tyrannei in sich bergen. Der einzelne muß die besondere »Energie« der Lage abschätzen und seine Intuition entsprechend nutzen. Es ist ein natürliches Gesetz, daß jede Situation ihr Gegenteil nährt, also seien Sie wachsam.

Grundannahmen für den Entscheidungsprozeß

Die folgenden Einschätzungen gelten vorbehaltlich der Auskünfte, die in den Wandlungslinien gegeben werden. Die Wandlungslinien haben immer Vorrang.

Management

Jeder gute Einfluß wird gegen Sie verwendet. Gehen Sie in Deckung. Erwecken Sie keine Feindseligkeit. Lenken Sie nicht die Aufmerksamkeit auf sich.

Mitarbeiter

Hier gilt dasselbe wie für das Management. Sie bekommen dieses Hexagramm nur, wenn Sie selbst *Gegenstand* des verfinsternden Einflusses sind. Sie sind nicht selbst der verfinsternde Einfluß, und Sie sollten sich vorsehen, daß Sie nicht Teil davon werden, indem Sie sich solchen Machenschaften anschließen. Tun Sie dies dennoch, so werden Sie entdecken, daß Ihr Glück sich neigt, sobald der lichte Einfluß (Hexagramm 35: *Der Fortschritt*) wieder zunimmt.

Investition und Finanzierung

Der Lage kann nicht vertraut werden, investieren Sie nicht. Die Wahrscheinlichkeit ist groß, daß die Investition aus dem einen oder anderen Grund – Betrug, Diebstahl oder einfach wegen eines schlechten Geschäfts – keine Früchte trägt.

Unterstützung

Nicht jetzt.

Beginn einer Unternehmung

Unterbreiten Sie keine Vorschläge, bringen Sie keine Ideen vor. Verhalten Sie sich vollkommen ruhig.

Urteilsvermögen

Nicht unbedingt schlecht, doch auch hier gilt: Um zu vermeiden, daß Ihnen Schaden zugefügt wird, sollten Sie im Augenblick besser nichts sagen.

Werbung

Warten Sie, bevor Sie Verpflichtungen eingehen. Wenn Ihnen noch kein Ertrag aus kürzlichen Ausgaben zugefallen ist, sollten Sie auch keinen in der nahen Zukunft erwarten. Auf keinen Fall sollten Sie im Augenblick zu weiteren Ausgaben schreiten.

Marketing

Beschränken Sie Vorstöße im Marketingbereich auf ein Minimum, um unfruchtbare und unrentable Reaktionen zu vermeiden.

Feedback

Suchen Sie kein Feedback, denn es wäre negativ und würde Ihrer Motivation schaden. Lassen Sie sich aber innerlich nicht entmutigen.

Verträge und Vereinbarungen

Ungünstig. Es ist am besten, diese zur Zeit nicht weiterzuverfolgen, selbst wenn Sie dazu gedrängt werden.

Wachstum und Produktivität

Äußerlich im Abnehmen begriffen. Innere Entwicklung ist möglich, es ist sogar gerade jetzt die Zeit, da inneres Wachstum gedeiht.

Forschung und Entwicklung

Dies ist eher nicht die Zeit für Durchbrüche. Brillante Entdeckungen und Einsichten sind jetzt nicht zu erwarten. Doch sollten Sie auch nicht den Fehler begehen, den Wert vergangener Arbeit falsch einzuschätzen oder diese Arbeit zu zerstören.

Produktwahl

Treffen Sie zum gegenwärtigen Zeitpunkt keine Entscheidung.

Neue Ideen

Es könnte sein, daß Sie ganz auf sich selbst zurückgeworfen werden und sich, was Ideen angeht, ganz auf Ihre eigenen inneren Quellen besinnen müssen; auf diese Weise könnten Sie alte Eindrücke und Erinnerungen neu verarbeiten, was sich zwar nicht besonders auf äußere Angelegenheiten auswirken mag, doch könnte dies Ihr inneres Licht beträchtlich nähren. In diesem Sinne sind neue Ideen wichtig. Ideen von außen sollten nicht bewertet, sondern lediglich zur Kenntnis genommen werden.

Quellen für Unheil

Wenn Sie darauf bestehen, Ihre Ansichten kundzutun; wenn Sie sich sichtbar machen, sich nach vorn drängen oder allgemein unvorsichtig bei jeglicher Art von Kommunikation vorgehen. Wenn Sie auf Provokation reagieren.

Quellen für ein Gelingen

Versuchen Sie, keinerlei äußeren Fortschritt zu erzielen, bewahren Sie innerlich die Ruhe; geben Sie unter keinen Umständen irgendwelchen Verlockungen nach, die sich nicht auf bestens bewährte Vorläufer stützen können. Gehen Sie absolut kein Risiko ein. Die Arbeit an der eigenen inneren Entwicklung ist immer wertvoll, wenn die Außenwelt wenig Licht zu bieten hat; das *I Ging* betont diese Art der Beschäftigung in finsteren Zeiten.

Die Wandlungslinien – Die Brücken zur Zukunft

Anfangs eine Neun

Ihre Lage ist ungastlich. Sie sind gezwungen, Ihren Platz rasch zu verlassen, da es nirgendwo in der Nähe einen sicheren Ort gibt. Die Menschen in Ihrer Umgebung sind nicht hilfreich, und Sie sollten sie nicht ins Vertrauen ziehen, da die Informationen mit Sicherheit gegen Sie verwendet werden. Schon jetzt sind sie dabei, Leichen im Keller auszugraben, die Wahrheit zu verdrehen, Lügen zu verbreiten, Geschehnisse in einem falschen Licht darzustellen und Ihre Stellung/Haltung/Meinungen usw. bewußt falsch darzustellen. Das Verhalten dieser Leute ist unter allen Umständen verwerflich, doch ist dies nicht der Zeitpunkt, darauf herumzureiten. Es bleibt Ihnen nichts anderes übrig, als schweigend zu erdulden und einen geschützten Platz zu suchen, auch wenn es um Dinge geht, die Ihnen viel bedeuten. Selbst diejenigen Menschen, die vom Grundsatz her mit Ihnen fühlen, können Ihnen hier nicht helfen. Das Höchste, was der *Gedanke* an Unterstützung bringen kann, ist Wärme, doch *spüren* Sie sie möglicherweise nicht da, wo Sie sie wirklich brauchen.

Sechs auf zweitem Platz

Ein Konflikt zwischen Gegensätzen. (Ein anderer Blickwinkel wird in Hexagramm 6: *Die Sackgasse*, beschrieben.) Sie helfen anderen, ohne dabei an sich zu denken. Das ist löblich und bringt Gelingen. In einer gefährlichen Lage ist ein solches Handeln das Höchste an wahrem Edelmut.

Neun auf drittem Platz

Das Bild eines Konflikts zwischen Gegensätzen, doch ist die Lage hier anders als in der zweiten Linie beschrieben. Das Lichte und Gute ist dabei, die Ordnung wiederherzustellen, während die Elemente des Chaos und des Bösen, die üble Praktiken zur Gewohnheit haben werden lassen, ebenfalls mit ihrem finsteren Werk beschäftigt sind – doch das Gute trägt den Sieg davon, indem es das Böse unabsichtlich überrascht. Ein glücklicher Zufall führt sie zusammen, das Böse wird auf frischer Tat ertappt.

Sechs auf viertem Platz

Sie verstehen nun die üble Absicht, es wird Ihnen – ohne daß Sie selbst dabei entdeckt werden – das ganze Ausmaß des Bösen klar und die Beschränkungen, die Ihren und anderer Leute Einflußmöglichkeiten dadurch auferlegt sind. Der Zustand ist beklagenswert und die ganze

Organisation im Begriff, zusammenzubrechen. Noch ist Zeit, herauszukommen ohne Schaden, und genau dies sollten Sie ohne weiteres Aufhebens und ohne einen Blick zurückzuwerfen jetzt tun.

Sechs auf fünftem Platz

Alles um Sie herum spielt verrückt. Das kann sich auf Ihre Organisation, Ihre unmittelbare Umgebung oder auf die Gesellschaft als ganze beziehen. Doch es gibt kein Entrinnen. Wenn Sie zulassen, daß Ihr Zustand »geistiger Gesundheit« bekannt wird, geraten Sie in Gefahr. Sie sollten, wie viele Narren in den Stücken Shakespeares – etwa wie König Lear – so *tun* als seien Sie verrückt, um in der allgemeinen Verrücktheit nicht aufzufallen; Ordnung in eine so unmögliche Lage bringen zu wollen, steht außer Frage. Trotzdem wissen Sie genau, was vor sich geht. Unter keinen Umständen sollten Sie sich angreifbar machen. Das ist oft der einzige Weg, heil herauszukommen, wenn verrückt gewordene Tyrannen die Oberhand gewinnen.

Oben eine Sechs

Wenn schlechte Menschen regieren, leiden alle ohne Unterschied, gute wie böse. Das bedeutet das Bild der Finsternis. Doch wenn das Finstere nichts mehr hat, worauf es sich stürzen könnte, geht es allmählich zugrunde. Um diesen *natürlichen Prozeß* besser zu verstehen (der allerdings in menschlichen Angelegenheiten eine entsprechende moralische Bedeutung annimmt), lesen Sie bitte den »gedanklichen Rahmen« zu Hexagramm 30: *Das Haftende, das Feuer*.

HEXAGRAMM 37

Die Familie

Das Urteil

Erfolg, wenn die rechten Beziehungen innerhalb der Organisation gewahrt und respektiert werden. Alles was zur Familie gehört, hat einen prägenden Einfluß. Gerade in der Intimität der Familie liegt eine Stärke.

Die Erfordernisse im besonderen

Das tägliche Funktionieren und die Kommunikation sollten wie in einer Familieneinheit beschaffen sein, wo alle den ihnen gemäßen Platz kennen und innerhalb ihres Verantwortungsbereiches zufrieden sind.

Das Klima

Es ist im übertragenen Sinn die Situation intimer, aber geordneter Beziehungen, die daher angenehm und zufriedenstellend sind. Günstig.

Der gedankliche Rahmen

Der Gedanke, daß die Arbeit durch eine natürliche und spontane Zuneigung unter den Mitarbeitern und innerhalb des Managements inspiriert wird, steht an erster Stelle. Auch ohne klare oder strenge Autoritäts- und Verantwortlichkeitsstrukturen ist es möglich, etwas zu leisten. Menschen, die sich gegenseitig mögen, arbeiten gern zusammen. Ein grundlegendes Einfühlungsvermögen und der Austausch zwischen sich ergänzenden Persönlichkeiten, die in einem angenehmen und ersprießlichen Rahmen miteinander arbeiten, lassen eine Menge sinnvoller und produktiver Möglichkeiten entstehen. Das Management hat die Aufgabe, dies zu erkennen.

Die höchste Ebene von Symbiose, Kontakt und Beziehungen, die in einer Gesellschaft möglich ist, wird im Idealfall von der Familie verwirklicht. Unternehmensorganisationen, die sich bemühen, wie eine Familie zu funktionieren, besitzen eine zusätzliche Dimension, in der viele Schwierigkeiten überwunden werden. Zusammenarbeit wird zu einer Sache von besonderer Pflicht, besonderer Freundschaft. Die Atmosphäre ist von größerem Vertrauen und größerer *persönlicher* Verantwortlichkeit geprägt. Die Einstellung, daß *der Mensch an erster Stelle steht*, wird dort am deutlichsten, wo sich Organisationen wie eine Familie verhalten. (Vgl. aber auch die Hexagramme 7: *Das Heer*, 13: *Gemeinschaft mit Menschen*, 11: *Der Friede*, 30: *Das Haftende/Das Feuer*, sowie Hexagramm 45: *Der Zusammenschluß*.)

Grundannahmen für den Entscheidungsprozeß

Die folgenden Einschätzungen gelten vorbehaltlich der Auskünfte, die in den Wandlungslinien gegeben werden. Die Wandlungslinien haben immer Vorrang.

Management

Tun Sie, was Sie verkünden. Wenn kein praktisches Beispiel vorgelebt wird, verlieren die Worte ihren Sinn, und irgendwann geht der Respekt verloren und mit ihm der soziale Zusammenhalt und die Arbeit. Die Verbindung zwischen diesen Gedanken ist klar und folgerichtig. Wenn der Kopf nicht stimmt, neigt auch der Rest dazu, in die Irre zu gehen, doch sollten Sie Hexagramm 13: *Gemeinschaft mit Menschen*, beachten. Achten Sie besonders darauf, daß das, was von den Leuten erwartet wird, sinnvoll und nachvollziehbar ist, sonst kommt es zu Qualitäts- oder Funktionsproblemen. Diese Dinge wollen jeweils erklärt und Fragen zufriedenstellend beantwortet werden. Der Gedanke »Ich gebe die Anweisungen, und Sie befolgen sie« ist hier fehl am Platz. Es liegt in der Natur der Menschen, daß sie sich nicht besonders glücklich in Situationen fühlen, in denen Widersprüche und Unvereinbarkeiten vorherrschen. Der menschliche Geist verabscheut Unordnung und Verwirrung. Wenn dem Bedürfnis nach Erläuterung, Ordnung und Begründungen durch Schulungsprogramme und tägliche Praxis entsprochen wird, stellen sich Gleichgewicht, Beständigkeit und Dauer ein (vgl. Hexagramm 32: *Die Dauer*). Jede Organisation braucht einen *modus operandus* für alle Tage, und diese Faktoren sind die Grundlage eines reibungslosen Betriebes. Cashflow ist hier eine Erwägung an zweiter Stelle. Ordnung beginnt im Zustand der Stille. Vortrefflichkeit entsteht aus meditativer Ruhe.

Planung
Die bereits festgelegte Richtung ist dem Ziel angemessen.

Feedback
Alle üblichen Kommunikationswege müssen offengehalten werden. Das Feedback ist positiv und normal.

Kommunikation
Konventionell, aber positiv und normal.

Wachstum und Produktivität
Es handelt sich um einen ganz normalen Ablauf. Es wird keinen plötzlichen Anstieg und keinen plötzlichen Fall geben. Die Räder drehen sich weiter, und der Fortschritt wird nicht gestoppt.

Investition und Finanzierung
Hüten Sie sich davor, einzelne Bereiche zu sehr zu verwöhnen. Bevorzugte Interessengebiete dürfen nicht auf Kosten größerer Erwägungen kultiviert werden.

Beginn einer Unternehmung
Es bedarf der Unterstützung durch Familie und Freunde. Sollten bereits Rechte und Pflichten auf der Basis von Tochter-/Sohnverbindungen festgelegt sein, so könnte dies ein günstiger Start mit wenig internen Schwierigkeiten werden.

Unterstützung
Sie müssen Aufzeichnungen über den bisherigen Verlauf und einen Plan vorlegen. Eine Vorführung engagierter Einzelpersonen dürfte Unterstützer am meisten beeindrucken.

Verträge und Vereinbarungen
Kompromittieren Sie nicht Familieninteressen; sonst günstig. Gefühle der Zuneigung können in geschäftlichen Dingen eine machtvolle, integrierende Kraft entfalten.

Integration
Eine Voraussetzung. Familienorganisationen sind begünstigt.

Risiken

Es wird nicht von Ihnen verlangt, unangemessene Risiken einzugehen. Die meisten Situationen sind so beschaffen, daß sie im einzelnen verstanden werden können; unbekannte Faktoren sind minimal und nicht sonderlich entscheidend. Nutzen Sie die verfügbaren Fakten.

Werbung

Worin besteht die Anziehungskraft der Familie? Verwenden Sie Bilder von Familienglück und gegenseitiger Unterstützung.

Marketing

Die Familie ist die grundlegendste gesellschaftliche Einheit. Der Ausdruck »Markt« entpersonalisiert die eigentliche Vorstellung, daß es um Familien geht, die angesprochen werden sollen. Betonen Sie den Gedanken der Familie in allen Verkaufsstrategien, um die allgemeine Zustimmung der Leute zu gewinnen.

Internationale Geschäfte

Günstig, wenn diese mit einem starken Familiengefühl einhergehen. Praktiken, die sich strikt aufs Geschäftliche beschränken, ohne daß ein Klima des Vertrauens geschaffen wird, sind nicht besonders vom Schicksal begünstigt.

Quellen für Unheil

Gleichgültigkeit gegenüber Familienbanden.

Quellen für ein Gelingen

Das Schmieden stärkerer Familienbande wird eine heilsame Wirkung haben und sich lohnen – insbesondere auf lange Sicht.

Die Wandlungslinien – Die Brücken zur Zukunft

Anfangs eine Neun

Zu Beginn gilt es, die Grundregeln, einschließlich der Verhaltensregeln festzulegen. Diese müssen unmißverständlich klar sein. Jeder einzelne muß wissen, daß diese Regeln von allen zu akzeptieren und zu befolgen sind. Die Regeln selbst müssen offenkundig, vernünftig und verständlich sein. Neu Hinzukommenden sollte genügend Zeit gegeben werden, sie zu lernen. Es bedarf klarer Kommunikationsstrukturen und eines klaren Bezugssystems. All dies sind notwendige Voraussetzungen für den Beginn; sie gelten für jede Einheit, sei es die

Familie, ein Geschäft oder eine Organisation. Die Nichtbeachtung dieser Hinweise führt später immer zu Schwierigkeiten, und selbst wenn sie erst sehr viel später auftreten, sind sie doch immer unvermeidlich. Daher ist dies der Zeitpunkt, um die rechte Grundlage zu schaffen – zu Beginn.

Sechs auf zweitem Platz

Es entspricht der Natur, daß die Frau und Mutter den Mittelpunkt der Familie bildet und dafür verantwortlich ist, daß die Familie zusammengehalten wird und funktioniert. Die übertragene Bedeutung ist hier, daß Gelingen folgt, wenn man die täglichen und unmittelbar vor einem liegenden Aufgaben erledigt, anstatt sich ständig in Bereichen aufzuhalten, die außerhalb dieses Verantwortungsbereiches liegen – indem man zum Beispiel herumtrödelt.

Neun auf drittem Platz

Es bedarf klarer Verhaltensmaßregeln. Diese müssen vernünftig und fair sein. (Vgl. Hexagramm 60: *Die Beschränkung,* zur weiteren Klarstellung dieses wichtigen Gedankens.) Die Menschen brauchen Richtlinien, was sie jeweils tun dürfen und was sie nicht tun dürfen. Als allgemein geltender Grundsatz ist dies etwas ganz Natürliches, doch ist der Hinweis hier im Zusammenhang mit disziplinierenden Regeln zu verstehen. (Vgl. Hexagramm 21: *Entschiedensein.*) Jede Bewegungs- und Handlungsfreiheit ist nur sinnvoll, wenn Grenzen gezogen werden – wobei der Gedanke der Begrenzung nicht »Zwang« bedeutet, sondern Grenzen meint, die dem Tätigkeitsfeld angemessen sind, wie etwa im Fußball oder beim Schach.

Ein Angestellter kann nicht gerügt werden, wenn er Regeln verletzt hat, die er schon früher gebrochen hat, ohne dafür gerügt zu werden. Grenzen ermöglichen Definitionen von Menschen und Situationen, sie bilden Bezugspunkte für Verhalten und Handeln; die Menschen wissen, woran sie sind und können daher effektiv sein. Dieser Gedanke ist grundlegend für alle Konzepte von Gesetz und Ordnung in einer Gesellschaft. Die Erwartung, daß jedes Mitglied einer Gesellschaft die Gesetze kennt (die Grenzen seines gesellschaftlich akzeptablen Verhaltens versteht), ist vernünftigerweise nur dann gerechtfertigt, wenn das Erziehungssystem die entsprechenden Informationen *im einzelnen* vermittelt. Dieser zentrale Gedanke gilt zuallererst für die Familie, und daraus lassen sich unzählige weitere Gedanken ableiten.

Sechs auf viertem Platz

Es entspricht der Tradition und vielleicht auch der Natur, daß die Frau für das Haushaltsgeld verantwortlich ist. Im Unternehmen ist es der Rechnungsführer, der die Einnahmen und Ausgaben regelt und überwacht. In der Regierung ist es der Finanzminister oder Schatzmeister. Der entscheidende Punkt ist, daß es sich hierbei um ein besonderes Amt, eine besondere Aufgabe handelt. Bei der Steuerung der Mittel, insbesondere der Finanzen, sollte ein Gleichgewicht zwischen Einnahmen und Ausgaben hergestellt werden, damit den Bedürfnissen des Haushalts/der Firma/des Landes/ des Kontinents/der Welt Rechnung getragen wird. Die Fähigkeit des Ausgleichens und der Vorsorge gehören von Natur aus zum weiblichen Aspekt. Daher sind diesem Amt weibliche Eigenschaften besonders angemessen. Der Umgang mit Geld verlangt eine mütterliche Haltung, sonst kommt es bald zu Maßlosigkeit, wie wir nur allzu gut wissen.

Neun auf fünftem Platz

Eine gute Führungspersönlichkeit, ein guter Vater flößt ein Gefühl der Zuversicht, des Vertrauens und der Zuneigung ein. Seine Autorität stützt sich nicht auf den großen Stock, sondern auf einen vornehmen Charakter und ein gütiges Herz. Organisationen, die Disziplin durch Bestrafung erwirken, laden zu Sabotage und Chaos ein. Doch im vorliegenden Fall handelt es sich um eine gute Führungspersönlichkeit.

Oben eine Neun

Warten Sie nicht darauf, daß Ihnen Verantwortung übertragen wird. Ihr starkes Gespür, das Wissen um Ihre Begabung und Ihre Fähigkeiten verlangen ganz natürlich von Ihnen, daß Sie die Führungsrolle übernehmen. Dies gilt sowohl für Familien wie auch für Organisationen, die eine führende Kraft und eine Quelle der Weisheit brauchen. (Vgl. Hexagramm 62: *Innere Wahrheit.*) Die Kraft dieses inneren Gespürs ist der natürliche Begleiter der Befähigung zur Führung. Es fällt sofort auf, wenn Menschen in besonders verantwortlichen Positionen dieses Gespür nicht haben, und dies ist insofern bedauerlich, als ohne diese Eigenschaft in Drucksituationen keine Ordnung aufrechterhalten werden kann. Die Eigenschaft der Wahrhaftigkeit (*innerer Wahrheit*), verkörpert durch die richtige Person, kann das ganze Unternehmen durchdringen, und die Ordnung bleibt gewahrt.

Hexagramm 38

Opposition

Das Urteil

Erfolg, wenn kein Versuch gemacht wird, etwas von entscheidender Bedeutung zu erreichen. Halten Sie sich zurück. Vermeiden Sie es, Verpflichtungen einzugehen.

Die Erfordernisse im besonderen

Zwei Personen innerhalb der gleichen Organisation haben unterschiedliche Zielsetzungen und unterschiedliche Loyalitäten, doch gibt es eine Basis für eine Übereinkunft.

Das Klima

Kraftvoll; anregend; disharmonisch.

Der gedankliche Rahmen

Zwei verschiedene Standpunkte bieten – selbst wenn sie nicht in ein festes Handlungsmuster oder in einen abgestimmten Plan eingebunden sind – den Vorteil, daß sie die Grenzen der Situation abstecken. Die beiden Positionen stellen verschiedene Endpunkte des gleichen Spektrums dar. Diese Positionen werden von zwei Personen, zwei Parteien oder zwei Fraktionen innerhalb des gleichen Gesamtsystems einer Organisation eingenommen. Sie haben nicht die Möglichkeit, mit einer echten Aussicht auf Erfolg auf ein gemeinsames Ziel hinzuarbeiten, insbesondere dann nicht, wenn dieses Ziel eine starke Vereinigung aller Kräfte verlangt.

Es sollte daher kein Versuch unternommen werden, große Fortschritte zu erzielen oder neue Projekte zu starten, die vereinte Anstrengungen erfordern. Es handelt sich jedoch nicht um eine Situation, in der die eine Seite die andere durch ebenbürtige Kräfte ausschaltet. Das Wesen von Opposition ist nicht Neutralisierung oder Zerstörung, sondern eher Schwächung.

Hexagramm 38

Die zweite Bedeutung von Opposition ist die, daß die beiden Kräfte unterschiedlicher Natur sind und aus diesem Grunde dazu neigen, sich gegenseitig zu ergänzen und ihre Qualitäten zur Synthese zu bringen. Darin liegt die Chance für Transformation und Neuschöpfung. Die Verschiedenheit kann als eine Funktion der Natur betrachtet werden, die aufzeigt, wie die Dinge in Abstufung verschiedene Gestalt annehmen können.

Grundannahmen für den Entscheidungsprozeß

Die folgenden Einschätzungen gelten vorbehaltlich der Auskünfte, die in den Wandlungslinien gegeben werden. Die Wandlungslinien haben immer Vorrang.

Feedback

Nicht unbedingt negativ. Die Lage ist von gegenseitiger Faszination oder sogar von vorübergehender, flüchtiger Schönheit gekennzeichnet.

Management

Die Mischung bringt neue Möglichkeiten an den Tag, doch sollten die wirklichen Ziele des Unternehmens langfristig nicht in dieser Kombination überlegt werden. Es ist eine Lernsituation, aber Sie sollten sich nicht von Begeisterung davontragen lassen.

Investition und Finanzierung

Ein schüchterner Wurf wird wohl nicht schaden, vielleicht sogar einen gewissen Ertrag abwerfen, doch jede größere Bindung finanzieller Mittel wäre langfristig verheerend. Gehen Sie hier keine Verpflichtungen für das Unternehmen oder seine Ressourcen ein.

Risiken

Ja, es handelt sich um eine Risikosituation, allerdings muß sie nicht unbedingt zum Schaden gereichen. Üben Sie eine gewisse Zurückhaltung; behandeln Sie die Situation mit einem Sinn für Humor, das könnte von Vorteil sein; doch ist dies nicht der Ort, langfristige Optionen zu erwägen.

Beginn einer Unternehmung

Nicht wirklich. Dies ist mehr ein Zwischenspiel, eine interessante Erkundungsübung. Sie brauchen sie nicht abzutun, doch sollte auf dieser Idee, auf dieser Kombination von Ressourcen oder von Management kein Unternehmen gegründet werden. Sie sollten ganz entschieden nicht in langfristigen Kategorien denken.

Unterstützung

Es könnte sein, daß Sie aus einer sehr ungewöhnlichen Quelle Unterstützung erhalten, doch sollten Sie sich nicht binden durch enge Beziehungen oder langfristige Rückzahlungen. Die Lage ist unbeständig, könnte Ihnen aber über eine Schwierigkeit hinweghelfen, wenn es um eine kleine, kurzfristige Unterstützung geht.

Gewinne

Diese könnten kurz und süß sein, wenn sie in einem angemessenen Verhältnis zur Investition stehen. Doch wird dies Ihr Leben nicht auf einen Schlag verändern, es sei denn, Sie hätten alles aufs Spiel gesetzt – in diesem Fall könnte es Ihren Ruin bedeuten. Doch ist es eher unwahrscheinlich, daß die äußeren Umstände der Situation Ihnen das Eingehen solcher Verpflichtungen überhaupt ermöglichen.

Urteilsvermögen

Geben Sie acht, sich nicht selbst zu täuschen. Das Interesse ist groß, und Verständnis könnte sich in einem anderen Zusammenhang auszahlen, aber *nicht in diesem Fall*.

Wachstum und Produktivität

Ein geringer Anstieg des Vermögens, doch ist die Lage unbeständig, und es wird zu Schwankungen kommen. Da Sie die Annahmen, auf denen Ihr Handeln beruht, ohnehin letzten Endes verändern müssen, können Sie auch jetzt schon beginnen, darüber nachzudenken.

Planung

Planen Sie nur auf kurze Sicht. Mittel- und langfristige Pläne verlangen eine andere Kombination von Menschen und möglicherweise auch von Ressourcen. Sie können sich unter diesen Vorzeichen nicht auf kontinuierlich fließende Mittel und Cashflow verlassen.

Kommunikation

Anregend, interessant, lohnend; die Elemente besitzen eine merkwürdige Anziehung. Bewahren Sie jedoch Abstand. Freuen Sie sich an der Situation, solange sie währt. Die Lage ist im wesentlichen unbeständig. Es ist wichtig, anderen die eigene Meinung nicht aufzudrängen; achten Sie auch bei anderen darauf.

Werbung

Der methodische Ansatz ist unstet. Die Methoden, die erwogen werden, sollten nicht in die Praxis umgesetzt werden, sie könnten einen falschen Eindruck erwecken.

Marketing

Falsche Präsentation, falsches Image, weshalb der falsche Markt angezogen wird.

Unternehmenszusammenschlüsse

Der Zusammenschluß soll im Grunde nicht sein. Es kann ein wenig Gutes dabei herauskommen, doch ist nicht zu erwarten, daß er die Zeiten überdauert. Eine solche Partie einzugehen, ist nicht ratsam. Es würde nur funktionieren, wenn aus den Bestandteilen beider Seiten ein drittes Unternehmen geschaffen würde, doch selbst in diesem Fall sollten Sie nicht die Erwartung haben, etwas Großes oder besonders Gewinnträchtiges aufzubauen.

Betriebliches Management

Standpunkte und Temperamente sind gegensätzlich; die Loyalitäten gehen in unterschiedliche Richtungen. Es muß zwar kein Konflikt vorhanden sein (vgl. Hexagramm 6: *Die Sackgasse, der Konflikt*), aber es herrscht auch keine Einigkeit.

Angebot zur Übernahme

Sollte Ihnen ein Angebot zur Übernahme Ihres Unternehmens gemacht werden, widerstehen Sie diesem energisch. Sollten Sie selbst überlegen, ein Übernahmeangebot zu unterbreiten, halten Sie es zurück. Andere Mitspieler im Feld könnten Ihnen schwer zu schaffen machen.

Quellen für Unheil

Ein Zusammenschluß steht außer Frage, da die mittel- und langfristigen Aussichten wechselseitig zerstörerisch sind und eine Konfrontation unvermeidlich wäre. Der ganze Tenor dessen, was oben gesagt wurde, sollte ein klarer Hinweis auf die Natur und die Grenzen der Situation sein. Wenn Sie dies richtig verstehen, können Sie die Kontrolle behalten, ohne Schaden zu erleiden. (Vgl. Hexagramm 44: *Das Entgegenkommen*. Dort werden einige der damit verbundenen Gefahren genannt: wie man mit neu Hinzukommenden in Situationen umgeht, die vertrauenswürdig oder auch nicht vertrauenswürdig sind.)

Quellen für ein Gelingen

Üben Sie eine gewisse Zurückhaltung, aber seien Sie auch bereit, etwas Wertvolles zu lernen. Machen Sie keine langfristigen Pläne, binden Sie keine nennenswerten Ressourcen. Es gibt keinen Hinweis darauf, daß es schwierig werden könnte, sich aus der Situation herauszuziehen, doch seien Sie auch darauf vorbereitet, wenn nötig weiterzugehen.

Die Wandlungslinien – Die Brücken zur Zukunft

Anfangs eine Neun

Es ist das Gesetz der Resonanz, das die Anziehung zwischen Menschen regiert. Da die Gesetze der Anziehung auf natürlichen Prinzipien beruhen, sollte kein Zwang nötig sein, wenn man um Zusammenarbeit nachsucht; keine besonderen Systeme, Pläne, Argumente oder Gewaltanwendung sind notwendig. Meiden Sie Menschen, die solche Methoden anwenden, sie können sehr unangenehm werden. Am besten sollte man solche Menschen nicht absichtlich wachrütteln, da sie geheime Pläne schmieden würden – wenn auch mit dem Ergebnis, daß sie sich die Finger bei dem Versuch verbrennen, sich beharrlich den *falschen* Leuten aufzudrängen. Der Schlüssel für ein angemessenes Verhalten liegt in natürlichen Reaktionsweisen. Menschen, die für einander bestimmt sind, brauchen sich dies nicht auf unnatürliche Weise zu vermitteln. Im vorliegenden Fall heißt es »gelassen sein«, wenn Fortschritte erzielt werden sollen.

Neun auf zweitem Platz

Sogenannte Zufallsbegegnungen führen bisweilen Menschen zusammen, die eine natürliche Zuneigung oder ein natürliches Mitgefühl für einander empfinden. Wegen der komplexen Umstände, unterschiedlicher Lebensführung oder unterschiedlicher Tätigkeitsbereiche scheint es so, als würden sich die Menschen per Zufall treffen, doch in Wirklichkeit geschieht dies aufgrund unsichtbarer, aber natürlicher Kräfte gegenseitiger Anziehung.

Sechs auf drittem Platz

Frustration; nichts, was Sie tun, scheint zu einem positiven Ergebnis zu führen. Doch die Lage ist anders, als sie erscheint. Es handelt sich nicht, wie es auch vorkommen kann, um Fingerzeige des Schicksals, daß Sie auf dem falschen Weg sind. Trotz aller Schwierigkeiten sollten Sie sich nicht entmutigen lassen, denn die Dinge werden sich zum

Guten für Sie wenden. Verleumdungen und üble Nachrede sollten Sie sich nicht zu Herzen nehmen, obwohl Ihre Empfindsamkeit gegenüber der Situation nicht falsch ist. Geben Sie Ihre Loyalität nicht auf, wo sie angebracht ist.

Neun auf viertem Platz

Selbst in Gesellschaft kann man sich wie ein Fremder fühlen, weil man mit den falschen Menschen zusammen ist. Jeder kennt dieses Gefühl. Doch hier ist jemand, mit dem man sich wirklich verbunden fühlt, und die Einsamkeit kann durch diese Verbindung überwunden werden. Es kommt ohne Kompromiß zu Erfolg.

Sechs auf fünftem Platz

Sie sind sich keines besonderen Gefühls für eine bestimmte Person bewußt, das liegt aber daran, daß Sie die Verbindung, die natürliche Anziehung nicht sehen. Zu Ihrem Glück spürt die andere Person diese Anziehung sehr wohl. Deren Verhalten beeindruckt Sie stark, und es wird Ihnen klar, daß jegliche Zweifel und jegliches Mißtrauen grundlos waren. Sie sollten sich zusammentun, da gemeinsame Unternehmungen Erfolg bringen werden. Halten Sie nicht Ausschau nach Hemmnissen und Hindernissen, wenn Sie Ihren Freund erst einmal erkannt haben. Denken Sie an die Zukunft. Eine gute Lage für den Beginn einer Unternehmung.

Oben eine Neun

Sie irren. Es sind Ihre Freunde. Deren Absichten sind einwandfrei, oder sie sind Ihnen wohlgesonnen. Sie brauchen nicht auf der Hut oder aggressiv zu sein. Durch das plötzliche Erkennen dieser Verwandtschaft wird eine innere Schranke überwunden. Das führt zu Gelingen.

Hexagramm 39

Das Hemmnis

Das Urteil

Wenn Sie sich ausdrücklich der Führung einer erfahrenen Person unterstellen, kommen Sie aus den Schwierigkeiten heraus. Gelingen.

Die Erfordernisse im besonderen

Auf allen Seiten von Schwierigkeiten und Hemmnissen umgeben. Sie müssen aus dieser Lage heraus. Die Hemmnisse wollen überwunden werden, und es gibt einen Weg dazu. Nicht den Kopf verlieren.

Das Klima

Schwierigkeiten über Schwierigkeiten. Was gebraucht wird, ist ruhiges Blut.

Der gedankliche Rahmen

Zu wissen, wie man Schwierigkeiten und Hemmnisse überwindet, ist eine besondere Kunst. Probleme und Rückschläge neigen dazu, zunehmend unüberwindlicher zu werden, und beeinträchtigen stark die eigene Motivation, den Willen zu handeln und den Impuls, nach vorn zu gehen. Es handelt sich hier um eine Herausforderung, der jeder Mensch in einem gewissen Maß in seinem Leben begegnet und der man sich stellen muß. Die Gleichung, die es hier zu verstehen gilt, lautet, daß äußerliche Schwierigkeiten, Hemmnisse und Probleme inneren Blockierungen der Selbstwahrnehmung entsprechen. Die christliche Vorstellung, daß uns Schwierigkeiten geschickt werden, um uns zu prüfen, ist in diesem Zusammenhang von Bedeutung. Wir brauchen unseren inneren Vorrat an Kraft, Geduld, Ausdauer und Ruhe und müssen sorgfältig strategische Überlegungen anstellen.

Die gegenwärtige Lage ist besonders gefährlich und kann nicht allein ausgehandelt werden. Es wird die Hilfe eines erfahreneren Menschen gebraucht, der gewandter mit den besonderen Umständen umzugehen versteht, wenn ein Weg aus der Sackgasse heraus gefunden werden soll. Einen solchen Versuch ohne Hilfe zu wagen, wäre katastrophal.

Grundannahmen für den Entscheidungsprozeß

Die folgenden Einschätzungen gelten vorbehaltlich der Auskünfte, die in den Wandlungslinien gegeben werden. Die Wandlungslinien haben immer Vorrang.

Feedback

Das Feedback, das Sie geben, ist negativ. Das Feedback, das Sie bekommen, ist positiv. Bringen Sie Ihre Reaktionen und Antworten wieder in Einklang, indem Sie sich einige Momente der Ruhe gönnen.

Kommunikation

Seien Sie bereit zu kommunizieren, doch seien Sie doppelt bereit, anderen zuzuhören. Eine ganz bestimmte Person wird sich stark für Ihre Situation interessieren, wenn Sie bereit sind, diese Person ins Vertrauen zu ziehen. Beachten Sie den Rat, der Ihnen gegeben wird. Wenn Kommunikation bereitwillig angeboten wird, sollten Sie sich nicht abwenden. Hilfe kann aus den unerwartetsten und unwahrscheinlichsten Quellen kommen.

Risiken

Gehen Sie auf keinen Fall ein Risiko ein.

Management

Ziehen Sie keine voreiligen Schlüsse und halten Sie sich nicht an die üblichen Gewohnheiten. Die Lage verlangt nach etwas Neuem. Ein bestimmtes Maß an Erfindungsgabe und neuer Einsicht ist notwendig. Wenn diese sich nicht von selbst anbieten, sollten Sie sie an vertrauenswürdiger und objektiver Stelle suchen, wie etwa bei einem erfahrenen und vertrauenswürdigen Berater. Auf jeden Fall existiert eine Antwort. Dies ist keine Lage, in der man sich »so gut wie möglich durchschlagen« sollte. Es gibt einen ganz bestimmten, methodischen Weg nach vorn, und es kommt zu keiner erfolgreichen Lösung des Problems, bis dieser Weg nicht klar verstanden und beschritten wird.

Wachstum

Stillstand. Führen Sie keine Pläne durch, die ein Wachstum und eine bestimmte Produktivität erzwingen sollen.

Investition und Finanzierung

Sie sollten zur Zeit nicht investieren. Lassen Sie sich beraten, unter welchen Bedingungen eine Investition machbar ist.

Beginn einer Unternehmung

Schwierig, doch sollten Sie sich Rat von der richtigen Seite holen. Versuchen Sie nicht, den Weg allein zu gehen. Sie können unmöglich allein mit der Situation fertigwerden.

Unterstützung

Sie brauchen sie und sollten sich darum bemühen. Es handelt sich allerdings weniger um ein neues Projekt als vielmehr um eine notwendige Vorgehensweise.

Urteilsvermögen

Nicht gut. Handeln Sie nicht danach.

Werbung

Die Anzeichen sind negativ. Von weiteren Investitionen wird abgeraten.

Marketing

Wahrscheinlich schwierig, wenn nicht unmöglich, was die Effektivität angeht. Konzentrieren Sie sich auf inneres Management und auf die Struktur des Unternehmens.

Planung

Es besteht die Notwendigkeit, Pläne zu überprüfen und die langfristigen Zielsetzungen entsprechend anzupassen, da die kurzfristigen Zielsetzungen offenkundig auf der Hand liegen und drängen.

Verträge und Vereinbarungen

Sie sind nicht in einer genügend starken Position, um einen fairen Handel abzuschließen. Unterschreiben Sie gegenwärtig nichts und lassen Sie sich beraten, wenn die Zeit dafür kommt. Es wird notwendig sein, die ganze Vereinbarung von Anfang an neu zu verhandeln, da Ihr *Rahmen* nicht stimmt. Die grundlegenden Bedingungen müssen geändert werden, die Hauptvorstellungen, die hinter der Vereinbarung stehen, entsprechen nicht den vorrangigen Absichten. Es geht darum, einen neuen Entwurf nach erheblichem Nachdenken aufzustellen. Es bedarf der Hilfe durch Experten.

Hexagramm 39

Internationale Geschäfte

Zur Zeit ungünstig. Es sind unüberwindliche Kommunikationsprobleme vorhanden.

Quellen für Unheil

Engstirnigkeit; Selbstbezogenheit; »Ich weiß alles besser«; aggressives Drängen. All diese Haltungen wären katastrophal in ihren Folgen.

Quellen für ein Gelingen

Das Einnehmen einer gewissen Demutshaltung angesichts größerer Herausforderungen. Mit der rechten Hilfe kann und wird ein Ausweg gefunden werden.

Die Wandlungslinien – Die Brücken zur Zukunft

Anfangs eine Sechs

Gehen Sie einen Schritt zurück. Fassen Sie das Problem noch einmal neu ins Auge. Warten Sie auf den richtigen Augenblick.

Sechs auf zweitem Platz

Die Probleme haben sich verschlimmert. Es gibt zwei Möglichkeiten, ein Problem zu überwinden: drumherum oder untendurch gehen – oder darübersteigen. Die Strategie der Vermeidung ist immer vorzuziehen, doch hier können Sie weder das eine noch das andere tun. Die äußerste Not zwingt Sie, dem Hindernis frontal zu begegnen. Das läßt nichts Gutes ahnen, doch haben Sie keine Wahl, da das Problem seiner Natur nach auf keine andere Weise zu lösen ist.

Neun auf drittem Platz

Sie können in Ihrem Handlungsbereich kein Risiko eingehen. Die Menschen, die von Ihnen abhängig sind, können ohne Sie nicht überleben. Weichen Sie daher nicht von der Stelle. Gelingen.

Sechs auf viertem Platz

Wenn Sie der eingeschlagenen Handlungsrichtung folgen, kommen unvorhergesehene Schwierigkeiten auf Sie zu. Sie können nicht mit einem glücklichen Durchbruch rechnen, er wird nicht kommen. Und Sie sollten auch nicht allein gehen. Halten Sie sich zurück und warten Sie sowohl auf die richtigen Leute als auch auf eine Zeit, da der Weg nach vorn in Ruhe erkundet werden kann.

Neun auf fünftem Platz

Dies ist Ihre Berufung, Ihre Verantwortlichkeit. Sie besitzen die Fähigkeit, die Lage zu entwirren und andere aufzufordern, dies unter Ihrer Leitung zu tun. Sie könnten versucht sein, sich abzuwenden, doch wenn Sie dies tun, könnte es sein, daß die Antwort auf das Problem ohne Sie nicht gefunden wird. Bleiben Sie und helfen Sie. Übernehmen Sie die Führung.

Oben eine Sechs

Ähnlich wie in der in Linie fünf beschriebenen Situation, ergeht der Ruf (vielleicht, indem sich das Gewissen rührt) an eine besondere Person, in einer schwierigen Lage Hilfe zu leisten. Es ist ein moralisches Gebot, denn a) muß die Person nicht, b) befindet sie sich selbst in Sicherheit, und c) fürchtet sie nicht um ihr eigenes Schicksal und Leben. Der einzige Grund, warum sie sich darauf einläßt, Menschen in Schwierigkeiten zu helfen, ist der, daß diese sie brauchen; deren Aussichten auf Erfolg steigern sich ins Unermeßliche, da diese Person wirklich helfen *kann*, während andere dazu nicht in der Lage sind. Eine Person von vergleichbarer Fähigkeit und Statur schließt sich einem Menschen mit diesem Entschluß an, und das Ergebnis ist großes Gelingen. In diesem Fall kann eine neue Kraft die Lage verwandeln. Die Situation ist günstig und der Erfolg sicher.

HEXAGRAMM 40

Die Befreiung

Das Urteil

Die erfolgreiche Auflösung schwieriger Probleme. Gelingen.

Die Erfordernisse im besonderen

Kehren Sie, nachdem nun die schlimmste Zeit des Kampfes vorüber ist, so schnell wie möglich zur Routine und zu normalen Verhältnissen zurück.

Das Klima

Erholung, Genesung; fahren Sie ganz normal, in ruhiger Weise fort.

Der gedankliche Rahmen

In Zeiten von Schwierigkeiten und Spannungen bedarf es außerordentlicher Energien, um die Lage zu meistern. Doch ist die Rückkehr zu normalen Arbeitsgewohnheiten ein allgemeines Gebot. Keine Organisation kann es sich leisten, ständig in einem Zustand der Hochspannung zu sein, es muß immer Zeiten geben, in denen die Dinge normal funktionieren. Wäre dies nicht der Fall, so gäbe es keine Reserven, die in außergewöhnlichen Zeiten mobilisiert werden können. Die Menschen sind am wachsamsten, wenn sie entspannt sind. Die Möglichkeit erhöhter Anspannung führt zur Möglichkeit erhöhter Effizienz. Doch würde ein andauernder Zustand höchster Anspannung sofort zum Zusammenbruch führen, sobald zusätzlicher Druck entstünde.

Das Bild zeigt eine Lage, die auf eine Zeit maximaler Anspannung und größter Konzentration folgt; beides war notwendig, um drängende Schwierigkeiten zu überwinden. Das Überwinden der Hemmnisse hatte absolute Priorität. Welcher Art waren die Hemmnisse, die überwunden wurden? (Vgl. Hexagramm 39: *Das Hemmnis*.) Das Hemmnis war vielleicht ein Liefertermin, der eingehalten werden mußte, ein Engpaß, eine ernsthafte emotionale Krise, Verwirrung,

Wut, Angst, eine aufreibende Arbeit oder ähnliches. Mißliche Lagen dieser Art verlangen nach einem bedingungslosen Einsatz aller Energien, nach sofortiger Lösung, da sie jedes weitere Handeln unmöglich machen. Jetzt ist das Hemmnis beseitigt.

Grundannahmen für den Entscheidungsprozeß

Die folgenden Einschätzungen gelten vorbehaltlich der Auskünfte, die in den Wandlungslinien gegeben werden. Die Wandlungslinien haben immer Vorrang.

Planung

Wenn die alltäglichen Angelegenheiten erst einmal zufriedenstellend geregelt sind, sollte man ihnen ruhig ihren Lauf lassen. Es gibt keinen Grund, ein künstliches oder unnötiges Tempo zu forcieren. Alle beteiligten Kräfte sollten ihr eigenes Maß finden und alles Weitere sich zeigen können. Jede Planung sollte einen Zeitraum berücksichtigen, in dem die Leistung überwacht wird. Für ein Unternehmen beträgt dieser Zeitraum ein Jahr. Auf das Leben einer Einzelperson oder auf die Welt bezogen beträgt dieser Zeitraum zehn Jahre. Das natürliche Leistungsniveau muß dauernden Anforderungen genügen, dann können Schwierigkeiten gemeistert werden. Schwankungen in den Leistungsanforderungen müssen bereits in der Originalplanung berücksichtigt werden. Ziel der Übung ist es, die Bedingungen für eine allgemeine Erholung sicherzustellen. Betrachten Sie die Anfangszeit als eine Zeit der Genesung.

Management

Sobald eine Routine für die Praxis *gefunden* wurde, bedarf sie objektiver Zustimmung und einer Systematisierung, damit sichergestellt ist, daß Vorsorge für alle vernünftiger- und natürlicherweise zu erwartenden Wechselfälle getroffen ist. (Vgl. die Hexagramme 20: *Ein vollständiger Überblick*, und 32: *Die Dauer*.) Es müssen Kapazitätsspielräume eingebaut sein, um gegebenenfalls das Tempo zu beschleunigen beziehungsweise mit Zeiten der Depression fertigzuwerden. Im Normalfall muß alles so funktionieren, als gäbe es keine außerordentlichen Vorkommnisse, denen man entgegentreten müßte. Gehen Sie die Situation als »experimentell und neu« an; die Mitarbeiter dürfen sich nicht überarbeiten, und Systeme sollten nicht überbeansprucht werden.

Urteilsvermögen

Nicht ganz stabil. Warten Sie noch eine Weile, bevor Sie Ihre intuitiven Einschätzungen abgeben oder Ihr Handeln danach richten.

Beginn einer Unternehmung

Alles, was kraftvolle, neue Energien erfordert, sollte im Augenblick vermieden werden. Gegen die Fortsetzung eines bereits bestehenden Projekts ist jedoch nichts einzuwenden, vorausgesetzt die Methoden und Verfahren funktionieren bereits.

Unterstützung

Die Lage erfordert noch mehr Stimulation und Reife, bevor man um Unterstützung nachfragen kann.

Investition und Finanzierung

Die Bindung von Mitteln ist einigermaßen sicher, vorausgesetzt die Ergebnisse der Vergangenheit sind akzeptabel. Völlig neue Projekte sollten eine Zeitlang – etwa ein Jahr lang – beobachtet werden. Die Aussichten sind allgemein günstig und verläßlich. Der gesunde Menschenverstand ist maßgeblich.

Verträge und Vereinbarungen

Vorausgesetzt Sie sind bereit, schwierige Punkte von Grund auf neu auszuhandeln und eine gleichwertigere, ausgewogenere Arbeitsbeziehung herzustellen (und vergangene Fehler zu verzeihen), gibt es keinen Grund, warum nicht stetiger Fortschritt erzielt werden könnte. Es sollte allerdings nichts Dramatisches unternommen werden, und man sollte Zeit einräumen, damit sich neue Fundamente setzen können, bevor sie schweren Belastungsproben ausgesetzt werden.

Wachstum und Produktivität

Es herrscht ein Klima stetiger Entwicklung. Kann es aufrechterhalten werden, ohne daß ein ständiges Hin und Her stattfindet?

Werbung

Nichts Grelles, nichts Lautes. Ein bescheidenes Profil trägt in diesem Stadium am weitesten.

Marketing

Seien Sie in diesem Punkt geradeheraus und einfach. Neue Märkte werden sich zeigen, wenn die vergangenen Erfahrungen einen gewissen Erfolg hatten. Wenn nicht, bedarf es noch grundlegender Änderungen, was den Stil, die Richtung und den Plan angeht. Dies sollte rasch und mit einem Minimum an Aufwand geschehen, da die Hinweise nun deutlich genug sein dürften.

Kommunikation

Meinungsverschiedenheiten sollten nun verziehen und vergessen werden; geben Sie irgendeinen spürbaren Beweis für eine neue Art von Einstellung, sobald sich dafür eine günstige Gelegenheit bietet – das sollte aber recht bald geschehen. Auf jeden Fall entwickelt sich eine Atmosphäre gedeihlicher Zusammenarbeit. Lassen Sie den Dingen Raum, und hüten Sie sich vor jeglicher Voreingenommenheit oder Druckausübung.

Feedback

Zunächst dringend notwendig, später mit abnehmender Dringlichkeit.

Quellen für Unheil

Wenn Sie auf Fehlern aus der Vergangenheit herumreiten, Groll hegen oder erneut Energien auf sinnlose Befürchtungen verschwenden; wenn Sie ein Niveau ständiger Anspannung aufrechterhalten oder rachsüchtig zurückblicken – das führt zu Verzögerungen und möglicherweise sogar zur Katastrophe. Richten Sie Ihren Blick in die Zukunft, und denken Sie positiv.

Quellen für ein Gelingen

Eine veränderte Lage, besonders wenn es sich um eine Befreiung aus langwährender Spannung handelt, ruft gern ein Gefühl des Optimismus und innerer Erhebung hervor. Doch muß die Energie dazu genutzt werden, um noch Unerledigtes zu vollenden und eine Routine herzustellen, um die Lage zu stabilisieren – aber nicht in einer Atmosphäre der Eile oder Hetze. Dann kann sich die neue Zeit dauerhaft konsolidieren (vgl. Hexagramm 24: *Die Wiederkehr*).

Die Wandlungslinien – Die Brücken zur Zukunft
Anfangs eine Sechs
Das Schlimmste liegt hinter Ihnen. Jetzt ist die Zeit gekommen, den erfolgreichen Übergang in eine neue Haltung und in einen neuen Zustand zu konsolidieren. Ruhen Sie sich aus. Schlafen Sie. Leeren Sie den Kopf. Atmen Sie. Entspannen Sie sich. Verfallen Sie nicht in rastloses Hin und Her, indem Sie mit Entwürfen und Plänen herumspielen und die Prioritäten durcheinanderbringen. Dies ist eine Zeit der Genesung. Das Ausmaß der früheren Unordnung ist ausschlaggebend dafür, welcher Zeitraum für die Genesung angesetzt werden sollte. Als allgemeine Regel gilt, daß eine Zeit der Ruhe ebenso lang sein sollte wie die Zeit der Verwirrung.

Neun auf zweitem Platz
Es kommt vor, daß man, um eine Katastrophe zu verhindern, Leute entlassen muß, die sich anbiedern, nicht viel tun, aber voll des falschen Lobes sind und sich der Annehmlichkeit von Privilegien und Macht erfreuen. Der einzelne, der hier Ordnung schafft, greift nicht zu Gewalt, sondern ist ruhig und vernünftig und besitzt geistige Stärke. Sein Einfluß wirkt durch die Stärke seines Charakters. Eine solche Person widmet sich der Aufgabe, eine neue Ordnung herzustellen und den Erfolg zu sichern. Sie weiß, daß hier kein Platz ist für Menschen, denen nicht vertraut werden kann, daß sie am Ziel festhalten. Es gibt nicht weniger als drei, die sich in der genannten Weise anbiedern.

Sechs auf drittem Platz
Der Erfolg hat plötzliche, materielle Bequemlichkeiten mit sich gebracht. Es braucht Zeit, sich an einen neuen Lebensstandard zu gewöhnen. Doch die Warnung ist überdeutlich: Tragen Sie ihn nicht zur Schau und lassen Sie ihn sich nicht zu Kopf steigen. Andere Leute lieben es, von eitlen Menschen zu stehlen.

Neun auf viertem Platz
Die Lage hat sich geändert. Es gibt Dinge zu tun. Einige der Menschen in Ihrer Umgebung haben keine wirkliche Beziehung zu Ihrem Lebensweg. Aus Gründen des Eigeninteresses bleiben sie weiterhin in Ihrer Nähe, aber solange sie dies tun, bleiben diejenigen, mit denen Sie zusammenarbeiten sollten, auf Distanz, und die Zukunft wird ungewisser. Sie können nicht Ihr Schicksal verändern. Wenn Sie aber anhand gewisser Anzeichen bewußt erkennen, wohin die Ereignisse treiben, sollten Sie ein paar eigene Entscheidungen treffen. Der Man-

gel an Entscheidungen Ihrerseits läßt sich als Hemmschuh interpretieren, weshalb der Erfolg länger auf sich warten zu lassen scheint. Die rechten Leute sind vorhanden, und man sollte es ihnen ermöglichen, herbeizukommen. (Vgl. Hexagramm 19: *Der Vorstoß/Die Annäherung.*)

Sechs auf fünftem Platz

Verlassen Sie sich ganz auf sich. Wenn hartnäckige Menschen Ihren Tätigkeitsbereich nicht verlassen wollen, sollten Sie sie völlig ignorieren. Früher oder später verstehen sie die Botschaft und gehen aus eigenem Antrieb.

Oben eine Sechs

Es kommt häufig vor, daß die falschen Leute in Machtpositionen sitzen. Sie haben Charaktereigenschaften, die mit ihren Verantwortlichkeiten nicht übereinstimmen. Solche Leute sind beschränkt und von sich selbst eingenommen, oft behindern sie den Fortschritt und verhindern die Geburt einer neuen Zeit. Es ist ihnen kaum bewußt, wieviel Schaden sie anrichten. Man muß sie aus der verantwortungsvollen Stellung beseitigen. Wenn nötig, müssen sie im richtigen Augenblick entlassen werden. Auf keinen Fall werden sie aus freiem Entschluß von selber gehen, da sie für gute Einflüsse nicht empfänglich sind und Hinweise nicht beachten. Es führt auch zu nichts Gutem, wenn man versucht, mit ihnen zusammenzuarbeiten. Man muß sie stoppen. Dies ist eine der wenigen Situationen, in denen das *I Ging* von einem entschiedenen Bruch mit bestimmten Sorten von Menschen spricht (vgl. aber auch die Linientexte zu Hexagramm 29: *Die tiefen Gewässer*).

HEXAGRAMM 41

Die Minderung (Die Armut/Die Abgaben)

»Mit Gold und Edelsteinen gefüllten Saal kann niemand beschützen.«

(Laotse: Tao te king, Vers 9)

Das Urteil

Gewisse Opfer finanzieller Art müssen in dieser Zeit gebracht werden, um vorzusorgen für die Zukunft; wenn dies in Wahrhaftigkeit geschieht: erhabenes Gelingen

Die Erfordernisse im besonderen

Wohlstand geht vom Volk in Form von Abgaben, Zöllen und Steuern an die Regierung. Im rechten Maß und zur rechten Zeit bringt dieser Austausch Erfolg, auch wenn gewisse Härten empfunden werden. Doch die Zeit der *Minderung* geht vorbei. Allerdings sind gewisse Werte zu beachten, wenn Tyrannei und Demoralisierung vermieden werden sollen.

Das Klima

Magere Zeiten. Verzierungen und selbst der Schmuck, der religiöser Verehrung dient, muß, wenn nötig, geopfert werden, um den grundlegendsten Bedürfnissen nach Versorgung und Ordnung gerechtzuwerden. In solchen Zeiten gilt es, die Grundsätze gesunder Verwaltung anzuwenden.

Der gedankliche Rahmen

Selbst wenn die Ressourcen in eine andere Richtung gelenkt werden müssen, so daß nicht viel an Luxus bleibt, scheinen doch bestimmte Werte durch: Aufrichtigkeit (vgl. die Hexagramme 11: *Der Friede*, 25: *Die Unschuld*, und 12: *Die Stagnation*) und Selbstaufopferung. Es gibt immer wieder Zeiten, in denen dies verlangt wird. Das Gegenstück zu diesem Hexagramm ist Hexagramm 42: *Die Mehrung*. Für beide gelten bestimmte Regeln. Wenn die Zeit der Minderung nicht in der rechten Weise verwaltet wird, beraubt man sich der Möglichkeit, zu anderen Zeiten Wohlstand und Arbeit zu erschaffen.

Die Zeit der Minderung ist auch die Zeit, um Energievorräte zu sammeln und Einschränkungen vorzunehmen, solange diese nicht die Moral sinken lassen und allen Beteiligten klar ist, daß das Opfer notwendig und vorübergehend ist. Ein fortgesetzter Zustand relativen Entzugs zerstört die Moral. Wenn nicht schon zu Beginn eine zeitliche Begrenzung festgesetzt wird, werden die Ressourcen, die eigentlich gespart werden sollen, gestohlen und heimlich gehortet, so daß der Sinn der Vorratshaltung zwecks Erzeugung späteren Wohlstands untergraben wird.

Die Lage muß daher sorgfältig erklärt werden; es müssen Pläne erstellt werden, Versprechungen gegeben, Bedingungen dargelegt, Beschlüsse angeboten und eingehalten werden. Anderenfalls geht das Vertrauen verloren, und dem Mißbrauch ist Tür und Tor geöffnet.

Aus diesem Grunde unterstreicht das *I Ging* immer wieder die Notwendigkeit einer offenen und freimütigen Haltung, wenn es um öffentliche Annehmlichkeiten, Wohlstand, Besteuerung sowie besondere Ressourcen und Vorteile im allgemeinen geht. Man kann nicht darauf vertrauen, daß das Volk in mageren Zeiten kooperiert, wenn die Führung in Zeiten der Fülle gestohlen und gelogen hat. Geheimnistuerei wird immer bemerkt. Wenn die Zeit der Zusammenarbeit kommt, erinnern sich die Leute daran, daß sie Härten zu erdulden hatten, während es anderen gut ging. Wenn aber der natürliche Kreislauf beachtet und die rechte innere Gesinnung gewahrt wurden (dies ist die Zeit, sie zu bestärken), dann gelingt es auch, Kraft in Zeiten der Minderung zu erzeugen. Eine weniger korrekte Gesinnung führt zu längeren Härtezeiten. Man kann dem Land nicht nehmen, was das Land nicht hat hervorbringen können. Man kann nicht entnehmen, was man nicht hineingetan hat. Der Kreislauf der Natur muß respektiert werden, wenn er sich selbst erhalten soll.

Grundannahmen für den Entscheidungsprozeß

Die folgenden Einschätzungen gelten vorbehaltlich der Auskünfte, die in den Wandlungslinien gegeben werden. Die Wandlungslinien haben immer Vorrang.

Management

Was an äußerem Wohlstand gemindert wird, kann durch Schulung und Lernen und durch Vermehrung des inneren Reichtums ausgeglichen werden. Dies ist der Sinn der Minderung in der Natur. Es wäre ein Fehler, entgegen den Erfordernissen der Zeit den Versuch zu machen, den gewohnten Ausstoß gewaltsam aufrechtzuerhalten. Dies ist nicht die Zeit für äußere Erfolge. Erfolg kann erzielt werden durch die Pflege innerer Werte und durch eine Vorratsbildung äußerer Ressourcen für eine günstigere Zeit. Dem Schicksal des Unternehmens ist sehr viel mehr damit gedient, wenn Sie jetzt nicht den Rahm abschöpfen und die vorhandenen Aktivposten nicht aufbrauchen.

Gewinne

Machen Sie gar nicht erst den Versuch. Die Lektion lautet: »Vorräte anlegen«.

Beginn einer Unternehmung

Nicht jetzt. Warten Sie auf eine günstige Zeit, wie zum Beispiel in den Hexagrammen 1: *Das Schöpferische*, 24: *Die Wiederkehr*, 34: *Die Macht des Großen*, 35: *Der Fortschritt*, 42: *Die Mehrung*, oder 50: *Der Tiegel*. Jetzt ist nicht die Zeit, sich mit neuen Ideen vorzuwagen. Es ist ein guter Zeitpunkt, den Wert einer Idee sorgfältig abzuschätzen. Energien, die in diese Richtung gelenkt werden, erweisen sich als Gewinn, wenn die Zeit zum Handeln kommt.

Investition und Finanzierung

Investieren Sie nur in grundlegende Dinge. Luxus und Luxusgüter werden in dieser Zeit nicht gedeihen; Investitionen sollten also in Ideen fließen, die die Grundbedürfnisse der Menschen befriedigen – sie werden gedeihen.

Planung

Zur Zeit sollten keine großen Pläne erwogen werden. Planen Sie keine relativ großen Ausgaben. Bereiten Sie sich darauf vor, zu sparen und zu bevorraten, denken Sie aber auch über eine sinnvolle Verwendung der bevorrateten Ressourcen nach. Geben Sie diese für keine Zwecke aus, die nicht unbedingt notwendig sind zum Überleben.

Werbung

Schneiden Sie sie zurück.

Marketing

Nur solche Ideen, die auf greifbare Bedürfnisse antworten, können erfolgreich am Markt plaziert werden – sie müssen grundlegend und unmittelbar einsichtig sein. Lesen Sie die Zeichen der Zeit und richten Sie Ihr Handeln daran aus.

Urteilsvermögen

Ziemlich gut, doch werden Sie sich auch in Zeiten der Mehrung an das erinnern, was Sie heute denken? Ein wohlhabender Mensch sollte sich immer an Zeiten wie diese erinnern und sich besondere Ideen sorgfältig notieren, insbesondere wenn sie Produkte und Dienstleistungen betreffen, die später von Nutzen sein könnten, wenn die Leute mehr Kapital und verfügbares Einkommen haben. In Zeiten der *Mehrung* sind solche Ideen nicht so greifbar. Fragen Sie sich:»Was wird jetzt gebraucht?« Das wird die Grundlage für künftigen Erfolg.

Intuition

Wenn Sie nicht mit Ausgaben sondern mit Denken beschäftigt sind, wird Ihre Intuition gestärkt. Sie wird sich in den nächsten zwei bis drei Monaten zunehmend entwickeln. Dies ist die beste Zeit, um die Intuition zu entwickeln, was in Zeiten der Mehrung und der Fülle äußerst schwerfällt. Andere Dinge werden dann zu recht Ihre Aufmerksamkeit beanspruchen.

Wachstum und Produktivität

Nein. Ausgaben wären verschwendet. Die Zeiten gelten der inneren Entwicklung. Für den Geschäftsmann, der nur an Geld und Gewinne denkt, ist dies eine Lektion zu lernen, was es heißt, sein Handeln mit den natürlichen Kräften in Einklang zu bringen. Alle, die sich solchen Zeiten nicht anzupassen verstehen, gehen entweder unter oder werden keinen Fortschritt erzielen, wenn die Zeit dafür kommt. Die Situation ist ein Beweis für die menschliche Illusion, die Herrschaft über die Natur zu haben. Der Mensch kann die herrschenden Kräfte nicht verändern, wenn er sich aber der Zeit anpaßt, wie sollte er dann scheitern? Die Natur ist auf seiner Seite und nicht gegen ihn.

Verträge und Vereinbarungen

Wenn diese nicht wirklich ausgewogen und gerecht sind, das heißt, wenn der Vorteil nicht wirklich zugunsten derer angestrebt wird, die am bedürftigsten sind, wird der Rückschlag später katastrophal sein, denn genau dadurch wird der wahre Wohlstand einer Nation, der Belegschaft eines Unternehmens oder eines Teams genährt. Mit einer Hungermoral zu einem Zeitpunkt, da die Not am größten ist, zerstören Sie sich selbst. Dieser Gedanke ist nicht leicht zu begreifen, aber dies ist die Lektion.

Hexagramm 41

Risiken
Ungünstig. Das künftige Gedeihen steht auf dem Spiel, wenn die Ausgaben jetzt nicht in die richtigen Bahnen gelenkt werden.

Wie Sie die beste Leistung von Ihren Mitarbeitern bekommen
Helfen Sie ihnen, wenn sie bedürftig sind. Wenn Sie später in einer Zeit günstiger Gelegenheit die Investition brauchen, können Sie keine Steuern auf das erheben, was die Leute nicht haben. Was jetzt an äußerlichen Dingen (Luxus, usw.) geopfert wird, kommt später zurück.

Quellen für Unheil
Zurschaustellung; andere bestehlen und Not verursachen, indem Sie Äußerlichkeiten aufrechterhalten ohne entsprechende geistige Werte; eine ungerechtfertigte Entfaltung von Ressourcen in einer Zeit knapper Vorräte; gewissenloses Verhalten angesichts der Not anderer. Habsucht. Was Sie jetzt verschwenden, werden Sie später zu bezahlen haben.

Quellen für ein Gelingen
Einfachheit und Aufrichtigkeit sind angemessen, wenn der Glanz und die Zierde des Reichtums nicht zu haben sind. Das ist kein Grund zur Scham. Die Menschen haben dafür immer Verständnis; eher nehmen sie es übel, wenn man Reichtum auf Kosten ihrer Armut zur Schau stellt. (Vgl. die Hexagramme 49: *Die Revolution*, 59: *Die Zerstreuung von Reichtum und Auflösung*, und 14: *Besitz in großem Maß*.)

Die Wandlungslinien – Die Brücken zur Zukunft
Anfangs eine Neun
Ein guter Mensch ist, wer bereit ist, einem anderen zu helfen, ohne daß damit ein persönlicher Vorteil für ihn verbunden wäre. Doch auch er kann nicht endlos geben. Die Person, der geholfen wird, sollte darauf achten, ob die Hilfe, die ihr zuteil wird, dem Helfer zum Schaden gereicht.

Diese Regel gilt auch für Staatsausgaben und ganz besonders immer dann, wenn die Mittel nach Bedürftigkeit bemessen werden. Es ist ungesund, unnatürlich und unverantwortlich (vgl. Hexagramm 7: *Das Heer*), große Summen zum Schutz eines Systems auszugeben, das damit beschäftigt ist, die Menschen zu unterdrücken. Keine Regierung wird für eine solche Mißverwaltung geachtet; es ist wahrlich eine schlimme Regierung, die die grundlegendsten Bedürfnisse ihres Volkes mißachtet. Eine gute Regierung versteht es, in Zeiten der Minderung der mißlichen Lage zu begegnen und die Mittel rasch und ohne Umschweife in die Bereiche größter Not zu lenken (vgl. Hexagramm 13: *Gemeinschaft mit Menschen*).

Der Grundsatz lautet hier, daß wir, die wir in Zeiten der Minderung genügend haben, uneingeschränkt an andere abgeben können, ohne die Wirtschaft in die Knie zu zwingen. Menschen in Not zu helfen, zahlt sich finanziell später immer aus, doch wird der Lohn in Form von Freundschaft, gutem Willen und Kooperationsbereitschaft tausendmal wertvoller sein. Es ist eine große Pflicht, denen zu geben, die in Not sind. Andererseits versteht es sich auch, daß ein Mensch nie mehr von der freiwilligen Hilfe eines anderen in Anspruch nimmt, als er wirklich braucht.

Neun auf zweitem Platz

Sie können am besten dadurch helfen, daß Sie selbst stark sind und daß Sie vorbildliche Werte verkörpern. Sie brauchen Ihre Selbstachtung nicht aufs Spiel zu setzen, um anderen zu helfen – welchen Wert hätte schon ein Gewinn, der auf diese Art und Weise erzielt wurde? Denn Sie beugen sich nicht, um zu siegen, sondern Sie richten vielmehr die Menschen auf durch die Macht Ihrer inneren Stärke. Nur indem Menschen auf diese Weise emporgehoben werden, wird ihnen wirklich geholfen.

Sechs auf drittem Platz

Die richtige Person wird zum richtigen Zeitpunkt kommen, wenn Sie keine enge verwandschaftliche Beziehung haben. Doch in einer Zeit der Minderung bilden Drei schon eine Menge, und es wird Streit entstehen.

Sechs auf viertem Platz

Die Umgebung ist schlecht für Sie. Sie verstärkt die falschen Seiten Ihres Wesens; das wissen Ihre besseren Freunde und halten sich auf Abstand. Wenn Sie aber zeigen, daß Sie bereit sind, den eingeschlagenen Weg zu ändern, werden Ihre Freunde nicht zögern, Sie darin zu bestärken und zu unterstützen.

Sechs auf fünftem Platz

Nichts, absolut gar nichts kann Sie an Ihrem Glück hindern. Das Schicksal hat es so für Sie bestimmt.

Oben eine Neun

Dies ist die Linie des vortrefflichen Menschen. Alle haben Gewinn von dem, was er tut. Darin zeigt sich höchste Begabung und ein großer Geist.

Hexagramm 42

Die Mehrung (Spiritueller und materieller Reichtum)

Das Urteil

Großes Gelingen und das Erreichen großer Ziele, wenn Sie erkennen, daß die Macht der Führung darin besteht, zu dienen und nicht zu beherrschen. Eine Zeit der Mehrung persönlichen Gelingens.

Die Erfordernisse im besonderen

Eine besondere Zeit, um Dinge zu erreichen, doch müssen Opfer gebracht werden. In Ausgabendingen gilt es, sorgfältig zu unterscheiden.

Das Klima

Ein machtvoller Schub nach vorn, der zu falschem Gebrauch und zu Energieverschwendung führen kann, wenn er nicht mit Selbstdisziplin gepaart ist.

Der gedankliche Rahmen

Wir sehen hier das Bild eines Managements und einer Führung, die ihre Macht und Ressourcen bewußt sozusagen »von unten nach oben« zur Verfügung stellen. Anstatt die ihr von Natur gegebene Position in luftigen Höhen einzunehmen, begibt sich die schöpferische Kraft in irdische Gefilde. In der Sprache des Unternehmens ausgedrückt sind damit Führungspersönlichkeiten und Manager gemeint, die eher bereit sind, zu dienen als zu herrschen. Es sind Menschen, die ihre besondere Energie dafür einsetzen, das Wohl derer zu mehren, die nicht so hoch angesiedelt sind. Um dazu in der Lage zu sein, müssen sie aber ihre eigenen Fähigkeiten und Stärken kennen und ihnen vertrauen.

Hexagramm 42

Grundannahmen für den Entscheidungsprozeß

Die folgenden Einschätzungen gelten vorbehaltlich der Auskünfte, die in den Wandlungslinien gegeben werden. Die Wandlungslinien haben immer Vorrang.

Planung

Bevor irgendwelche Erweiterungs- oder Entwicklungspläne zur Ausführung gelangen, muß dafür gesorgt werden, daß jetzt alle Kräfte und Menschen, die in früheren Zeiten der Not den Gürtel enger geschnallt haben, angemessen entlohnt werden und ausreichenden Ersatz bekommen. Pläne für ein zukünftiges Gedeihen stehen und fallen mit der richtigen Vorbereitung. Endliche Ressourcen müssen für den langfristigen Bedarf reorganisiert werden. Jede Erweiterung ist unter diesen Aspekten zu betrachten. Lenken Sie zu Beginn Ihre ganze Aufmerksamkeit auf das Grundlegendste. (Vgl. die Hexagramme 30: *Das Haftende, das Feuer*, 41: *Die Minderung*, und 48: *Der Brunnen*.)

Management

Vorteile, die zuerst dem Management zuwachsen, bevor sie der Belegschaft oder den grundlegenden Ressourcen zugute kommen, sind fehlgeleitet und stören das Gleichgewicht. Ein gutes Management hebt bedürftige Menschen und Ressourcen zu einer Stellung größeren Wohlstands empor. Es ist eine Zeit großer Energien, in der alle Anstrengungen eine weitreichende Wirkung versprechen. Die Anforderungen gelten unmittelbar, denn die Zeit, in der ein solch »mehrendes« Handeln sinnvoll ist, ist begrenzt. Ihre eigene Mehrung ist Teil dieses Prozesses. Gehaltserhöhungen zu gewähren ist nur eine beschränkte Anwendung des Prinzips. Mehrung und Nutzen müssen allgemein und auf breiter Basis zum Zuge kommen.

Urteilsvermögen

Ausgezeichnet, aber zerstreuen Sie nicht Ihre Energien, indem Sie sich ablenken lassen. Dies ist entschieden eine Situation, für die gilt: Erst die Arbeit, dann das Spiel.

Feedback

Beginnen Sie an den Graswurzeln und arbeiten Sie sich hoch. Die Qualität des Feedbacks ist normalerweise von der Zeit abhängig. In diesem Fall ist es ein *Talent* und ein *Gebot*, positives Feedback zu geben. Die Dinge werden später nicht ordentlich laufen, wenn nicht ein angemessenes und greifbares Feedback in alle Richtungen gegeben wird.

Kommunikation

Ausgezeichnet. Bemühen Sie sich um Klarheit und äußern Sie Ihre Absichten mit Bestimmtheit, vorausgesetzt diese sind den Erfordernissen der Zeit zuträglich. Man wird nur bei solchen Menschen auf eine negative Haltung treffen, die selbstsüchtige Motive haben.

Investition und Finanzierung

Investieren Sie in diejenigen, die in Sie investiert haben und noch bedürftig sind. Die Lagervorräte an Rohstoffen wollen wiederaufgefüllt und gewahrt werden. Die Menschen verlangen eine Belohnung für ihre Investitionen in der Vergangenheit, bevor Investitionen in neue Dinge stattgegeben wird. Auf diese Weise wird der Investitionskreislauf indirekt aufrechterhalten, sonst zerbricht die Kette. An Investitionen kommen Sie jetzt nicht vorbei. Es ist jetzt nicht der Zeitpunkt, zurückzuhalten oder zu sparen. Jetzt ist auch der Zeitpunkt für Erträge aus Investitionen.

Wachstum und Produktivität

Minimal. Parität muß gewahrt werden, doch sollte in einigen Bereichen eine Entwicklung stattfinden. Wenden Sie sich zuerst den Bereichen zu, die den größten Bedarf haben. Es handelt sich dabei um eine langfristige Investition, die zu ignorieren Sie sich nicht leisten können.

Werbung

Wenden Sie sich zuerst unternehmensinternen Bedürfnissen zu, bevor neue oder außerordentliche Haushaltsgelder freigegeben werden. Günstig.

Marketing

Gehen Sie eine Stufe weiter.

Beginn einer Unternehmung

Sehr vielversprechend. Präsentieren Sie Ihre Vorschläge mit Zuversicht und Klarheit.

Unterstützung

Wenn im größeren Geschäftsbereich eine allgemeine Ausgewogenheit aufrechterhalten bleibt, sollte dies überhaupt kein Problem sein. Suchen Sie Unterstützung mit Zuversicht.

Verträge und Vereinbarungen

Die Vereinbarung muß eine faire Verteilung der Gewinne vorsehen. Ein gewisses Maß an Großzügigkeit kann erwartet werden und ist in Ordnung. Betrachten Sie Großzügigkeit als eine kluge Investition in die Zukunft.

Risiken

Die Verständlichkeit der verfügbaren Fakten sollte, genau betrachtet, ein Risiko ausschalten. Ordnen Sie die Fakten gemäß den beschriebenen Prinzipien, dann wird sich daraus eine innere Logik ergeben, die in eine klare Richtung weisen sollte. Es ist eine Sache der Extrapolation.

Quellen für Unheil

Wenn man versäumt, Opfer in der Vergangenheit durch Nähren, Wiederauffüllen, Emporheben oder Rückzahlungen auszugleichen, kommt es zu einer Polarisierung, die die Notwendigkeit einer drastischen Umstrukturierung zur Folge haben könnte. Das würde unnötige Kosten verursachen, wenn den Bedürfnissen des Augenblicks nicht sofort Rechnung getragen wird.

Quellen für ein Gelingen

Mehren Sie diejenigen, die gemindert wurden. Erwarten oder bitten Sie um Mehrung, wenn Sie Opfer gebracht haben, von denen die ganze Organisation profitiert hat. Jetzt ist die Zeit, emporzuheben, aufzufüllen, zu erfüllen und zu vollenden. Bezogen auf eine Organisation könnte man von einer hohen moralischen Priorität sprechen. Bezogen auf die Natur ist dies eine Notwendigkeit. Günstig.

Die Wandlungslinien – Die Brücken zur Zukunft

Anfangs eine Neun

Es sind Ihnen die Mittel gegeben, mit denen Sie etwas von ungeheurem Wert schaffen können. Nicht jedem wird eine solche Macht verliehen. Nutzen Sie sie gut, solange die Zeit günstig ist. Sie können in allem, was Sie tun, großen Fortschritt erzielen. Überlegen Sie nicht, was Sie an persönlichem Reichtum daraus für sich gewinnen können, und scheuen Sie nicht zurück vor der zusätzlichen Arbeitsbelastung, die die Stellung mit sich bringt. Denken Sie nur an den Nutzen, der aus der Arbeit resultiert. Das ist der wahre Lohn.

Sechs auf zweitem Platz

Es wird Ihnen großer Nutzen zuteil, und nichts kann dies verhindern. Der Grund dafür liegt darin, daß Sie immer besser verstehen lernen, wie die Dinge funktionieren, und daß Sie selbst ein wertvoller Katalysator für diesen natürlichen Prozeß geworden sind. Wenn dies geschieht, ist es unmöglich, nicht gemehrt zu werden. Dies ist eine ganz besondere Lage für einen einzelnen, der auserlesen ist. Fahren Sie fort in Ihrer Hingabe, dann führt der Prozeß auf natürliche Weise von selbst zur Mehrung.

Sechs auf drittem Platz

Menschen mit Überzeugung können Elend und Trübsal in Gedeihen und Wohlbefinden verwandeln. Das heißt, ihre Macht ist so im Einklang mit der Natur, daß sie Dinge vollbringen können, die wie übermenschliche Taten erscheinen.

Sechs auf viertem Platz

Sie sind ein Katalysator, ein Empfänger und Sender. Sie arbeiten daran, den Niederen die Höheren und den Höheren die Niederen verständlich zu machen. Diese Tätigkeit erfährt Zustimmung wegen der Klarheit und Aufrichtigkeit Ihres Tuns.

Neun auf fünftem Platz

Die Gesetze der Natur scheinen da, wo sie ungehindert funktionieren können, die Eigenschaft menschlicher Tugenden zu haben. So bilden Großzügigkeit, Wohltätigkeit und Freundlichkeit die geistige und moralische Entsprechung zu einer Zeit der Mehrung. Dies sind aber alles Dinge, die nicht peinlich genau geplant werden, sondern eher als Begleiterscheinungen auftreten, wenn jemand versteht, wie die Dinge funktionieren. Menzius spricht von einer »Politik der Freundlichkeit«. Sie entspringt einem natürlichen Befolgen des Gesetzes des Goldenen Schnitts oder der Goldenen Mitte, wie es von den Philosophen des antiken Griechenland, namentlich Aristoteles, dargelegt wurde. Die Gedanken der Freundlichkeit und der Ausgewogenheit in Zeiten der Mehrung greifen ineinander und ergeben einen natürlichen Sinn.

Hexagramm 42

Oben eine Neun

Jemand, der anderen Nahrung bringen sollte, dies aber nicht tut, ist selbstsüchtig und habgierig, und die Folge davon ist, daß Zusammenarbeit und guter Wille ihn ebenfalls verlassen werden. Solche Leute ziehen sich letztlich Feindseligkeit zu, und dies zu Recht, denn sie nehmen bedenkenlos, wenn es wenig gibt, und horten, um sich auf Kosten der Not anderer zu schützen. Das ist ein unverantwortliches, verwerfliches und unnatürliches Verhalten, das künftiges Gelingen verdirbt. Für alle, die an Glück glauben: Dies ist die beste Art, es zu verlieren.

HEXAGRAMM 43

Der Durchbruch (Die Entschlossenheit)

Das Urteil

Der Vorbote einer neuen Zeit, die besser, höherentwickelt und lebenswerter ist, wenn Sie sich selbst das verbindliche Versprechen geben, den Wandel in Ihrer Einstellung zu vollenden.

Die Erfordernisse im besonderen

Eine neue Lebensweise liegt in der Luft. Reichtum wird geteilt und nicht gehortet. Tolerieren Sie keine Form von Amts- oder Stellenmißbrauch mehr – in keinem Bereich Ihrer Tätigkeit. Jetzt wird der Wert vergangener Arbeit sichtbar.

Das Klima

Ziele werden erreicht. Ruhen Sie sich aber nicht auf Ihren Lorbeern aus. Sie vollenden den Wandel mit Entschlossenheit.

Der gedankliche Rahmen

Es gibt Veränderungen, die durch die Zeit bewirkt werden, wie etwa in Hexagramm 24: *Die Wiederkehr*, beschrieben; dort ist es die Morgenröte einer besseren Zeit, die ohne Kraftanstrengung auf ganz natürliche Weise kommt. Hier jedoch ist der Wandel zu neuen Verhältnissen das Ergebnis eines Entschlusses. Die Sache ist nicht einfach. Es bedarf eines festen Entschlusses und großer Anstrengung, da die Versuchung groß ist, die Dinge einfach laufen zu lassen. Dennoch ist der Drang und der Wille vorhanden, die Veränderung herbeizuführen. Wie können Sie sie erreichen?

Wenn Sie die Dinge forcieren, könnten Ihre Anstrengungen zu einem Rückschlag führen, und das Ergebnis wäre ohne Anmut. Was zuerst gebraucht wird, ist das persönliche Eingeständnis, daß die Arbeit noch nicht vollendet ist und es besonderer Energie und Anstrengung bedarf.

Eine Organisation könnte zum Beispiel der Meinung sein, daß bestimmte fragwürdige Praktiken nicht schädlich sind und ihre Fortsetzung toleriert werden kann. Das ist aber wahrscheinlich eine Selbsttäuschung. Die ganze Sache muß bereinigt werden; Praktiken, von denen man weiß, daß sie unakzeptabel sind, müssen unter Kontrolle gebracht werden. Neue Regeln sind aufzustellen.

Grundannahmen für den Entscheidungsprozeß

Die folgenden Einschätzungen gelten vorbehaltlich der Auskünfte, die in den Wandlungslinien gegeben werden. Die Wandlungslinien haben immer Vorrang.

Management

Das Management-System ist unzureichend und bedarf einer radikalen Überholung und objektiven Überprüfung, da seine Ineffizienz dazu führt, daß die Ressourcen des Unternehmens stagnieren. Dieser Umstand zeigt sich in der nachweislichen Ineffizienz des Unternehmens und in Verlusten auf seiten einiger Mitglieder der Organisation. Doch wenn der Beschluß sofort gefaßt wird, ist jetzt noch Zeit, mit der Überprüfung zu beginnen. Wenn man sich dann auf ein neues System geeinigt hat, das die vermehrte Nutzung und einen vermehrten Fluß der Resourcen sicherstellt, muß dieses System ständig überprüft werden; man sollte dafür eine eigene Abteilung oder Stelle einrichten, sei es innerhalb des Unternehmens, sei es durch Beschäftigung eines außenstehenden Beratungsspezialisten.

Feedback

Lassen Sie sich angesichts von Negativität nicht entmutigen. Qualität wird sich durchsetzen.

Planung

Integrationsprobleme. Langfristige Pläne werden scheitern, wenn die grundlegenden Annahmen, auf denen der Betrieb beruht, nicht verändert werden.

Werbung.

Verfrüht. Der Erfolg hängt ausschließlich von der Qualität der Arbeit ab.

Grundannahmen für den Entscheidungsprozeß

Marketing

Ein langfristiger Erfolg hängt ganz von Ihrer Entschlossenheit ab, zu Ihren Entscheidungen zu stehen – auch im Angesicht von Rückschlägen.

Investition und Finanzierung

Erweitern Sie Ihren Blickwinkel. Organisationen, die mit beweglichen Ressourcen und nicht mit »festen Anlagewerten« wie Grundbesitz arbeiten, sind begünstigt.

Beginn einer Unternehmung

Günstig, wenn Sie entschlossen sind, Wohlstand über Ihren persönlichen Bedarf hinaus zu schaffen. Die Lage ist besonders aussichtsreich, wenn gute Grundsätze eine Rolle spielen. Die Aussichten sind hervorragend.

Unterstützung

Günstig, doch sollten Sie Organisationen auswählen, die bereit sind, Risiken einzugehen, und die wissen, wie man schwierige Vorstellungen vermittelt.

Internationale Geschäfte

Die richtigen Ideen und die richtige Struktur könnten sehr erfolgreich sein. Seien Sie bereit, ein Risiko auf höhere – immaterielle – Werte einzugehen.

Wachstum und Produktivität

Entweder es droht ein Zusammenbruch oder es steht eine Veränderung bevor, die das Wachstum beschleunigen wird.

Urteilsvermögen

Können Sie die Gründe klar und verständlich schriftlich darlegen? Wissen Sie, welche Stufen zu bewältigen sind? Können Sie eine Entscheidung treffen? Sind Sie bereit, dann auch zu Ihrer Entscheidung zu stehen, weil gesunde Gründe dafür gesprochen haben? Können Sie entschlossen bleiben angesichts von Rückschlägen?

Kommunikation

Die Dinge müssen besser verstanden werden. Es könnte sein, daß Sie Hinweise nicht bemerken oder beachten. Verlangen Sie größere Klarheit und fragen Sie nach den Gründen für bestimmte Systeme.

Quellen für Unheil

Ohne Entschlossenheit zur Veränderung, einschließlich der damit verbundenen Arbeit, gibt es kein schöpferisches Wachstum. Selbstsüchtiges Horten von Reichtümern kommt auf jeder Ebene einer Katastrophe gleich.

Quellen für ein Gelingen

Ein fester Entschluß, das eigene Handeln an Motiven auszurichten, die innerlich stimmig und über den Rahmen Ihres Kontostandes hinaus sinnvoll sind. Günstig.

Die Wandlungslinien – Die Brücken zur Zukunft

Anfangs eine Neun

Der Entschluß ist gut. Doch seien Sie vorsichtig. Prüfen Sie sorgfältig, wieweit Sie in der Lage sind, mit Schwierigkeiten umzugehen. Sie wollen doch nicht gleich durch ein unverdauliches Problem gestoppt werden, jetzt, da Ihr Entschluß noch frisch und die Energie groß ist.

Neun auf zweitem Platz

Vertrauen Sie Ihrem Verstand, aber üben Sie Besonnenheit. Halten Sie Augen und Ohren offen. Es kann sein, daß die Lage offen und unkompliziert ist, aber es kann auch das Gegenteil der Fall sein. Die Situation verlangt, daß Sie entspannt, aber wachsam, zuversichtlich, aber nicht unvorsichtig sind. Der Aufgabe gewachsen zu sein ist eine Sache der persönlichen Stärke wie auch persönlicher Fähigkeit.

Neun auf drittem Platz

Schwierig. Die Lage ist peinlich; Sie riskieren, daß Ihr guter Ruf in Frage gestellt wird (ungerechtfertigterweise), da Sie mit Leuten verkehren, die einen schlechten Ruf haben. Was können Sie da tun? Wenn Sie diese Leute offen bloßstellen, werden diese – ihrem schlechten Ruf entsprechend – versuchen, Sie mithinunterzuziehen. Wenn Sie es nicht tun, werden die Leute, deren Achtung Sie verdienen, sich in ihrer Kooperationsbereitschaft zurückhalten. Wenn Sie aber die Wahrheit kennen und sich selber treu bleiben, können Sie die Sache durchstehen, ohne irreparablen Schaden zu erleiden. Die Lektion hier lautet: Meiden Sie den Verkehr mit Leuten oder Organisationen, die nicht bereit sind, Ihre Verhaltensmaßstäbe anzuerkennen.

Neun auf viertem Platz

Halten Sie ein – oder es wird Sie teuer zu stehen kommen. Sie sind im Irrtum. Das *I Ging* hat recht.

Neun auf fünftem Platz

Der andere ist im Irrtum. Sie sind im Recht. Geben Sie den Kampf nicht auf.

Oben eine Sechs

Am schwersten ist es, sich selbst zu prüfen, ob man zu Schwäche neigt, wenn alles schon fast in Ordnung gebracht ist. Es ist aber wichtig, daß Sie eine wirkliche, zu Herzen gehende Anstrengung unternehmen. Machen Sie sich diese Lage bewußt. Es gibt noch ein oder zwei wichtige Dinge zu bereinigen.

Hexagramm 44

Das Entgegenkommen

Das Urteil

Wenn nicht die falschen Leute ermutigt werden, Erfolg. Seien Sie vorsichtig, wen Sie einstellen oder ins Vertrauen ziehen. Achten Sie auf »untergrabende« Einflüsse oder falschen äußeren Schein.

Die Erfordernisse im besonderen

Wenn Sie nicht persönlich hingehen können, schicken Sie einen Abgesandten. Informieren Sie sich ausgiebig über die Auswirkungen Ihrer Entscheidungen, damit Sie wissen, welchen Weg Sie in Zukunft einzuschlagen haben.

Das Klima

Eine gewisse Gefahr, daß spontan eine Initiative von der falschen Seite in Ihren Tätigkeitsbereich eindringt. Diesen Leuten sollte keine Macht gegeben werden.

Der gedankliche Rahmen

Die Gesamtsituation ist allgemein stark, fortschrittlich und schöpferisch. Das ist aber nicht alles. Es kommt ein neues Element ins Spiel, das berücksichtigt werden muß. Es geschieht häufig, daß zu einer Zeit, da die Dinge gut laufen, eine Kraft der Versuchung, meist festzumachen in der Person eines einzelnen, die Bühne betritt und einen Schatten auf die Ereignisse zu werfen droht. Es ist wichtig, diese Kraft als das zu erkennen, was sie wirklich ist. Ihr Einfluß ist nur dadurch so stark, daß sie in direktem Kontrast zur übrigen Situation steht. Das Symbol für diese Kraft ist die Yin-Linie auf erstem Platz (siehe *Wandlungslinien*). Es ist die einzige Yin-Linie gegenüber fünf starken Yang-Linien. Ihre Stellung als unterste Linie deutet auf ihre subtile, einschleichende Natur hin.

Im vorangegangenen Hexagramm nahm die Yin-Linie den obersten Platz ein gegenüber fünf darunterliegenden starken Yang-Linien.

Es handelte sich dabei um eine heimtückische Kraft, die es zu überwinden galt, obwohl sie in ihrer Stärke nicht leicht abzuschätzen war.

Grundannahmen für den Entscheidungsprozeß

Die folgenden Einschätzungen gelten vorbehaltlich der Auskünfte, die in den Wandlungslinien gegeben werden. Die Wandlungslinien haben immer Vorrang.

Management

Geben Sie acht, wen Sie befördern. Um die Motivation einer Kraft zu verstehen, die eine Anziehung auf Sie ausübt, ist es notwendig, Ihre eigene Motivation zu verstehen. Das verlangt eine gewisse persönliche Prüfung. Wenn Sie dazu nicht in der Lage sind, können Sie nicht verhindern, daß die falschen Einflüsse sich einnisten, aus dem einfachen Grund, weil Sie sie nicht als solche erkennen. Es fehlt nicht unbedingt an der Fähigkeit, eine Einschätzung vorzunehmen, aber diese Fähigkeit will genutzt werden. In einem erweiterten Sinne geht es hier auch um die Frage, welche Vorstellungen und Werte gefördert werden und in welchem Ausmaß dies geschieht.

Urteilsvermögen

Das Urteilsvermögen ist immer begrenzt durch den Grad der eigenen Selbsterkenntnis. Das ist einfach eine Tatsache. Hier ist sein Wert entscheidend für die langfristige Entwicklung. Sie dürfen Menschen und Ideen nicht oberflächlich betrachten, sondern müssen sie als Ganzes sehen, da die Folgen weitreichender sind als das, was im Augenblick erkennbar ist. Es bedarf daher gewisser Anstrengungen, sowohl auf die Wirkungen als auch auf die Ursachen zu schauen.

Werbung

Was propagieren Sie? Genau? Welche anderen Vorstellungen werden durch die verwendeten Bilder noch angesprochen? Welche Assoziationskonzepte werden bevorzugt? Es wird darauf hingewiesen, daß ein erfolgreiches Bild universell anspricht, wenn es einen universellen Wert widerspiegelt – einen Wert, der bereits im Markt vorhanden ist, und nicht einer, der erfunden oder aufgezwungen ist.

Marketing

Günstig.

Kommunikation

Stark und effektiv.

Investition und Finanzierung

Günstig, doch schauen Sie sich sorgfältig die Vorgeschichte und die Ergebnisse der Vergangenheit an; überlegen Sie, welche Vorstellungen hinter dem stehen, was erreicht werden soll; sehen Sie nicht auf den Geldwert. Wenn Sie in Ideen investieren, die eine schöpferische Eigenständigkeit eher schwächen, dann investieren Sie in Ideen, die letztendlich scheitern werden. Stattdessen sollte der Trend zu schöpferischem Wandel gefördert werden.

Beginn einer Unternehmung

Günstig, doch haben Sie Geduld.

Unterstützung

Es ist noch früh am Tag. Starten Sie nicht zu schnell. Die Tendenz ist sehr positiv, aber lassen Sie die Dinge reifen. Wenn Sie alles, was oben gesagt wurde, sorgfältig beachten und entsprechend handeln, sollten Sie sich aktiv um Unterstützung durch andere bemühen. Die bekannte Anforderung, Ihre Vorstellungen in klarer und verständlicher Form (einfach, unzweideutig – die Kennzeichen von Klarheit und Erfolg) zu präsentieren, wird unterstrichen. Sollten Sie noch Zweifel hegen, handeln Sie nicht. Sie können erst abheben, wenn Ihnen selbst alles kristallklar ist. Das ist eine Grundvoraussetzung für jeden Start. Die Klarheit muß durch ständige Überprüfung der Situation, der Mittel *und* Wirkungen entwickelt werden. Bedenken Sie, daß jemand, der Sie unterstützt, nicht immer auf die weitreichenden Wirkungen eines Angebotes schaut, sondern nur auf potentielle Gewinnmöglichkeiten und auf die Zusammenarbeit, die zu diesem Zweck zustandekommen kann. Daher sollten Sie sich über die Wirkungen im klaren sein und diese gleichermaßen hervorheben. Wenn ein solches Vorgehen nicht die Zustimmung prospektiver Käufer findet, sagt dies etwas über die Käufer aus, nicht über Sie. Sie sind nicht die richtigen Leute, um Sie zu unterstützen. Die richtigen Leute werden immer weitsichtiger sein und vortreffliche Gründe haben, vielleicht sogar mehr als Sie selbst. Wenn Sie beginnen, die Dinge durch diese Brille zu betrachten, werden Sie Täuschungen, soweit vorhanden, erkennen.

Feedback

Zunächst schwer zu interpretieren. Überlassen Sie anderen die Initiative. Seien Sie nicht zu sehr auf Feedback erpicht. Es sollte spontan kommen, wenn es einen wirklichen Wert haben soll.

Planung

Einen guten Planer erkennt man daran, wie gut er die Folgen einer Aktion langfristig abschätzen kann. Einen guten Planer braucht man nicht für die nahe Zukunft – dazu reicht ein guter Instinkt und eine gute Intuition, die mit einem Blick auf die weitere Zukunft verbunden sein können, aber nicht sein müssen. Eine gute Intuition kann für den Besitzgierigen ebenso wie für den Altruisten funktionieren. Ein guter Langzeitplaner kennt die Samen und weiß, wo er sie zu pflanzen hat. (Vgl. die Hexagramme 1: *Das Schöpferische*, und 2: *Das Empfangende*.)

Wachstum und Produktivität

Günstig.

Verträge und Vereinbarungen

Günstig, vergleichen Sie aber auch die Ausführungen unter *Beginn einer Unternehmung* und *Unterstützung*. Vereinbarungen sollten langfristiger Natur sein, doch wenn Sie sich nicht sicher sind, sollten auch keine kurzfristigen Vereinbarungen getroffen werden.

Sitzungen

Fragen Sie nach, und hören Sie sich die Antworten an. Sind die Antworten verschwommen oder mehrdeutig, so gibt es verborgene Motive und Absichten. Warum ist dies so? Langfristig vertrauen können Sie nur denen, die auf offen und klar gestellte Nachfragen auch klar und offen reagieren. Gehen Sie während der Sitzung keine Verpflichtung ein. Warten Sie immer, bis Sie alles, was mitgeteilt wurde, verdaut haben.

Risiken

Gehen Sie kein Risiko ein. Langsames Vorgehen ist angesagt.

Betriebsmanagement

Geben Sie acht, wen Sie einstellen oder wem Sie eine verantwortliche Stellung anbieten. Geben Sie acht, wen Sie mit wertvollen Ideen und Aufgaben betrauen. Es könnte eine Einflußströmung geben, die wenn sie entsprechend genährt wird, Energien aufsaugt, Vertrauen mißbraucht, die Kreativität angreift, die Ziele in Frage stellt, das Vertrauen untergräbt und an der Entschlossenheit nagt. Es handelt sich um eine in ihrem Bemühen nicht nachlassende, sich einschleichende Kraft. Öffnen Sie nicht »Vampirkräften« die Tür. Unterscheiden Sie gut. Ein weiser, wohlüberlegter Mensch erkennt eine sich einschleichende Gegenkraft bereits in ihren Anfängen. Notieren Sie erste Eindrücke; Menschen, die auf den ersten Blick unzuverlässig erscheinen mögen, können sich letztlich als treue Freunde herausstellen.

Es gibt Möglichkeiten, mit solchen Situationen umzugehen. Befragen Sie erneut das *I Ging* hinsichtlich der speziellen Art und Weise, in der Sie vorgehen sollten. Vergleichen Sie hierzu auch die Hexagramme 21: *Das Entschiedensein,* und 43: *Der Durchbruch.*

Haltung

Anders als in Hexagramm 43: *Der Durchbruch,* wo der unterhöhlende Einfluß raffiniert und äußerst verschlagen ist, ist der untergrabende Einfluß hier nicht so absichtsvoll verschlagen. Er erscheint verschlagen wegen seiner vermeintlichen Unschuld, seiner scheinbaren Schwäche. Es ist *mehr seine Stellung,* die ihn verschlagen macht als seine eigene Absicht. Es kann geschehen, daß man einen Keim in den Lauf der Dinge legt, der wachsen und Verwirrung stiften wird, obwohl er damit nur dem Gesetz seiner wahren Natur gehorcht. Nachdem der Keim gelegt ist, bedarf er keiner weiteren Überwachung. Die Baumeister können darauf vertrauen, daß er sein zerstörerisches Werk vollbringt, da der Prozeß automatisch abläuft.

Wenn aber eine solche Kraft erst einmal bewußt erkannt ist, kann die schöpferische Kraft den Keim und seine Auswüchse im günstigsten Augenblick zerstören. Die schwierigste Aufgabe besteht darin, bereits den *Keim* zu erkennen, da man sich leicht an seine Gegenwart gewöhnt und ihn als eine normale »Tatsache des Lebens« abtut. Dieser Mangel an Gewahrsein nährt das Übel und macht es ihm möglich, im entscheidenden Augenblick die Herrschaft zu übernehmen und zu drohen, das ganze Gebäude zum Einsturz zu bringen, was ihm unter Umständen auch gelingt. (Vgl. die Hexagramme 23: *Die Trennung,* und 49: *Die Revolution.*)

Quellen für Unheil

Achten Sie auf entzweiende Einflüsse. Es könnte sich einfach nur um eine Neigung handeln, eine Situation zu akzeptieren, die nur deshalb akzeptabel erscheint, weil sie schwach ist. Das ist der Fehler, den Sie bereuen werden. Sie müssen die Sache unter Kontrolle haben, bevor diese die Kontrolle über Sie gewinnt, was geschehen kann, ohne daß Sie es überhaupt merken. Als erstes muß man lernen, solche Zeiten zu erkennen. Als nächstes muß man lernen, solche Menschen zu erkennen. Es handelt sich um Einflüsse, die über einen längeren Zeitraum wirken – sie dürfen nicht meinen, dieses Element käme einfach zum Vorschein und könnte dann im Keim erstickt werden. Es kann vielmehr einfach in der Atmosphäre vorhanden sein und sein Dasein dadurch verlängern, daß es sich vorübergehend an etwas bindet. Es ist sogar möglich, sich so an die Gegenwart eines solchen Einflusses zu gewöhnen, daß man ihn nach einer Weile als normal hinnimmt und nicht mehr als Bedrohung betrachtet. Sobald er aber (entweder in Gestalt einer Person oder in Gestalt bestimmter Werte) in der Organisation aufsteigt, um eine Position der Stärke und Autorität einzunehmen, zeigt er sein wahres Gesicht. Dies ist der Einfluß, der korrumpieren kann. Er kann gute Arbeit zerstören.

Es sollte allerdings betont werden, daß sich die ganze Kette von Ereignissen nur dann in Bewegung setzen kann, wenn sie von den vorhandenen starken und schöpferischen Elementen dazu eingeladen wird. Daher wird von einer solchen Einladung abgeraten, auch wenn Ihre Position, allen Absichten und Zielsetzungen zum Trotz, uneinnehmbar erscheint. Eine Sache, der man jetzt lange Leine läßt, muß später, wenn sie stärker geworden ist, bekämpft werden.

Quellen für ein Gelingen

Ziel der Übung ist es, die Dinge so zu organisieren, daß eine zusammenhängende Ordnung entsteht. Andere Menschen werden bei der Ausführung behilflich sein.

Die Wandlungslinien – Die Brücken zur Zukunft
Anfangs eine Sechs

Wenn ein Einfluß nicht in Schach gehalten wird, solange er schwach ist, wie wollen Sie ihn dann unter Kontrolle bringen, wenn er größer wird? (Vgl. Hexagramm 37: *Die Familie.*)

Neun auf zweitem Platz

Wie bringen Sie eine unlenksame, aber schwache Kraft so unter Kontrolle, daß sie lernt, sich selbst zu beherrschen? Nicht mit Gewalt. Der betreffenden Person sollte nicht erlaubt werden, die Interessen des Unternehmens zu vertreten. Setzen Sie sie an eine Stelle, wo Sie jederzeit ein Auge darauf haben, was sie tut.

Neun auf drittem Platz

Sie möchten sich einlassen, können aber nicht. Sie sollten sich nicht einlassen, obwohl Sie dies gern möchten. Verwirrung. Der potentielle Schaden ist begrenzt. Das innere Unbehagen ist nicht zu beneiden.

Neun auf viertem Platz

Sie könnten einmal nützlich sein; Sie sollten daher vermeiden, sie zu verärgern.

Neun auf fünftem Platz

Ihre Kontrolle über die Menschen und die ganze Situation ist der Wirkung Ihres Charakters und Ihrer Persönlichkeit zu verdanken. Sie brauchen nicht einmal etwas zu sagen. Die Ordnung kehrt zurück, weil die Prozesse der Natur den Anschein erwecken, es handele sich um etwas Schicksalhaftes. Wo liegt schon der Unterschied?

Oben eine Neun

Wenn andere Sie verachten, weil Sie sich nicht einmischen, so ist es das Problem der anderen. Sie wissen es zu nehmen.

HEXAGRAMM 45

Der Zusammenschluß (Die Gruppe)

Das Urteil

Das Ganze ist mehr als die Summe seiner Teile. Wenn sich Menschen unter einem gemeinsamen Ziel und in einem gemeinsamen Gefühl zusammentun: Erfolg und Gelingen.

Die Erfordernisse im besonderen

Der einzelne gewinnt durch seine Mitgliedschaft in einer größeren Organisation, solange diese eine ehrenwerte und geachtete Führung besitzt. Neue Talente sollten ermutigt werden.

Das Klima

Physische und seelisch-moralische Stärke. Die Sicherheit der zukünftigen Generation beruht auf der vergangenen.

Der gedankliche Rahmen

Es entspricht einer natürlichen Neigung des Menschen, sich in Gruppen zusammenzutun. Dieser Gedanke ist nicht auf Organisationen beschränkt, die sich zu Zwecken der Gewinnerzielung bilden, auch wenn das Zusammenkommen vieler Menschen, die eine zusammenhängende Identität aufweisen, es diesen Organisationen ermöglicht, strahlende und weithin sichtbare Ergebnisse zu erzielen. Der grundlegende Gedanke ist hier der Impuls, mit anderen zusammenzuarbeiten. Hinter diesem Impuls steht ein geistiges Konzept: Das Ganze ist mehr als die Summe seiner Teile.

Was führt aber dazu, daß Menschen sich zusammentun? In Hexagramm 8: *Das Zusammenhalten,* werden die Menschen zusammengehalten durch eine starke Führungspersönlichkeit. Im vorliegenden Fall ist es mehr: eine starke Führungspersönlichkeit *und* eine starke Idee. Beide zusammen lassen ein Ziel entstehen. Die Angehörigen der Gruppe empfinden etwas nicht nur für die anderen Mitglieder, sondern auch für die Ziele der Gruppe. Sie finden sich zusammen, um etwas zu erreichen, wodurch die Identität der Gruppe an Wert gewinnt.

Grundannahmen für den Entscheidungsprozeß

Die folgenden Einschätzungen gelten vorbehaltlich der Auskünfte, die in den Wandlungslinien gegeben werden. Die Wandlungslinien haben immer Vorrang.

Management

Was entschieden gebraucht wird, sind Stärke und Selbstbeherrschung. Sie müssen sich selbst im Griff haben, wenn andere Ihnen ihr Vertrauen schenken sollen. Das Gegenteil davon sind Unentschiedenheit und mangelnde Selbstdisziplin, die all jene abschrecken, die Ihnen folgen würden. Doch dazu bedarf es des Vertrauens, das die Grundlage jeder Arbeitsmoral ist.

Planung

Die Möglichkeiten sind sehr groß. Sind die Zielsetzungen und Absichten klar?

Urteilsvermögen

Nutzen Sie es, um vorbereitende Maßnahmen zu treffen.

Werbung

Große Ideen sind in der Überlegung. Mit genügend Kooperation können sie erfolgreich sein.

Marketing

Der Maßstab, der in Betracht gezogen wird, ist relativ groß; daher ist Koordination ein Schlüsselfaktor. Ansonsten, vorausgesetzt alle anderen Dinge sind gleichbleibend, günstig.

Feedback

Jeder, der eine Schlüsselposition innehat, muß zugänglich sein. Kooperation ist nicht möglich ohne ein positives Handlungsumfeld. Günstig.

Kommunikation

Ausgezeichnet.

Wachstum und Produktivität

Die Dinge stehen noch am Anfang. Das volle Potential ist noch keineswegs verwirklicht. Günstig.

Investition und Finanzierung

Wenn ein starker Sinn für Einheit besteht, kann keiner verlieren. Alles ist zu gewinnen. Günstig.

Beginn einer Unternehmung

Die Zusammenarbeit der Menschen gewinnen ist der erste Schritt. Eigentlich sollte es keine Probleme geben, doch wenn Sie Zweifel haben, sehen Sie nach unter Hexagramm 8: *Das Zusammenhalten.*

Unterstützung

Günstig, doch hängt sie von der Größenordnung des Ertrags ab. Die Ressourcen müssen auf eine breite Palette von Aktivitäten verteilt werden. Es wäre wahrscheinlich besser, wenn es mehr als eine Quelle für Investitionen und Unterstützung gäbe.

Internationale Beziehungen und Geschäfte

Die Lage ist positiv. Wenn gesunde Ziele in aller Offenheit gemeinsam angegangen werden, könnten glänzende und große Dinge erreicht werden. Günstig, wenn Sie in Kategorien der größeren Gemeinschaft denken.

Verträge und Vereinbarungen

Da diese auf dem Urteil der ganzen Gruppe beruhen, liegt das Schwergewicht weniger auf irgendeinem spezifischen Aspekt. Die Überlegungen beziehen sich auf die gesamte Vision, und das Gefühl der Partizipation aller Betroffenen steht als leitende Kraft hinter allen Vereinbarungen. Daher sind diese günstig und erfolgreich.

Quellen für Unheil

Achten Sie auf mögliche Spaltungstendenzen, auf Verhalten, das auf Neid, Eifersucht oder selbstsüchtige Motive schließen läßt, die dem Gedanken des »Zusammenschlusses« zuwiderlaufen. Wenn ein solches Verhalten geduldet wird, kann es zur Verschwendung und zum Diebstahl von Ressourcen kommen (wie bei einem See, dessen Ufer einbrechen). Zu Beginn bedarf es einer gewissen Vorstellung von dem Gesamtprojekt, einschließlich seiner Grenzen. Daher wird soviel Gewicht auf eine korrekte Führung gelegt, denn es fällt in die Verantwortlichkeit dessen, der das Ganze organisiert, gegen die genannten Eventualitäten Vorsorge zu treffen, indem er um die Grenzen des Ganzen in Beziehung zu seinen Teilen weiß.

Quellen für ein Gelingen

Wir sehen hier die Anfänge von Zusammenarbeit in einer gewissen Größenordnung. Sobald das Projekt in Schwung gekommen ist und weiterreift, könnten sich ihm viele Menschen anschließen. Die treibenden Kräfte hinter solchen Initiativen neigen dazu, ihre eigene Richtung zu finden, sobald sie einmal eine gewisse Größe erreicht haben. Wenn Menschen sich zusammentun, stellt dies eine bedeutende Verbesserung für das Ganze dar.

Die Wandlungslinien – Die Brücken zur Zukunft

Anfangs eine Sechs

Ungewißheit und Unsicherheit herrschen vor. Wie können sie überwunden werden? Die Menschen müssen um Aufklärung und Hilfe bitten. Die Führung erkennt, was nottut, und verstärkt die Position des Kollektivs. Ungewißheit entsteht, wenn ein Projekt nicht aufgrund einer klaren Entscheidung begonnen wird, sondern aufgrund des unbestimmten Wunsches, etwas zu tun, aber niemand weiß so recht was. Doch ist die Lage hier so beschaffen, daß Klarheit und Handlungsfähigkeit erzielt werden können.

Sechs auf zweitem Platz

Sie fühlen sich zu bestimmten Menschen hingezogen. Lassen Sie diese Anziehung alles weitere besorgen. Sie brauchen nichts zu planen. Anziehung oder Mitgefühl sind natürliche Gefühle, die durch Resonanz zustande kommen. Diese Resonanz steuert allen Wandel und gibt unserem Leben seine Richtung. Die Frage, wie Resonanz auf globaler Ebene funktioniert, ist noch ein Rätsel, obwohl ihre Existenz unbestritten ist. Wenn dieser Gedanke mit all seinen Implikationen verstanden wird (vgl. Hexagramm 16: *Die Begeisterung*), dann wird man die Gesetze der Anziehung in der Natur ebenso wie in menschlichen Angelegenheiten nicht mehr als etwas Willkürliches betrachten. Die Gesetze der Anziehung sind äußerst spezifisch.

Das *I Ging* selbst hat hier ein zusammenhängendes Begriffssystem anzubieten, mit dessen Hilfe man die Kräfte betrachten kann, die die Anziehung zwischen Menschen bewirken; denn das *I Ging* selbst ist ein System, das auf Resonanz beruht.

Sechs auf drittem Platz

Sie fühlen sich nicht so stark in die Gesamtorganisation integriert, wie es Ihnen lieb wäre. Bis zu einem gewissen Grad wissen Sie, daß dies nicht in Ihrer Hand liegt. Es ist Sache der Organisation, Sie anzuerkennen. Lassen Sie sich aber nicht abschrecken. Es gibt jemanden, der in die Gruppe integriert ist und Ihnen helfen kann. Sie müssen eine bewußte Entscheidung treffen, sich dieser Person mitzuteilen. Aber wissen Sie überhaupt, wer dies sein könnte? Während Sie über diese Zeilen nachdenken, wird Ihnen die richtige Lösung einfallen.

Neun auf viertem Platz

Altruistisches Handeln. Großes Gelingen. Die Menschen fühlen sich auf natürliche Weise zu der Sache und zur Mitarbeit hingezogen. Keine Probleme. Erfolgreicher Ausgang.

Neun auf fünftem Platz

Manche Menschen fühlen sich aus »persönlichen Gründen« von einer Führungspersönlichkeit angezogen. Solche Gründe sind oberflächlicher Natur und zweifellos selbstbezogen. Diese Menschen sind nur dabei, weil sie sich etwas davon für sich versprechen. Die Person an der Spitze ist sich dieses Umstandes bewußt, macht aber keine große Sache daraus. Stattdessen fährt sie im Geist der zu leistenden Arbeit in ihrer Aufgabe fort; das führt dazu, daß sich die Einstellung derer, die aus eigensüchtigen Motiven beigetreten waren, allmählich aber entscheidend verändert.

Oben eine Sechs

Mißverständnis. Sie sollten sich unter vier Augen sehen, aber dies geschieht nicht, und es ist auch nicht Ihre Schuld. Die Person, die Sie falsch eingeschätzt hat, erkennt, daß Sie bestürzt sind, und erkennt ihren Fehler. So kommt es letztlich zu Akzeptanz und Versöhnung. Dadurch entsteht ein neues,, positiveres Klima, um Dinge zu tun.

Hexagramm 46

Das Empordringen (Der Beginn des Aufstiegs)

Das Urteil

Wenn Sie sich viel Mühe geben: großer Erfolg.

Die Erfordernisse im besonderen

Es gibt keine Hindernisse, aber Sie haben hart zu arbeiten. Der Lohn ist objektiv meßbar. Ein Gefühl, wirklich etwas zu erreichen und zustandezubringen. Sehr günstig.

Das Klima

Leicht, wenn Sie die Aufgabe Schritt für Schritt angehen, bis sie zu Ende geführt ist.

Der gedankliche Rahmen

Das Bild ist in diesem Fall einfach. Es ist das Bild des Wachstums. Vorausgesetzt Sie investieren Zeit und Energie, stehen jetzt keine Hindernisse oder inneren Schwierigkeiten dem im Weg, was Sie sich vornehmen. Die Korrelation zwischen Energieeinsatz und Produktion ist höher als gewöhnlich. Der Impuls, zu arbeiten und etwas zu erreichen, ist unvergleichlich. Das ist der Grund, warum *Das Urteil* so gut ausfällt. In der Natur entspricht dies der Zeit. Wenn keine Energie eingesetzt wird, wird nichts geschehen, und sei der Boden noch so fruchtbar und potentiell ertragreich. Hier steht dem Entschluß nichts im Wege, aber der *Wille* muß eingeschaltet werden.

Die Situation bringt auch Zusammenarbeit mit sich. Hinzu kommt die Unterstützung durch Menschen, die *nach* Abschluß der Arbeit auf Ihre Anstrengungen reagieren und Sie beglückwünschen. Doch nicht nur das: Der Zyklus hat zur Folge, daß Sie in eine Position noch größerer Wirksamkeit gehoben werden. Dies ist ein weiterer Grund, warum *Das Urteil* so günstig ist. Die Zeit ist hervorragend, um etwas zu erreichen, indem Sie hart arbeiten.

Grundannahmen für den Entscheidungsprozeß

Die folgenden Einschätzungen gelten vorbehaltlich der Auskünfte, die in den Wandlungslinien gegeben werden. Die Wandlungslinien haben immer Vorrang.

Management

Das Arbeitstempo kann auf natürliche Weise gesteigert werden. Vieles kann erreicht werden, wenn Sie Ihre Gedanken darauf richten. Scheinbare Hemmnisse können leicht bewältigt werden, vorausgesetzt der Wille dazu ist vorhanden.

Planung

Vergangenes Bemühen wird Ertrag bringen. Es könnte zu einer Veränderung des Plans kommen, nachdem das Ausmaß des Erfolgs ausgewertet wurde. Vielleicht kommt Ihnen die Einsicht, daß Sie in Ihren Bestrebungen phantasievoller sein könnten und die Dinge nicht mehr so im Alleingang tun sollten. Günstig.

Kommunikation

Seien Sie aktiv. Unterbreiten Sie viele Vorschläge.

Werbung

Günstig.

Marketing

Gehen Sie weiter hinaus, strengen Sie sich mehr an. Die Ergebnisse könnten erstaunlich sein.

Feedback

Glänzend. Sie könnten sich nichts Besseres erhoffen. Die Zeit begünstigt Sie. Nutzen Sie die vorteilhafte Lage, um zu zeigen, wozu Sie imstande sind.

Wachstum und Produktivität

Wenn die Zahlen nicht senkrecht in die Höhe gehen, haben Sie nicht genug gearbeitet, es liegt nur an Ihnen. Nichts steht im Weg.

Urteilsvermögen

Ausgezeichnet. Nutzen Sie es in vollem Umfang.

Investition und Finanzierung

Dies ist keine rasche »Rein-raus«-Angelegenheit, sondern sie ist das Ergebnis beständiger Willensanstrengung. Fortgesetzter Einsatz wird stattliche Erträge bringen.

Beginn einer Unternehmung

Sehr günstig. Sie können Riesenschritte nach vorn tun oder sich sogar selbständig machen.

Unterstützung

Gehen Sie und äußern Sie Ihre Wünsche. Sie werden feststellen, daß die Leute Ihnen gern zu Diensten sein wollen. Ein so willkommener Empfang fördert den ganzen Prozeß. Zweifeln und Befürchtungen sollten Sie keinen Raum geben.

Verträge und Vereinbarungen

Keine Hemmnisse, aber seien Sie wählerisch. Akzeptieren Sie nicht alles und jedes, bloß weil es Ihnen angeboten wird. Sie können viel aus einer Zeit wie dieser herausholen, wenn Sie bereit sind, Ihre Hausaufgaben zu machen und sich um geeignete Abmachungen zu bemühen. Es gibt keine Einwände gegen Sonderforderungen, da sie gut zum allgemeinen Geist passen.

Timing

Bewahren Sie einen bestimmten Rhythmus. Arbeiten Sie hart. Wenn die Umstände es nicht anders erfordern, sollten Sie bleiben, wo Sie sind, das heißt, die Grundlage Ihrer Tätigkeit beibehalten, um größtmögliche Ergebnisse zu erzielen.

Risiken

Keine. Die Lage ist unabhängig und vollkommen von Ihnen zu kontrollieren. Was Sie als Risiko wahrnehmen, ist ein Zunehmen Ihrer eigenen Scheu. Vergessen Sie sie.

Internationale Geschäfte

Falls erste Kontakte geknüpft werden, sind Kooperation und Entwicklung günstig. Erweitern Sie den Bereich von Joint Ventures.

Quellen für Unheil
Diese liegen nur in einer Haltung der Selbstgefälligkeit. Sonst gibt es keine Quellen für Unheil.

Quellen für ein Gelingen
Beständiges, hartes Arbeiten, gute Kommunikation, Rhythmus, positive Energie.

Die Wandlungslinien – Die Brücken zur Zukunft
Anfangs eine Sechs
Ihre Motivation entspringt einem Gefühl der Verbundenheit mit Menschen, die aufgrund ihrer bevorzugten Stellung mehr bewirken können. Sie bemühen sich daher, sich an diesen Menschen auszurichten. Das bringt Gelingen, denn Sie wissen, wonach sie streben und warum, und so rücken alle Dinge an ihren Platz.

Neun auf zweitem Platz
Zeigen Sie Ihre Arbeit. Seien Sie bereit, sich herauszustellen. Sorgen Sie sich nicht um die »richtigen« Empfehlungsschreiben oder das »richtige« äußere Erscheinungsbild. Selbst in einem hoch institutionalisierten Rahmen von Anerkennungsverfahren können Menschen auf offenkundige Beweise von Entschlossenheit und Befähigung gewogen reagieren.

Neun auf drittem Platz
Klarer, unbehinderter Fortschritt. Dies ist die Zeit, alle Signale auf Grün zu stellen, denn niemand kann sagen, wann sich die Zeiten ändern werden. Geben Sie Zweifeln keinen Raum. Verschwenden Sie keine Gedanken an vorhandene oder mögliche negative Elemente, denn Sie würden damit nur kostbare Zeit vergeuden.

Sechs auf viertem Platz
Die Arbeit ist erfolgreich. Ruhm. Anerkennung, Dank. Sie haben etwas erreicht. Von nun an werden Sie mit neuen Leuten arbeiten.

Sechs auf fünftem Platz
Ausgezeichnet und glückverheißend. Sie können aber den Weg nicht abkürzen. Lassen Sie sich den Erfolg nicht zu Kopf steigen. Das würde zu Mißbrauch führen.

Oben eine Sechs
Energie um ihrer selbst willen zu verbrauchen ist nicht recht. Sie brauchen ein Ziel, einen Plan, einen klaren geistigen Bezugsrahmen, an dem Sie Ihr Fortschreiten ausrichten und messen können. Auf diese Weise können Sie Ihre Energie in nützliche Bahnen lenken und Launen unter Kontrolle halten.

HEXAGRAMM 47

Die Unterdrückung (Die Erschöpfung)

Das Urteil

Sie können etwas Gutes aus dieser Situation machen, obwohl Ihr Vertrauen und Ihr Wert untergraben werden und die Umstände bedrückend sind.

Die Erfordernisse im besonderen

Die falschen Leute sind in Autoritätspositionen, was die Dinge besonders schwierig macht, um so mehr als sie auch unzugänglich für jeden Versuch einer Annäherung sind.

Das Klima

Sie sind erschöpft, doch sind Sie aufgrund der guten Beziehung zu sich selbst in der Lage, äußerlich bedrückende Zustände in einen Zustand persönlicher Zufriedenheit umzuwandeln. Sie sollten die Grenzen Ihrer eigenen Energiereserven erkennen und wissen, wann Sie abschalten müssen. Ruhen Sie sich aus, aber sorgen Sie sich nicht.

Der gedankliche Rahmen

Nur ganz bestimmte Menschen (die Entschlossenheit besitzen und die Fähigkeit, sich bewußt aus dem Auf und Ab des Alltags zu lösen) können eine Lage, die durch Unterdrückung gekennzeichnet ist, zu einem guten Ende bringen. Es gäbe allen Grund, sich elend zu fühlen. Menschen ohne Visionskraft, ohne Güte und ohne Bewußtsein für die höheren Möglichkeiten des Lebens sind in einer Stellung, in der sie die Mehrheit unterdrücken können – politisch gesehen die Herrschaft eines Tyrannen. Jeder Kraftaufwand scheint vergeudet, Anstrengungen führen zu nichts, sie werden nicht belohnt und nicht gefördert. Die Motivation sinkt auf einen dauerhaften Tiefpunkt. Fortschritt ist unmöglich. In solchen Zeiten werden die Menschen mutlos. Wie können Sie in einer Null-Gewinn-Situation gewinnen? Indem Sie sich weigern, sich geschlagen zu geben. Sie machen sich biegsam. Sie vergeuden keine Kraft. Sie reden wenig. Sie bewegen sich langsam. Sie stellen sich so wenig wie möglich heraus. Sie geben nur das Minimum.

Grundannahmen für den Entscheidungsprozeß

Die folgenden Einschätzungen gelten vorbehaltlich der Auskünfte, die in den Wandlungslinien gegeben werden. Die Wandlungslinien haben immer Vorrang.

Management
Vergeuden Sie keine Kraft auf Beschwerden oder Klagen. Beweisen Sie geistige Stärke, indem Sie sich zurückziehen.

Planung
Als Demonstration im Außen sinnlos. Schweigen Sie, was Pläne angeht. Dies ist aber auch nicht der Zeitpunkt, über die Zukunft nachzudenken.

Risiken
Gehen Sie keine ein. Ungünstig.

Urteilsvermögen
Beanspruchen Sie es nicht.

Energie
Sparen Sie Ihre Energie.

Wachstum und Produktivität
Minimal, wenn nicht gleich Null.

Feedback
Negativ.

Beginn einer Unternehmung
Nein. Ungünstig.

Unterstützung
Nein. Ungünstig.

Werbung
Auf keinen Fall sollten Sie Ihren Standpunkt öffentlich machen.

Marketing
Lenken Sie keine Aufmerksamkeit auf sich.

Verträge und Vereinbarungen
Ungünstig. Vereinbaren Sie nichts.

Timing
Dies ist nicht die Zeit.

Kommunikation
Schweigen ist die beste Politik.

Quellen für Unheil
Wenn Sie aufgeben.

Quellen für ein Gelingen
Wenn Sie so wenig wie möglich tun, den Unterdrücker zu unterstützen. Nicht-Kooperation. Tun Sie überhaupt so wenig wie möglich zum gegenwärtigen Zeitpunkt.

Die Wandlungslinien – Die Brücken zur Zukunft

Anfangs eine Sechs
Sie sind niedergeschlagen. Versuchen Sie, diesem Gefühl zu widerstehen, sonst gewinnt es die Oberhand, und Sie werden machtlos.

Neun auf zweitem Platz
Äußerlich scheint alles in Ordnung, und doch haben Sie ein Gefühl tiefer Unzufriedenheit. Sie fühlen sich niedergeschlagen, erschöpft, hoffnungslos. Hilfe ist schon auf dem Weg. Warten Sie also. Üben Sie Geduld und versuchen Sie, ein positives Gefühl zu nähren. Welches positive Gefühl? Seien Sie *dankbar*. Das wird Ihre Lebensgeister unterstützen und Ihnen die Kraft geben auszuharren; so können Sie lernen, die Zeiten zu ändern.

Sechs auf drittem Platz

Verwirrung. Sie haben Ihre Eigenständigkeit, Ihren inneren Halt, Ihre Stärke verloren. Setzen Sie sich hin und überlegen Sie ernsthaft Ihre Lage. Setzen Sie der Rastlosigkeit durch Ruhe und Stille ein Ende. Sie können im Augenblick gar nichts erreichen. Meditieren Sie oder lernen Sie zu meditieren.

Neun auf viertem Platz

Sie können helfen, aber Sie fürchten sich davor, sich tatkräftig zu engagieren, weil Sie sich auf diese Weise exponieren könnten. Doch ist es gerade diese Ängstlichkeit, die Schwierigkeiten anzieht. Am Ende bemächtigt sich Ihr ursprünglicher Impuls der Lage; Sie sollten den Mut haben, zu Ihren Überzeugungen zu stehen und sich nicht zurückzuhalten.

Neun auf fünftem Platz

Sie haben die Kraft und den Willen, für eine Erleichterung der Unterdrückungssituation zu sorgen. Sie haben eine klare Vorstellung, doch ohne die Hilfe anderer, die das Amt und die Macht besitzen, Ihre Vision Wirklichkeit werden zu lassen, können Sie nichts tun. Deren Verhalten ist natürlich zutiefst verachtenswert und beschämend und beleidigt den Geist. Das ist ihr schlechtes Karma. Und selbst diejenigen, denen Sie helfen möchten, die Machtlosen und Unterdrückten, sind blind für das, was die Zeiten erfordern, und erkennen nicht den Retter in ihrer Mitte. Sie sind allein. Aber Sie werden sich durchsetzen. Unternehmen Sie aber jetzt keine Anstrengungen in dem Versuch, andere zu überreden oder deren Zuneigung zu gewinnen. Dafür ist jetzt nicht der richtige Zeitpunkt. Suchen Sie eher Erquickung in der Meditation und sammeln Sie Ihre Kräfte, bis die rechte Zeit von selber kommt. Beten Sie, daß die anderen Erkenntnis erlangen – das ist das Nutzbringendste, was Sie im Augenblick tun können. Die anderen können auch nichts erreichen; ihr Verständnis von Fortschritt ist die schlimmste Art von Selbsttäuschung.

Oben eine Sechs

Sie leiden unter Bewegungslosigkeit und beurteilen Ihre gegenwärtige Lage nach Kriterien der Vergangenheit. Machen Sie die Augen auf und schauen Sie, was wirklich ist. Überprüfen Sie die Beschränkungen – Sie können sie jetzt durchbrechen. Treffen Sie die Entscheidung, dies jetzt zu tun, dann können Sie sich befreien.

HEXAGRAMM 48

Der Brunnen

Das Urteil

Wenn der Vorrat an Weisheit, Wissen und Information genutzt wird, um zu einem umfassenden Verständnis zu gelangen, ist alles in Ordnung. Wenn dieser Vorrat nicht genutzt wird: Unheil.

Die Erfordernisse im besonderen

Ganz gleich, welches die vorherrschenden kulturellen, politischen, sozialen und ideologischen Umstände sind, dieser Gedanke ist grundlegend und umfaßt alles. Wahrheit bleibt Wahrheit, auch wenn die Art und Weise, wie sie sich äußert, sich wandeln mag. (Vgl. Hexagramm 17: *Folge leisten*.)

Das Klima

Neutral insofern, als der Brunnen zur Verfügung steht. Doch wird man ihn nutzen? Positiv, wenn man das Leben selbst als einen Schatz begreift, der den menschlichen Bestrebungen – seien sie zeitlicher oder spiritueller Natur – ihren Sinn verleiht.

Der gedankliche Rahmen

Der Brunnen ist eine Form. Diese Form bringt Nutzen, wenn sie frisches, klares, trinkbares Wasser enthält. Wenn das Wasser frei verfügbar ist und die Menschen herbeikommen können, um es als Quelle kostenloser Nahrung und seelischer Erquickung zu nutzen, kann alles gedeihen. Der Brunnen ist eine Metapher für die Form, die die Wahrheit enthält.

Wenn die Wahrheit nicht zugänglich ist, weil der Brunnen verborgen ist, leiden die Menschen in ihrer Unwissenheit. Wenn der Brunnen zwar nicht verborgen ist, aber die Menschen ihn nicht erkennen, wie können sie dann aus ihm schöpfen? Auch hier ist das Ergebnis, daß sie in Unwissenheit leiden. Man muß den Brunnen zugänglich machen für alle, die ihn brauchen.

Grundannahmen für den Entscheidungsprozeß

Die folgenden Einschätzungen gelten vorbehaltlich der Auskünfte, die in den Wandlungslinien gegeben werden. Die Wandlungslinien haben immer Vorrang.

Management

Wenn das System funktioniert, wird es von zentraler Bedeutung für Ihren Erfolg sein. Es muß umfassend, gut verständlich und nicht zu sehr spezialisiert sein. Im großen und ganzen ist die gedankliche Ausrichtung günstig. (Vgl. Hexagramm 12: *Die Stagnation*, 13: *Gemeinschaft mit Menschen*, 17: *Folge leisten*, und 20: *Ein vollständiger Überblick*.)

Planung

Es könnte gewisse Uneindeutigkeiten geben, aber das beste Kriterium ist Brauchbarkeit und nicht Ästhetik. Welchen Nutzen wird die Sache Ihrer Meinung nach bringen?

Feedback

Es hängt von den Umständen ab, aber die Vorzeichen sind auf jeden Fall positiv.

Werbung

Wird dringend gebraucht.

Marketing

So breit wie möglich. Günstig.

Internationaler Handel

Sie werden ein großes Maß an Kooperation benötigen; Vereinbarungen über Konzessionen oder Lizenzen könnten angezeigt sein. Der Handel birgt die Möglichkeit, globalen Anklang zu finden, wird aber wahrscheinlich auf den lokalen Markt beschränkt bleiben.

Telekommunikation

Hier liegen wahrscheinlich die interessantesten Möglichkeiten. Gehen Sie ihnen nach.

Beginn einer Unternehmung

Seien Sie vorsichtig. Es wird Bedarf an einer soliden finanziellen Unterstützung bestehen.

Unterstützung

Wenn die Unterstützer von der Vision überzeugt werden können, werden sie Ihnen uneingeschränkt folgen. Sind Sie in der Lage, ihnen Ihre Vision deutlich zu machen? Achten Sie darauf, Ihre Vorstellungen in zeitgemäßer Anwendungsform zu präsentieren; stellen Sie Ihre Geschicklichkeit unter Beweis, allerdings ohne die Tatsachen zu verdrehen.

Urteilsvermögen

Sie spekulieren; Ihre Überlegungen sind alles andere als leicht nachzuvollziehen, aber vielleicht sehr ehrgeizig. Das ist in diesem Fall keine Kritik. Denken Sie nicht in kurzfristigen, sondern in mittel- bis langfristigen Zeiträumen. Bauen Sie Ihr Urteilsvermögen auf.

Wachstum und Produktivität

Günstig, doch ist alles möglich. Die Auswirkungen neuer Ideen könnten alles verändern, selbst die Grundlagen, auf die gesellschaftliche Organisationen sich stützen. Können solche Ideen Privatbesitz sein? Das ist moralisch bedenklich, doch könnte es die einzige Möglichkeit sein, um solche Ideen überhaupt erst einmal einzuführen.

Investition und Finanzierung

Sie müssen bereit sein, eine große Verpflichtung einzugehen und müssen an die Ideen glauben. Günstig.

Verträge und Vereinbarungen

Vergewissern Sie sich, daß alle Aspekte abgedeckt werden. Mit größter Wahrscheinlichkeit haben Sie nicht jeden möglichen Fall bedacht. Denken Sie voraus. Welche Gestalt werden diese Ideen in, sagen wir, zehn Jahren annehmen? Welche Grundsätze sind im Spiel? Der springende Punkt ist, daß Ihre Überlegungen umfassender Natur sein müssen, damit es zu einem vollständigen Gedankenaustausch kommen kann. Wenn Sie nicht weit genug gehen, könnte das Ganze dadurch wertlos werden.

Risiken

Ja, in gewissem Sinne. Es gibt viel zu tun, was sich aber in diesem Fall unbedingt lohnt. Die Alternativen versprechen auch nicht mehr, obwohl sie sicherer sein könnten. Sind die Alternativen ebenso weitreichend? Sind sie besser?

Quellen für Unheil

Die Schlüsselfrage, die Sie stellen sollten, lautet: Kommt dies einem genügend breiten Bedürfnis entgegen? Wenn das, was Sie tun, einem solchen Bedürfnis entgegenkommt, tun Sie das Richtige. Wenn nicht, bringt es Unheil – der Aufwand ist vergeudet. Es handelt sich darum, Einrichtungen oder Gelegenheiten verfügbar zu machen. Darum geht es: praktische Anwendbarkeit, Nützlichkeit.

Quellen für ein Gelingen

Seien Sie erfinderisch – helfen Sie den Menschen, sich gegenseitig zu helfen. Tragen Sie alles dazu bei, den Menschen die *Mittel* zu verschaffen, um diesen Gedanken zu verwirklichen, so daß wahrer Nutzen entsteht.

Die Wandlungslinien – Die Brücken zur Zukunft

Anfangs eine Sechs

Diese Person hat nichts zu bieten und sollte nicht um Rat angegangen werden. Sie hat ihren Charakter verdorben. Lassen Sie sie in Ruhe.

Neun auf zweitem Platz

Die Fähigkeit ist vorhanden, doch wird sie nicht optimal genutzt. Das kommt von ungenügender Übung der Verstandeskräfte und davon, daß man sich mit den falschen Menschen abgibt. Wenn Sie Ihre Fähigkeiten nicht nutzen, drohen sie, Ihnen irgendwann verlorenzugehen, so daß alles, was Sie geben könnten, Ihnen schwererfallen wird. Um diesen Zustand zu ändern, sollten Sie Ihre geistigen Fähigkeiten schärfen. (Vgl. Hexagramm 43: *Der Durchbruch.*)

Neun auf drittem Platz

Hier besitzt die betreffende Person große Fähigkeiten, sie hat eine Menge anzubieten, doch ist es eine traurige Lage, da niemand mit ausreichender Klarheit erkennt, wie eine solche Person zu verwenden wäre. Das bedeutet für alle einen Verlust. Doch das Schicksal greift ein und öffnet einige Türen, wenn sich die mißliche Lage nicht bald ändert. Die Gesellschaft sollte solche Menschen nutzen; sie kann sich etwas anderes gar nicht leisten.

Sechs auf viertem Platz
Man beschäftigt sich mit der eigenen Vervollkommnung, Persönlichkeitsentwicklung, Vorbereitung und Übung. Man baut seine Fähigkeiten aus für den Zeitpunkt, wo sie gebraucht werden. Nutzen Sie diese Zeit und holen Sie das Beste aus ihr heraus.

Neun auf fünftem Platz
Es gibt Menschen, die eine natürliche Begabung haben. Sie besitzen eine besondere Gabe für die Menschheit, und man sollte ihre Worte beachten. Es wäre ein großer Segen, wenn man sie ernstnähme. Doch bedarf es bestimmter Umstände, damit sie den rechten Bezug zu den Bedürfnissen der Menschheit finden. Es ist eine Pflicht, solchen Menschen beizustehen und ihnen zu helfen, denn sie sind der Brunnen, und was sie spenden, ist mehr als gut für die Menschen, es ist lebensnotwendig.

Oben eine Sechs
Vergleiche die Ausführungen unter *Der gedankliche Rahmen*. Hier ist der Brunnen tatsächlich verfügbar als nie versiegende Nahrungsquelle. Seine Natur ist so beschaffen, daß er um so reichlicher fließt, je mehr er genutzt wird. Der Segen breitet sich immer mehr aus, und alles wird genährt und befruchtet. Diese Lage ist einzigartig.

HEXAGRAMM 49

Die Revolution

Das Urteil

Jede Revolution beginnt damit, daß ein einzelner Mensch eine Vision hat. Nun beginnen die Menschen zu verstehen. Erhabener Erfolg, wenn Sie beharrlich bleiben.

Die Erfordernisse im besonderen

Es wird eine große Veränderung stattfinden; es ist eine gute, natürliche Veränderung, die schon lange intuitiv erkannt wurde und erwartet wird. Doch ist die Lage ernst und sollte nicht auf die leichte Schulter genommen werden. Es gibt einiges zu tun. Konzentrieren Sie sich ausschließlich auf die Hauptveränderungen. Überlassen Sie die anderen Veränderungen sich selbst.

Das Klima

Große Energie, aber achten Sie darauf, daß Ihr Timing genau stimmt.

Der gedankliche Rahmen

Es steht eine Veränderung im Kräftegleichgewicht, eine Veränderung der Führung bevor. Eine neue Kraft wird die Initiative ergreifen. Die Wirkung wird darin bestehen, das Gleichgewicht in allen Hauptstrukturen der Organisation wiederherzustellen. Dieser radikale Wandel kommt auf natürliche Weise zustande; seine Exponenten handeln in bewußtem Einklang mit den vorherrschenden Umständen. Die Revolution erfüllt ein Bedürfnis der Menschen.

Grundannahmen für den Entscheidungsprozeß

Die folgenden Einschätzungen gelten vorbehaltlich der Auskünfte, die in den Wandlungslinien gegeben werden. Die Wandlungslinien haben immer Vorrang.

Management

Es handelt sich um eine Zeit gewaltiger und weitreichender Umstrukturierungsmaßnahmen. Diese sollten in ihrer Gesamtheit erkannt sein, bevor der erste Schritt getan wird. Es muß eine klare Vorstellung vom Ganzen vorhanden sein. Doch sollten die Maßnahmen auf jeden Fall durchgeführt werden, da ein eindeutiger Bedarf herrscht. Grundannahmen müssen der neuen Zeit angepaßt werden; sie müssen geändert, erweitert und genau ins Auge gefaßt werden; es muß Raum geschaffen werden. Die Voraussetzungen stimmen, so daß alle Schlüsselentscheidungen getroffen werden können. Verstricken Sie sich nicht in Einzelheiten oder in konventionelle Verfahrensfragen. Die Zeit muß beim Schopf gepackt werden, um Dinge zu verändern.

Planung

Der Plan erfordert sorgfältige Integration. Wenn sich kein Gesamtmuster herausschält, ist etwas daran falsch. Außerdem muß der Plan in seiner Grundstruktur einfach sein. Es gilt herauszufinden, welches die Haupterfordernisse sind; die Mittel und Wege, diesen Erfordernissen zu entsprechen, verleihen dieser außergewöhnlichen Zeit ihre Berechtigung und ihre Kraft. Sie sollten prüfen und gegenprüfen, um sicherzustellen, daß die Struktur den Erfordernissen entspricht. Bereiche, die an den Erfordernissen vorbeigeplant sind, werden später das ganze Strickzeug »aufribbeln«. Auf diese Grundstruktur können die anderen Funktionsebenen aufgesetzt werden und so weiter. Gibt es ein Muster?

Wachstum und Produktivität

Stellen Sie fest, in welche Richtung die Veränderung gehen soll. Sie können nicht erwarten, einen nennenswerten Nutzen – öffentlicher oder persönlicher Natur – zu erzielen, solange Sie nicht alle Kräfte in die Richtung konzentrieren, die die Zeit Ihnen vorgibt. Günstig, wenn Sie es verstehen, die Zeichen der Zeit zu erkennen und mit dem Wandel gehen.

Investition und Finanzierung

Die Aufgabenstellung verändert sich. Es ist entweder eine Zeit für große Verluste oder eine Zeit großer Möglichkeiten. Wenn Sie den Trend vorausgesehen haben, wird Ihnen die innere Logik des Wandels klar sein, und Sie werden wissen, was zu tun ist. Schreiben Sie die wichtigsten Gedanken unter zwei Oberbegriffen auf: die wichtigsten personellen Veränderungen (Erweiterung von Möglichkeiten) und die wichtigsten sozialen und politischen Kräfte. Ist ein Muster erkennbar? Seien Sie bereit, Ihre eigenen Schlüsse daraus zu ziehen; die »qualifizierten« Meinungen anderer könnten von Ihrer Meinung abweichen. Schenken Sie Ihren eigenen Argumenten Aufmerksamkeit.

Werbung

Verändern Sie das Image, aber nicht nur kosmetisch. Wenn sich darin ein wirklicher Wandel im Herzen ausdrückt, günstig.

Marketing

Verändern Sie die Herangehensweise.

Regierung

Eine Veränderung – entweder der Regierung oder der Form der Regierung. Es bedarf radikaler Veränderungen in der Politik, um den sich wandelnden Bedürfnissen der Menschen gerecht zu werden; dabei sollte man bei den Menschen mit den dringendsten Bedürfnissen beginnen und sich dann entlang der Wohlstandsskala emporarbeiten.

Feedback

Natürlich und produktiv. Aber mißbrauchen Sie es nicht, und mißbrauchen Sie nicht das Vertrauen anderer.

Beginn einer Unternehmung

Günstig, wenn Sie darauf eingestellt sind, von überkommenen Denk- und Handlungsmustern Abschied zu nehmen. Hinaus mit dem Alten, herein mit dem Neuen. Das muß aber selektiv vonstatten gehen. Sie müssen gut unterscheiden, denn vieles ist es noch wert, beibehalten zu werden.

Unterstützung

Günstig und natürlich, doch seien Sie darauf vorbereitet, beharrlich zu bleiben und den Zweifeln anderer zu widerstehen.

Verträge und Vereinbarungen

Die Formen bedürfen einer Veränderung. Es müssen neue Rechte und Pflichten geschaffen werden. Sonst günstig.

Urteilsvermögen

Wenn Sie für die Aufgabe der Richtige sind, können Sie Ihrem Urteil vertrauen.

Internationale Geschäfte

Es wird zu Veränderungen in der Politik und in Vereinbarungen kommen, doch ist Kooperation von Seiten zu erwarten, die bisher nicht zur Kooperation bereit waren.

Kommunikation

Direkt und aufrichtig. Dies ist nicht die Zeit für Geheimnisse.

Risiken

Die Situation erscheint riskant, aber sie ist es nicht; es ist eine Zeit, in der Veränderungen notwendig sind und erwartet werden. Die Herausforderung besteht darin, daß diese Veränderungen weitreichenden Charakter haben und daß viele der neuen Ideen noch unerprobt sind. Trotz allem müssen Sie aber den Schritt nach vorn tun und neue Systeme und Methoden einführen. Beschränken Sie sich aber auf Veränderungen der Schlüsselstrukturen und -methoden.

Timing

Lebenswichtig. Sie dürften sich jetzt im Stadium der Vorbereitung befinden, doch ist der Zeitpunkt der tatsächlichen Anwendung und Durchsetzung nicht mehr fern. Die Zeit sollte daher wohlüberlegt zu Vorbereitungen und Besprechungen genutzt werden. Sorgen Sie für ein Höchstmaß an Beratungen. Klarheit in der Kommunikation ist besonders wichtig.

Ressourcen

Eine radikale Neuausrichtung im Einklang mit der Zeit ist erforderlich.

Quellen für Unheil

In einer Zeit der Revolution sind keine Extreme, keine Gewalt und keine Partisanenhaltung gefragt. Wenn die Veränderungen, die ins Auge gefaßt werden, die Umstände nicht wesentlich verbessern, sind sie entweder nicht weitreichend genug oder in sich selbst falsch. Es muß genügend verändert werden, und das in der richtigen Weise (vgl. *Der gedankliche Rahmen*).

Quellen für ein Gelingen

Stellen Sie sich darauf ein, vorhandene Ressourcen an neue Verwendungszwecke anzupassen. Vorausgesetzt eine solche Neuausrichtung ist auf grundlegende Bedürfnisse gerichtet, wird sie erfolgreich sein.

Die Wandlungslinien – Die Brücken zur Zukunft

Anfangs eine Neun

Jede Art von Veränderung sollte aus einer Notwendigkeit erwachsen und nicht aus Verärgerung oder Wut. Es ist wichtig, keine Ideen durchsetzen zu wollen, für die die Zeit nicht reif ist. Auch die Mittel, mit denen solche Veränderungen durchgeführt werden, wollen sorgfältig bedacht werden. Wenn die Veränderungen den Erfordernissen der Zeit entsprechen, können sie mit der rechten Zustimmung rechnen. Sind sie nicht gut auf die Zeiterfordernisse abgestimmt, wird sich eine machtvolle Opposition von seiten derer bemerkbar machen, die ihre Stellung schützen wollen. Solche Leute können für das ganze Unternehmen gefährlich werden; daher sind ein bescheidenes Auftreten und vorsichtige Veränderungen nötig.

Sechs auf zweitem Platz

Es kommt vor, daß leise Andeutungen gegenüber den Mächtigen, daß Veränderungen und eine Neustrukturierung notwendig wären, so beharrlich ignoriert werden, daß der einzige Ausweg darin besteht, eine größere, radikale Neugewichtung der Werte und der Politik herbeizuführen. Das nennt man Revolution. Das erste Erfordernis, um das Ziel zu erreichen, ist eine starke und klar denkende Führung. Eine solche Führung zu unterstützen ist korrekt. Als zweites gilt, daß es unangemessen ist, auf Veränderungen zu warten. Nach einer Zeit sorgfältiger Planung sollte man entschlossen und energisch handeln. Es ist wichtig, sich *vor* einer Veränderung über die neue Lebensweise klar zu werden, die man schaffen will – wie sollte man sonst später wissen, ob man das Richtige getan hat?

Neun auf drittem Platz

Die Zeit der Veränderung ist da. Was soll verändert werden? Was soll unverändert bleiben? Was sind die Grundlagen für die Veränderung? Welche Bedürfnisse sollen erfüllt werden? Welches sind die Gründe, wie ist die politische Linie? Steht für *jeden einzelnen Fall* fest, daß eine Veränderung notwendig ist? In Bereichen, in denen bestimmte Verfahrensweisen wiederholt versagt oder ständig Mißstände verursacht haben, überall dort, wo Klagen an der Tagesordnung waren, muß die Politik geändert und unverzüglich in die Tat umgesetzt werden. Neue Beschwerden sind sorgfältig zu prüfen. Fallen sie in die Kategorie der allgemeinen Erfordernisse?

Neun auf viertem Platz

Ein Wechsel der Regierung; ein Wechsel der Führung. Die Veränderungen müssen die höheren Bedürfnisse der Menschheit widerspiegeln. Es bedarf einer Vision und eines Sprunges nach vorn in lichtere, gerechtere, freundlichere Zeiten. Es muß für die Bedürfnisse der Menschen – angefangen bei den grundlegendsten bis hin zu den höchsten geistigen und schöpferischen Bedürfnissen – gesorgt werden. Eine neue Regierung sollte nicht überlegen, wie sie das Los bestimmter Teile der Gesellschaft verbessern kann, sondern sie muß zu weitreichenden Veränderungen bereit sein, die bewirken, daß das Volk emporgehoben wird. Das Wohl und das Glück des Volkes müssen die greifbaren Folgen der Veränderungen sein. Wenn die getroffenen Maßnahmen diesen hohen Anforderungen nicht genügen, dann sind Selbstsüchtigkeit und Blindheit am Werk, die den Erfordernissen der Zeit nicht angemessen sind. Wenn die neue Politik und ihre Durchsetzung die Dinge nicht *von Grund auf* zum Besseren wendet (wie sehen die neuen Strukturen und die neue Politik aus – ergänzen sie einander?), so werden sie scheitern.

Nur eine Politik, die den Menschen ein neues Lebensgefühl im Alltag gibt – bessere Versorgung, mehr Freiheit, mehr schöpferische Möglichkeiten, weniger Beschränkungen, ein höheres Niveau in allen Dingen – nur eine solche Politik ist korrekt. All dies sind Dinge, die gesehen, angefaßt, gespürt werden können, sie sind *begreifbar* und *sinnvoll*. Obskure Machenschaften werden die notwendigen Veränderungen nicht herbeiführen. Veränderungen zum Besseren zeichnen sich immer durch äußerste Klarheit und Einfachheit aus. Die Menschen spüren es, wenn sie belogen werden; sie wissen, wenn Versprechungen nichts als leere Worte sind; sie spüren genau, was wahr ist. Solche Dinge können nicht verborgen bleiben.

Daraus folgt, daß eine neue Regierung bereit sein muß, ihre theoretischen Annahmen und Methoden, ihre Praktiken und Systeme so umzuorganisieren, daß sie gesündere und intelligentere Wertvorstellungen widerspiegeln. Diese Wertvorstellungen – das wird im *I Ging* deutlich betont – sind immer ausgerichtet am Vorbild der Natur und an den Erfordernissen der Zeit. Was die Zeiten erfordern, hat nie mit der künstlichen Erschaffung von Ereignissen zu tun, sondern es ist immer eine Sache der Wahrheit, der Natur, des Gleichgewichts –

Hexagramm 49

Dinge, die den Menschen ins Herz dringen. Alles andere wäre Selbsttäuschung der gefährlichsten Art. Die Folgen eines ungenügenden Verständnisses dieser Zusammenhänge sind überall um uns herum sichtbar. Das ist der Grund, warum Menschen, die die Eigenschaft klaren, durchdringenden Denkens haben, wirkliche Veränderungen erreichen können. Sie spüren im Herzen, was gebraucht wird, und sehen auch die Schritte, die zur Befriedigung der Bedürfnisse führen. Das System muß den Menschen dienen und sie nicht mit seiner Komplexität und seinen Verdrehungen zu Sklaven machen.

Neun auf fünftem Platz

Sie werden verstanden, noch bevor Sie fragen. Ausgezeichnet. Ihre Wahrnehmung ist gesund, scharfsichtig, zutreffend und ausgewogen. Ihre Art zu handeln wird von anderen sofort akzeptiert und begrüßt, und es herrschen keine Zweifel, was Ihre Befähigung und Ihre Absichten angeht. Wenn Sie Veränderungen herbeiführen, erkennen die Menschen Ihre Politik und die dahinterstehende Philosophie an. Sie unterstützen ihrerseits aktiv eine solche Veränderung, und Sie werden von gutem Willen und großem Gelingen begleitet. Sie könnten sich kein besseres Vorzeichen für die Gunst der Lage wünschen. Ihr eigener innerer Wandel ist ernsthaft und strahlt sichtbar aus.

Oben eine Sechs

Große Veränderungen haben die Eigenschaft, grundlegend und weitreichend zu sein. Es braucht aber seine Zeit, bis solche Veränderungen alle Schichten der Gesellschaft erreichen. Man darf nicht übereifrig oder ungeduldig werden. Solche großen Veränderungen in der politischen Ausrichtung und im Handeln haben ihre eigene Art, die Strukturen der Gesellschaft zu durchdringen, und dabei klären sich die Einzelheiten allmählich auf ganz natürliche Weise. Die Auswirkungen der Veränderung brauchen ihre Zeit, bis sie das ganze Land erfaßt haben, wenn aber der Zeitpunkt richtig gewählt wird und die Erfordernisse der Zeit richtig erkannt sind, werden sie auch den angemessenen Anpassungseffekt erzielen. Die Wirkungen werden zunächst nur oberflächlich erscheinen, doch allmählich werden sie tiefer dringen und zum festen Bestand der neuen Lage gehören.

Man braucht solche Veränderungen nicht bis ins kleinste Detail zu forcieren. Wenn erst einmal die Gesamtstruktur neuer Beziehungen und Möglichkeiten entworfen ist, werden auch die Einzelheiten ihren Platz finden. Es ist wie bei einer Musikkomposition: sobald die neue Tonart und die Grundmelodie festgelegt sind, entstehen der Klangkörper und die Tonvariationen auf natürliche Weise. Es ist daher nicht von kleineren Anpassungsveränderungen an einem bestehenden System die Rede, sondern von einem vollkommen neuen System, einer neuen Umgebung, einem neuen Klima, einer neuen Werteordnung, die als Antwort auf die Erfordernisse der Zeit aufgetaucht sind. Wenn die Zeit für einen solchen Wandel reif ist, ist die alte Struktur nicht mehr dienlich und damit unkorrekt.

HEXAGRAMM 50

Der Tiegel

Das Urteil

Ein Wandel in den Werten und Grundannahmen führt zu einer neuen Kultur; das Detail. Kulturelle Gaben. *Erhabenes Gelingen.*

Die Erfordernisse im besonderen

Arbeitsbeschaffung; der Aufbau der Kultur, der Künste, der Erziehung, der Unterhaltung. Der Ausdruck hoher Ideale und ihre öffentliche Verkündung. Alles, was den freien Ausdruck natürlicher Impulse und Kreativität fördert, genießt großes Ansehen.

Das Klima

Wunderbar; es herrscht eine fruchtbare Atmosphäre für alle Formen kreativen Ausdrucks, die den Grundwerten, auf denen die sozialen Bestrebungen beruhen, Form und Sinn verleihen.

Der gedankliche Rahmen

Sozusagen als Folge des großen sozialen Wandels (wie in Hexagramm 49: *Die Revolution,* beschrieben) kommt es zu einer natürlichen Blüte, in der sich die Ideale manifestieren. Es besteht ein direkter Bezug zu der höheren Verkörperung der Gedanken, die in den Hexagrammen 1: *Das Schöpferische,* und 2: *Das Empfangende,* beschrieben werden. Alles, was man als Ausdruck der Kultur bezeichnen könnte – die Künste, Literatur, Musik, Theater, Design aller Art, Film, Bildhauerei, Malerei – wird hier hervorgehoben. Es ist die Zeit, in der die Ideen Form annehmen und weitervermittelt werden. Der Vorgang der Übersetzung abstrakter Ideen in sichtbare Ausdrucksformen wird hier noch auf den umfassenderen Gedanken des kosmischen Wissens ausgedehnt – die unsichtbare Anhäufung von Wissen und Erfahrungen, die, einmal geboren, nicht mehr verlorengehen können.

Grundannahmen für den Entscheidungsprozeß

Die folgenden Einschätzungen gelten vorbehaltlich der Auskünfte, die in den Wandlungslinien gegeben werden. Die Wandlungslinien haben immer Vorrang.

Management

Konzentrieren Sie sich auf kulturelle und schöpferische Leistungen beziehungsweise Produkte. Die Belegschaft und das Unternehmen sollten ermutigt werden, diese Interessenseite zu entwickeln, auch wenn darauf nicht das Schwergewicht der eigentlichen Arbeit liegt. Sie stellt immer einen ergänzenden Bereich von Belang dar und sollte daher nie vernachlässigt werden.

Planung

Günstig für künstlerische und kulturelle Ideen, Produkte, Shows, Ausstellungen, Messen. Die Betonung liegt auf Innovation und Wandel, Phantasie und Inspiration. Hierfür sollte in jeder Planung Raum vorgesehen werden.

Kommunikation

Ein zentraler Punkt. Alle kulturellen Bestrebungen müssen letztlich denen vorgestellt oder vermittelt werden, die an der Förderung der Entwicklung Interesse haben. Eine konsequente Dokumentation und die getreue Pflege bestimmter Vorstellungen verleihen der Geschichte und den Ideen Kraft und vergrößern den Vorrat an Ideen, die für die Zukunft zur Verfügung stehen. Alle Formen der Kommunikation, die diesen Interessen dienen, sind begünstigt.

Investition und Finanzierung

Alle kulturellen Dinge ziehen Investitionen und Interesse auf sich. Geschäftlich betrachtet liegen gute Vorschläge auf dem Tisch, oder sie sind im Werden. Günstig, wenn Sie diese ernstnehmen. Entwicklung ist günstig.

Internationale Geschäfte

Die gegenseitige Befruchtung durch kulturelle Ideen und Dinge ist von vitaler Bedeutung für den Gesamtzustand der Welt als sozialer Körper. Versuchen Sie, relativ gut gezielte, verbindliche Schritte in diese Richtung zu tun. Günstig.

Feedback

Allmählich, aber positiv. Erwarten Sie keine sofortigen Reaktionen. Die Verbreitung von Ideen braucht ihre Zeit, um durchzusickern und durchzudringen, besitzt aber dennoch bleibenden Wert.

Wachstum und Produktivität

Sofern es sich bei diesem Wachstum um die Verbreitung größerer sozialer und kultureller Ideen handelt oder um Dinge, die solche Bestrebungen in irgendeiner Weise fördern, ist die Zeit vielversprechend. Besondere Beachtung von allem, was mit Kommunikation, Information, Aufzeichnung und Porträtierung zu tun hat, bringt allgemein Nutzen und Erfolg.

Werbung

Allgemein begünstigt, da es sich um direkte Kommunikation mit der Öffentlichkeit handelt. Entsprechend dem Thema dieses Hexagramms ist jede Werbung, die Ideen von wirklichem kulturellen Wert verbreitet, besonders begünstigt.

Urteilsvermögen

Ausgezeichnet. Nutzen Sie die Zeit, so kreativ und innovativ wie möglich zu sein. (Vgl. Hexagramm 22: *Die Anmut.*)

Marketing

Für hohe Ideale: günstig.

Risiken

Ja, aber nur in Ihrer Scheu vor Kommunikation oder in Ihrer Sorge hinsichtlich schwieriger Probleme, wie der Frage von Kommerz versus Kunst. Der Wert von Kunst besteht darin, daß sie dazu beiträgt, Ideen in eine Form zu bringen, damit diese auf breiterer Ebene – national und international – geschätzt werden können. Sie dient der Verständigung und Toleranz zwischen den Völkern, und darum ist sie wertvoll. Günstig, wenn Sie sich eine positive und weniger selbstzentrierte Sichtweise zu eigen machen.

Beginn einer Unternehmung

Die Aussichten für neue Projekte sind hervorragend. Mit Kooperation ist zu rechnen, wenn dies für die Vollendung des Projekts nötig ist.

Unterstützung

Günstig, wenn sie speziell in diesem Stadium gebraucht wird. Unterstützung sollte bei öffentlichen und privaten Quellen gesucht werden.

Verträge und Vereinbarungen

Günstig. Sie (die Vereinbarungen) sind lediglich ein Kanal für die Weiterverbreitung kultureller Ideen.

Quellen für Unheil

Wenn man die breiteren kulturellen Bedürfnisse vernachlässigt, so bringt dies Unheil. Dieser Art von gesellschaftlichem Selbstausdruck muß ausreichende und substantielle Unterstützung gegeben werden, da er die sichtbare Leistung einer Gesellschaft verkörpert und ein wertvoller Ort der Begegnung mit anderen Kulturen ist. Solchen Bedürfnissen eine nachrangige Bedeutung beizumessen, hieße ihren relativen Wert mißzuverstehen. Kulturelle Interessen verdienen Vorrang im Haushaltsplan; sie führen in allen Bereichen geschäftlicher Belange zu Expansion und Wachstum.

Quellen für ein Gelingen

Besondere Aufmerksamkeit für die Künste, die Erziehung und für kulturelle Ideen bringt großes Gelingen.

Die Wandlungslinien – Die Brücken zur Zukunft

Anfangs eine Sechs

Trotz grundlegender Benachteiligungen können Sie Erfolg haben, wenn Sie bereit sind, in Ihrer Tätigkeit und in Ihrem Leben aufzuräumen. Es wird sich eine Gelegenheit bieten, Ihre Talente zu beweisen und zu entwickeln. Die Menschen werden Interesse zeigen, weil Sie in dem, was Sie angehen, ernsthaft sind.

Neun auf zweitem Platz

Übernehmen Sie ein bedeutendes Projekt, das Ihre Fähigkeiten zur Geltung kommen läßt und sowohl eine Herausforderung als auch einen Beitrag zur Kultur darstellt. Verwenden Sie nicht zuviel Zeit auf Tagträumereien, was die Möglichkeiten angeht, sondern machen Sie sich ans Werk; Sie sollten auch nicht damit prahlen oder sich in Eigenlob erschöpfen. Es zählt nur, was Sie zustandebringen. Wenn Sie vorgeben, mehr geleistet zu haben, als es den Tatsachen entspricht, werden Sie auf Mißbilligung stoßen.

Neun auf drittem Platz

Sie sind beunruhigt, da Sie vieles von großem Wert anzubieten haben, sich aber noch nicht die richtigen Wege für Sie geöffnet haben. Das könnte Sie beim Fortfahren in Ihrer Arbeit behindern und Ihre Einstellung verderben. Versuchen Sie, dies nicht zuzulassen. Es wird die Zeit kommen, da Ihre Arbeit angemessene Verwendung finden wird. Dann sollten Sie nicht den Fehler begehen, Ihre bisherige Arbeit zu sehr zu kritisieren. Sie ist in Ordnung.

Neun auf viertem Platz

Sie verschwenden Ihre Gelegenheiten, Talente und Ressourcen. Aus diesem Grunde scheitert das Werk. Eine solche Lage ist nicht lobenswert, da Sie die Möglichkeit haben, diese aber nicht nutzen.

Sechs auf fünftem Platz

Die Position ist stark. Das Werk (das in einer Zeit hoher Kultur ins Auge gefaßt wird) zieht die richtige Art von Unterstützung an. Dies ist durch und durch günstig, denn es bedeutet, daß das Werk alle Möglichkeiten hat, auf hohem Niveau vollendet zu werden. Der allgemeine Nutzen ist daher offenkundig.

Oben eine Neun

Sie erbringen eine glänzende kulturelle Leistung, die zu Erkenntnis und Aufklärung beiträgt und Nutzen bringt. Fördern und entwickeln Sie Ihr Werk, denn es ist genau das, was gebraucht wird und in einem höheren Sinn als groß bezeichnet werden kann. Großes Gelingen.

HEXAGRAMM 51

Das Erregende (Der Schock, der Donner)

Das Urteil

Wenn Sie verstehen, was hinter allem Leben steht, können Sie furchtlos handeln und andere führen. Dieses Erkennen kann die Form eines furchtbaren Schocks annehmen. Der Schock wird vorübergehen, aber die Lektion sollten Sie sich merken.

Die Erfordernisse im besonderen

Spirituelle Erkenntnis ist das, was einen Menschen zur Führung befähigt. Nur echtes Verstehen führt zu einem Wissen um die tiefere, ernstere Bedeutung des Lebens, ohne das ein Handeln in Weisheit nicht möglich ist.

Das Klima

Zuerst der Schock, der zu höherer Bewußtheit führt, danach die Ruhe des Verstehens, die Handeln ermöglicht.

Der gedankliche Rahmen

Obwohl Sie durch eine Serie schmerzlicher neuer Einsichten in die Relativität Ihrer Position aufgeschreckt worden sein könnten, verlieren Sie dennoch nicht die Fassung. Die Lage hat Ihre Bewußtheit so erhöht, daß Sie nun imstande sind, die Dinge aus einem viel weiteren Blickwinkel zu betrachten. Sie verspüren auch den Drang zu handeln. Die Bedeutung gewisser Dinge wird klar. Jede Haltung von Bequemlichkeit wird durch Einsichten fortgeblasen, denn nun erkennen Sie sie als Illusion. Die düsteren Winkel Ihrer Wahrnehmung nehmen jetzt Konturen und eine Klarheit an, die Ihnen ein bestimmtes Maß an Gewißheit geben. Der Drang nach klarer, genau umrissener und zielgerichteter Aktivität wird begrüßt.

Die Botschaft dieses Hexagramms ist lebenswichtig und insgesamt positiv. Es handelt von einer Prüfung für diejenigen, die eines Tages die Initiative zur Führung und Leitung ergreifen werden oder diese bereits innehaben. Eine solche Leitungsfunktion gründet sich nicht auf Spekulationen oder auf die Meinung sogenannter »informierter Kreise«, sondern auf eine Erkenntnis von Wahrheit und von Herzensdingen, die zu grundlegenden, unausweichlichen Einsichten in die wahre Natur der Dinge führt. Solchen Menschen kann man zutrauen, daß sie in der Lage sind, qualitative Unterscheidungen zu treffen, die zur Annahme korrekter Richtlinien und Pläne führen. Daher ist der Wert der hier beschriebenen Erfahrung – die immer ganz persönlich, äußerst rar und immer bedeutsam ist – von allererstem Rang.

Grundannahmen für den Entscheidungsprozeß

Die folgenden Einschätzungen gelten vorbehaltlich der Auskünfte, die in den Wandlungslinien gegeben werden. Die Wandlungslinien haben immer Vorrang.

Management

Wenden Sie das, was Sie jetzt gelernt haben, auf die Angelegenheiten des Unternehmens an. Tun Sie dies nicht, so werden Sie wiederholte Mahnungen erhalten. Doch wenn Sie sich daran ausrichten, ist die Tendenz positiv.

Planung

Günstig. Wenn in der Vorausschau Ihres Planes einige Abänderungen nötig sind, sollten Sie diese ohne Zögern vornehmen. Sie werden sich sehr lohnen.

Kommunikation

Gut. Wenn die Richtung des Handelns stimmt, wird Kooperation folgen.

Feedback

Akkurat.

Wachstum und Produktivität

Es besteht jetzt jede Wahrscheinlichkeit, daß Sie etwas erreichen.

Werbung

Seien Sie geduldig. Zunächst einmal werden neue Erkenntnisse ganz von allein kommen, später heißt es dann arbeiten.

Marketing

Geben Sie neuen Ideen Zeit, etwas mehr verdaut zu werden. Weitere Besprechung mit Kollegen ist angezeigt.

Investition und Finanzierung

Fürchten Sie nichts, wenn Sie sich erst einmal selbst Klarheit verschafft haben. Wenden Sie Ihre Überredungskünste an, und seien Sie energisch. Ihre Ideen sind zwar gewagt, aber es sind wahrscheinlich die besten, die Sie je hatten.

Urteilsvermögen

Es wird stufenweise klarer. Sorgen Sie dafür, daß sich auch die letzten Nebel aufklaren.

Beginn einer Unternehmung

Die Zeit dafür kommt gewiß bald. Seien Sie positiv, und ignorieren Sie Zweifel und Befürchtungen.

Unterstützung

Solider, als Sie bisher erwartet haben.

Verträge und Vereinbarungen

Jede Veränderung wird eine Verbesserung sein.

Quellen für Unheil

Nehmen Sie sich die Zeit, Ihre Motive zu überprüfen. Hierin werden Sie die Quelle allen Unheils entdecken; es kann verhindert werden, wenn Sie die Gründe für Ihr Handeln verändern. Dazu gehört vielleicht einfach ein Glaube.

Quellen für ein Gelingen

Die Gesetzmäßigkeiten, die für die Kultur gelten, sind ebenso klar wie jene, die für die Grundbedürfnisse gelten (vgl. die Hexagramme 48: *Der Brunnen*, und 50: *Der Tiegel*). Die Dinge haben eine Ordnung, und bisweilen müssen Sie Ihrem Herzen folgen, wenn Ihr Kopf nicht klar genug ist. Das führt zu Gelingen. Sie können sich der größeren Ordnung auch nicht mit der geringsten Hoffnung auf bleibenden Erfolg widersetzen.

Die Wandlungslinien – Die Brücken zur Zukunft

Anfangs eine Neun

Sie haben Ihren Stand nicht verloren, doch haben Sie das Gefühl, als sei Ihre Position durch Umstände verändert worden, die außerhalb Ihrer Kontrolle liegen. Diese Neuanpassung hat aber ihre Richtigkeit, und es wird Ihnen damit bessergehen; haben Sie keine Sorge.

Sechs auf zweitem Platz

Die Situation ist ähnlich wie die in Hexagramm 33: *Der Rückzug*, wo es notwendig ist, daß man sich angesichts von Verlusten in Sicherheit bringen muß. Hier jedoch ist der Verlust nur vorübergehend, und es sollte nicht unnötig gehandelt werden. Sie haben die Angelegenheit nicht wirksam unter Kontrolle, suchen Sie daher Schutz und warten Sie ab. Am Ende werden Sie feststellen, daß Sie nichts verloren haben. Das plötzliche Geschehen hat nur vorübergehend die Dinge aus dem Lot gebracht. Um Ihre Postition wiederaufnehmen zu können, wo Sie sie verlassen haben, müssen Sie sich schützen, aber ändern Sie nichts an der Ordnung, indem Sie etwa beharrliche Forderungen stellen.

Sechs auf drittem Platz

Erschütterungen – die Kräfte des Schicksals sind am Werk. Alles wird gut, wenn dies Sie zum Handeln bewegt. Wenn Sie nicht handeln, gehen Sie leer aus. Fassen Sie sich und handeln Sie dann – das heißt, daß Sie alle Sinne beisammenhalten müssen. Wenn nötig, seien Sie entdeckungsfreudig in der Richtung, in die Sie gestoßen wurden.

Neun auf viertem Platz

Es ist schwer zu wissen, was Sie in dieser mißlichen Lage tun sollten oder tun können. Trotz des anhaltenden Drucks sind Sie dank Ihrer natürlichen Beweglichkeit in der Lage, das Gleichgewicht zu wahren und sogar in der Arbeit fortzufahren. Glücklicherweise bewahren Sie die Kontrolle über die Situation.

Sechs auf fünftem Platz

Trotz des anhaltenden Sperrfeuers verlieren Sie nicht Ihre innere Mitte. Das ist hervorragend, denn es bedeutet, daß die Initiative noch immer eindeutig in Ihrer Hand liegt. Nutzen Sie sie und handeln Sie.

Oben eine Sechs
Ein Schockzustand. Sie brauchen Ruhe und Erholung, bis Sie wieder ganz Sie selbst sind. Sorgen Sie sich nicht um das, was andere Leute denken mögen. Wie könnten Sie irgendwie von Nutzen sein, solange Sie Ihr Gleichgewicht noch nicht wiedergefunden haben? Ziehen Sie sich zurück und ruhen Sie sich aus.

Hexagramm 52

Das Stillehalten (Der Berg)

Das Urteil

Günstig, wenn Sie wissen, wie Sie das Beste aus sich und anderen herausholen; es ist dasselbe, wie zu wissen, wie Sie Entspannungsübungen benutzen können, um gestärkter an die Arbeit zu gehen und die Dinge besser in ihrem richtigen Verhältnis zu sehen.

Die Erfordernisse im besonderen

Das Erreichen von Gelassenheit (heitere Ruhe) als normaler Rahmen für die Arbeit sagt am meisten über eine Persönlichkeit aus. Konzentrieren Sie sich auf die vorliegende Angelegenheit.

Das Klima

Es herrscht nicht Ruhe, sondern Ruhe ist das Erfordernis; es geht um die Mittel, wie man sie erreicht. Die tatsächliche Situation ist durch eine Spannung gekennzeichnet, die durch egozentrische Haltungen hervorgerufen wurde.

Der gedankliche Rahmen

Dieses Hexagramm betrifft die unmittelbaren Arbeitsbedingungen. Der zentrale Gedanke besagt hier nichts anderes als was der gesunde Menschenverstand diktiert: daß die Menschen am besten arbeiten, wenn sie ausgeruht und entspannt sind; wenn sie nicht damit beschäftigt sind, ihr Ego zu verteidigen; wenn sie sich nicht um die Zukunft sorgen; wenn ihr Geist wach ist. Mit anderen Worten: Wenn für glückliche Arbeitsbedingungen gesorgt wird, ausreichende Entlohnung, ausgewogene Arbeits- und Ruhezeiten, dann ermöglicht dies dem einzelnen ein Maximum an Konzentration und Effektivität in der Arbeit. Dies gilt für alle alltäglichen Arbeitsbedingungen. Das Fehlen eines der genannten Faktoren führt zu einem Ungleichgewicht des Ganzen und löst eine Kettenreaktion aus. Unzureichende Ruhezeiten und ein falsches Arbeitstempo (zu schnell oder zu langsam) verursachen Spannung, die wiederum dazu führt, daß die Konzentration nachläßt. Eine verminderte Konzentration führt zu unproduktivem Verhalten und allgemeiner Unzufriedenheit.

Zweitens, wenn in den Beziehungen zwischen den Mitarbeitern eines Unternehmens kein entspannter, informeller Stil vorherrscht, das heißt, wenn nicht etwas vorhanden ist, das die Bemühungen aller auf ein gemeinsames Ziel richtet, dann sind die Leute nur noch damit beschäftigt, ihren Status aufrechtzuerhalten. Das Bestreben, den anderen immer um eine Nasenlänge voraus zu sein, und andere kindische Symptome beginnen dann das emotionale Gleichgewicht zu verderben; wieder ist das Ergebnis Unzufriedenheit und ein Qualitäts- und Produktivitätsabfall.

Drittens, eine ausreichende Entlohnung – nicht nur als Motivationsfaktor, sondern auch als ein Mittel, um den einzelnen von seinen finanziellen Sorgen zu entlasten – ist ein ebenfalls absolut notwendiger und zentraler Faktor, wenn Qualität und Produktivität gewahrt bleiben sollen. Wenn die Entlohnung nicht wirklich angemessen oder gerecht organisiert ist, nehmen es die Leute übel, und die Abwärtsspirale setzt sich in Gang.

Das heißt, eine Ausgewogenheit dieser drei Schlüsselfaktoren führt zu einem glücklichen, produktiven und qualitativ guten Arbeitsteam, in dem der innere Frieden im Mittelpunkt steht. Nur aus einem solchen Seelenzustand kann wirkliches Verständnis erwachsen.

Diese Grundsätze gelten unabhängig von der Größenordnung einer Organisation. Wenn die Umgebung nicht erfreulich und wohltuend ist, sind die Menschen nicht bereit, sich damit willig und glücklich abzufinden. Der Druck, für eine angemessene Entlohnung kämpfen zu müssen, kann die Menschen dazu zwingen, Dinge zu schlucken, die falsch und ungerecht sind – das aber ist, wie schon ausführlich an anderer Stelle dargelegt, nicht Arbeit, sondern Sklaverei. Ein Klima der inneren Erregung führt zu schlechten Entscheidungen und zum Niedergang. Hier wird das natürliche Gleichgewicht verletzt, und selbst der mißbrauchte Grundsatz »jeder für sich« funktioniert nicht. Wenn man sich hingegen um das gesamte Team ausreichend kümmert, werden damit im gleichen Maße Qualität und Produktivität gefördert. Die grundlegende Verantwortung, diese Faktoren ins Gleichgewicht zu bringen, liegt bei den Strukturplanern der Organisation. (Vgl. die Hexagramme 20: *Ein vollständiger Überblick*, 27: *Die Ernährung*, 32: *Die Dauer*, 48: *Der Brunnen*, und 49: *Die Revolution*.)

Grundannahmen für den Entscheidungsprozeß

Die folgenden Einschätzungen gelten vorbehaltlich der Auskünfte, die in den Wandlungslinien gegeben werden. Die Wandlungslinien haben immer Vorrang.

Management

Die Frage, die beim vierteljährlichen, halbjährlichen oder jährlichen Abschluß zu stellen ist, lautet: *Zu welchen Kosten wurde dieser Gewinn erzielt?* Die Kosten sind in diesem Fall menschliches Leid, Spannung, eine Unzahl von Betriebskrankheiten, Herzinfarkte, unglückliche Menschen und so weiter. Die Sorge um das Wohlergehen der Menschen, um ein geeignetes Klima, um gerechte Entlohnung und alles übrige, was zum Arbeitsgleichgewicht notwendig ist, sollte für die Organisationsplaner erste Priorität haben. Wenn Qualität und Produktivität die Hauptzielsetzungen eines Dienstleistungsunternehmens oder eines Geschäftsbetriebes sind, sollten sich die Entscheidungen am Verstehen der natürlichen Rhythmen orientieren, wie sie in der menschlichen Natur selbst zum Ausdruck kommen. Ohne ein solches Gleichgewicht entsteht eine Spannung, die sich zu einer Unglücksspirale mit vielen Gesichtern auswächst.

Wachstum und Produktivität

Nicht unmittelbar, doch können allmähliche Vorbereitungen getroffen werden.

Investition und Finanzierung

Die Angelegenheit erfordert weitere Überlegungen, bevor Verpflichtungen eingegangen werden können.

Werbung

Die Bilder, die verwendet werden, mögen zwar dynamisch sein, aber sind sie wirklich die geeigneten Träger, um die Vorstellungen über das Unternehmen zu vermitteln? Es könnte ihnen etwas zu »Lautes«, zu »Machohaftes«, zu »Prahlerisches« anhaften oder etwas, das allgemein abstoßend wirkt. Nehmen Sie sich Zeit, um die Qualität des Images zu prüfen.

Marketing

Angespannte Beziehungen. Es braucht eine Ruheperiode.

Vielleicht zu verteidigend (selbstschützend).

Feedback

Kommunikation

Nicht *alle* Informationen kommen durch. Es ist nicht ratsam, Entscheidungen zu treffen, bevor man nicht ein vollständiges Bild hat. Was verhindert den Empfang? Es kommt vor, daß Spannungen zu »unaufrichtigen« Beziehungen führen, die wiederum Mißtrauen erwecken. Die Spirale, die durch einen zunehmenden Vertrauensverlust in Gang gesetzt wird, ist das Todesurteil für jedes Unternehmen. Kooperation ist der wichtigste Bestandteil von Erfolg im Geschäftsleben.

Risiken

Gefährlich, ungünstig.

Beginn einer Unternehmung

Um richtig starten zu können, müssen Sie erst einmal entspannt sein. Schwungkraft kann nicht aus einer Situation hervorgebracht werden, die durch *Spannung im Ruhezustand* gekennzeichnet ist. Der Ruhezustand muß entspannt sein, um *Spannung und Bewegung* zu ermöglichen. Die Natur verlangt, daß diese Beziehung gewahrt bleibt, sonst entstehen Fehlfunktionen, die sich beim einzelnen körperlich, geistig und seelisch und später auch im Unternehmen als Ganzem manifestieren. Zusammenbrüche jeder Art können mit Hilfe der genannten Bedingungen in ihren Ursachen verstanden werden. Alle weiteren Faktoren, Einzelheiten und Besonderheiten leiten sich aus diesen grundlegenden Überlegungen ab.

Unterstützung

Wenn die grundlegende Dynamik stimmt, sollten Sie um Unterstützung nachsuchen, aber noch nicht jetzt. Es bedarf noch weiterer Arbeit. Es ist daher in diesem Stadium kein Urteil über Gelingen oder Unheil beigefügt.

Verträge und Vereinbarungen

Der Schwerpunkt liegt auf der falschen Sache. Zu wenig Flexibilität? Teile müssen neu entworfen werden, um die Dinge ins rechte Verhältnis zu bringen. Unterschreiben Sie nicht, bevor dies nicht geschehen ist.

Quellen für Unheil
Spannung, die durch eine falsche Einstellung ausgelöst wurde, entweder aus Unkenntnis der natürlichen Dynamik oder bewußt – im letzteren Fall liegt ein geistiges Problem vor.

Quellen für ein Gelingen
Ruhe und Entspannung, Bewegung und Anspannung wollen als Zustände begriffen werden, die aufeinander bezogen sind – körperlich, organisch, ganzheitlich. Wenn diese Kräfte in ihrer Dynamik im Gesamtorganismus durcheinandergeraten, ist die Effizienz des ganzen Systems ernsthaft bedroht. Sind sie dagegen auf natürliche Weise ausgewogen, so kann der Organismus gut und wirksam funktionieren (vgl. *Der gedankliche Rahmen*).

Die Wandlungslinien – Die Brücken zur Zukunft
Anfangs eine Sechs
Sie haben noch nicht begonnen. Beginnen Sie noch nicht. Sie wissen um die Bedingungen und die Werte, die die Dinge auf natürliche Weise bewegen. Sie verstehen etwas von den Beziehungen der Kräfte untereinander, und auch wenn Ihr diesbezügliches Verständnis bei weitem nicht vollständig ist, so genügt es doch, um zu begreifen, daß jeder falsche Schritt jetzt, zu Beginn, dazu führen würde, daß sich die Fehler später häufen. Es ist jetzt der Augenblick, innezuhalten und sorgfältig zu überlegen – bevor Sie auch nur das Geringste tun. Auf diese Weise bekommen Sie die intuitive Gewißheit, daß Sie das Richtige tun werden. Dies ist die wichtigste Funktion der Intuition; über ein größeres Instrumentarium für die Entwicklung der Intuition zu verfügen, ganz gleich, welche *Form es annimmt* (vgl. Hexagramm 17: *Folge leisten*), kann nur gut sein. (Vielleicht überlegen Sie einmal, was eine »Technologie der Intuition« bedeuten könnte.) Ein solches Instrumentarium müßte eine zeitgemäße, dem Stand der heutigen Technik angemessene Form haben, um den Erfordernissen der Zeit in jeder Hinsicht gerecht zu werden.

Sechs auf zweitem Platz
Die Organisation gerät ins Stolpern und fällt vornüber, da sie eine falsche Richtung eingeschlagen und in dieser Richtung einen gewissen Schwung erreicht hat. Sobald sie nun also auf ein Hindernis trifft, strauchelt sie. Leider stehen die Dinge so, daß, obwohl Sie die Lage voll durchschauen, Sie nicht die Macht haben, das Geschehen zu

verhindern. Die Lektion für das Management lautet, daß es nicht nur auf Meinungen aus den eigenen Reihen, sondern auch auf die Meinung anderer hören sollte, die es unter Umständen besser wissen. In diesem Fall kommt die Einsicht allerdings erst, nachdem der Schaden bereits angerichtet wurde.

Neun auf drittem Platz

Es ist sehr gefährlich, eine turbulente Bewegung in einen Zustand der Ruhe zu zwingen. Wenn Sie dies versuchen, beginnt der innere Druck, die Umgebung aufzubrechen, und die ganze Struktur beginnt zu bröckeln. Das Verhältnis zwischen Kraft und Umgebung ist so beschaffen, daß es besser ist, die Bewegung langsam abklingen zu lassen; diesen Rat zu erteilen, ist alles, was Sie tun können. Voll in die Bremsen zu gehen wäre katastrophal.

Sechs auf viertem Platz

Sie sind auf dem rechten Weg, die Meisterschaft über sich selbst – das heißt über die treibenden Kräfte des Ego – zu gewinnen. Noch sind Sie nicht ganz angelangt, aber je mehr Sie die Dinge verstehen, desto größer ist Ihre Chance, den erwünschten Zustand der Ruhe, oder genauer ausgedrückt, des Gleichgewichts (eine klare Sicht) zu erlangen. Noch gibt es eine Neigung zu Temperamentsausbrüchen, aber die Kontrolle ist stärker.* Sie sollten keine Zweifel haben.

Sechs auf fünftem Platz

Sie reden zuviel – warum? Weil Sie sich Ihrer selbst nicht sicher sind. Das ist Maulheldentum ohne Substanz. Sparen Sie Ihre Energie. Schweigen Sie.

---

* Das höhere Selbst, dem das *I Ging* in jedem einzelnen Menschen seine Stimme leiht, ist kein Schoßhündchen oder Schmeichler im Dienst der niederen Bestrebungen. Es gibt nicht unbedingt die Antworten, die Sie gern hätten (sofern es das niedere Selbst ist, das sich eine Antwort wünscht). Es gibt vielmehr die höhere Antwort. Es wendet sich an das Höhere in Ihrem Wesen. Wenn Sie und das *I Ging* übereinstimmen, dann übt das Höhere die Macht aus, und Sie sind in Einklang mit dem natürlichen Kreislauf. Jeder Konflikt, dem Sie begegnen, ist ein Konflikt zwischen dem Niederen und dem Höheren in Ihrem eigenen Wesen. In solchen Fällen ist es sicherer – und auch richtig –, sich an das *I Ging* zu halten. In einem sehr konkreten Sinn ist das *I Ging* der Lehrmeister des Ego. So verstanden ist es ein Werkzeug, das untadeliger nicht sein könnte.

Oben eine Neun

Sie sind nun im *Zustand der Ruhe*. Ausgezeichnet. Aus dieser Position heraus können Sie jedes kleinste Detail bewältigen, ohne sich zu erschöpfen. Das ist in höchstem Maße günstig. Ihr Handeln hat große Wirkung, da es aus dem Herzen kommt.

HEXAGRAMM 53

Die Entwicklung (Der allmähliche Fortschritt)

Das Urteil

Gelingen, wenn Sie nicht versuchen, zu schnell (vgl. auch Hexagramm 24: *Die Wiederkehr*) oder zu langsam zu gehen (vgl. Hexagramm 12: *Die Stagnation*).

Die Erfordernisse im besonderen

Über die Ausgangsvoraussetzungen ist Einigung erzielt worden; lassen Sie den Dingen nun ihre Zeit, sich allmählich zu entwickeln, damit das Ergebnis am Ende stark und fest verankert ist.

Das Klima

Wunderschön – ein ruhiger Geist, der jedes übereilte Handeln verhindert, und genügend Unternehmungsgeist, um nach vorn zu gehen.

Der gedankliche Rahmen

Es könnte sein, daß Sie Ihre Position innerhalb der Organisation ins Wanken bringen, indem Sie zu rasch vorankommen wollen, um »die Zukunft beim Schopf zu packen«, bevor die Zeit dafür da ist. Andererseits ist auch ein übervorsichtiges Verhalten nicht angebracht, denn die Dinge sind ständig im Wandel begriffen, und es gilt, damit Schritt zu halten. Sie sollten das Steuer in die Hand nehmen und vorangehen, dabei aber Ihre Ziele und Ihr Tempo streng unter Kontrolle halten. Es bedarf keiner unnötigen und künstlichen Reize oder Stimulantien.

Grundannahmen für den Entscheidungsprozeß

Die folgenden Einschätzungen gelten vorbehaltlich der Auskünfte, die in den Wandlungslinien gegeben werden. Die Wandlungslinien haben immer Vorrang.

Management

Das Grundanliegen besteht darin, die Beziehungen der Menschen untereinander sowohl *allgemein* als auch zwischen den einzelnen Mitgliedern eines Managements-Teams zu verbessern. Das Werk der *allmählichen Entwicklung* läuft genau auf dieses Ziel hinaus, wobei geschäftlicher Erfolg – Gewinne, Geschäfte, Märkte usw. – in diesem Zusammenhang als ein wertvolles Nebenprodukt dieses Entwicklungsprozesses betrachtet werden. Der Gedanke ist der, daß, wenn durch den Einfluß des Managements ein festes Vertrauen und eine gute Kommunikation zwischen den Mitarbeitern geschaffen werden, sich dies auf *jeden Bereich* ihrer Tätigkeit positiv auswirken wird und die besten Grundsätze zu aller Nutzen gewahrt werden.

Planung

Ein rascher Umsatz und eine schnelle Produktion können rasch auf Null absinken. Die Pläne müssen an langfristigen Zielen ausgerichtet werden. Solide geschäftliche Projekte, die imstande sind, die Zeiten zu überdauern, sind begünstigt. Das bedeutet, daß die Projekte anpassungsfähig sein müssen und auch das Management in der Lage sein muß, auf die jeweiligen Erfordernisse der Zeit zu reagieren. Es soll damit gesagt werden, daß eine Neigung vorhanden ist, in einem bestimmten Bereich führend zu sein; das heißt, Einfluß zu haben auf das Wachstum anderer Belange.

Investition und Finanzierung

Eine Investition nach dem Motto »rein-raus« vermehrt sich schlecht. Eine solche Methode bringt wenig. Ihre Überlegungen sollten vielmehr in die Richtung von Ideen gehen, die ein solides Rückgrat für die Zukunft darstellen. Es geht weniger darum, sich nach Geschäftszweigen umzusehen, die vor langer Zeit gegründet wurden, sondern mehr darum, nach Projekten Ausschau zu halten, die das Zeug haben, sich zu festigen und einen guten Stand zu entwickeln. Eine solche Investition ist gesund und steht unter günstigen Vorzeichen. Es kann sein, daß es sich um eine brandneue Idee handelt, die aber einen ganz neuen Entwicklungstrend markiert. Dieser Trend hat etwas mit der Gestaltung der Kultur zu tun und verdient aus diesem Grund gepflegt zu werden. Die Menschen werden mit der Zeit folgen, wenn erst einmal die Schauplätze des Geschehens durch konkrete Investitionen und Verpflichtungen markiert sind. Vieles deutet darauf hin, daß es einer Art greifbarer, sichtbarer »Architektur« bedarf.

Wachstum und Produktivität

Ohne Eile, aber gewiß und stark.

Feedback

Folgen Sie bestehenden Abläufen, aber mit neuen Zielsetzungen. Im Zweifelsfall sollten Sie letzteren den Vorrang geben.

Werbung und Marketing

Wenn die Produkte oder Dienstleistungen neu sind, sollten Sie sie nicht mit einem großen Knall vom Stapel lassen. Umfangreiche Investitionen in Werbung und Marketing werden sich nicht rentieren. Lassen Sie neue Ideen sich allmählich verwurzeln. Wenn sie qualitativ gut sind, werden sie ihren Platz auch ohne großen öffentlichen Pomp und feierlichen Aufzug finden. Natürlich bedarf es einer gewissen Einführung, doch sollte sie vom Stil her eher bescheiden als zu laut sein.

Kommunikation

Günstig.

Beginn einer Unternehmung

Nicht auf eigene Faust. Suchen Sie sich ein Mutterunternehmen. Seien Sie höflich und zuvorkommend.

Unterstützung

Günstig.

Verträge und Vereinbarungen

Sind die Verantwortlichkeiten fair und zur Zufriedenheit aller Beteiligten verteilt? Beruht die Vereinbarung auf Kooperation, und ist dies allen ausdrücklich bewußt? Wenn nicht, sollten Sie diesen Punkt klar und deutlich machen, da hierüber in der Praxis oft viel Verwirrung entsteht. Oft kommt es vor, daß die Beteiligten am Ende dasitzen und Ergebnisse erwarten, ohne etwas dafür zu tun.

Urteilsvermögen

Vorausgesetzt es hat eine moralisch-sittliche Ausrichtung, ist es wahrscheinlich gesund.

Quellen für Unheil

Alles, was darauf ausgerichtet ist, »schnelles Geld« zu machen, schlägt fehl.

Quellen für ein Gelingen

Stetige, langfristige Zielsetzungen rücken die Angelegenheit ins richtige Licht.

Die Wandlungslinien – Die Brücken zur Zukunft

Anfangs eine Sechs

Die Ideen sind vorhanden. Die allgemeine Richtung steht fest. Aber Sie sind allein und ohne Hilfe oder Kooperation von anderen. Das könnte Ihr Fortschreiten behindern. Dennoch ist Ihnen allmähliches Wachstum gewiß, und was Sie erreichen können, wird zu einer soliden Grundlage für die Zukunft. Sorgen Sie sich nicht um das engstirnige Geschwätz, das in unfreundlicher Weise Ihnen gilt. Das spricht nur gegen die anderen, nicht gegen Sie. Günstig.

Sechs auf zweitem Platz

Sie haben einen guten Anfang gemacht. Sie haben die natürliche Veranlagung, alles Glück, das Ihnen zuteil geworden ist, zu teilen. Ausgezeichnet. Vertrauen baut sich auf. Es wird ein angenehmes soziales Umfeld geschaffen.

Neun auf drittem Platz

Jetzt ist nicht die Zeit für dramatische Maßnahmen oder Adressenänderung. Lassen Sie die Dinge sich entwickeln. Vertrauen Sie in den allgemeinen Lauf der Dinge. Mag sein, daß Sie rastlos sind, doch die Richtung stimmt, und Streit wird vermieden. Behaupten Sie Ihre Stellung und sichern Sie diese. Gelingen.

Sechs auf viertem Platz

Dies ist nicht Ihr »Platz«, er entspricht nicht Ihrer Natur. Sie können es sich dort nicht bequem machen, aber Sie können aus dieser Position relativer Sicherheit heraus ein Auge auf die Situation haben. Betrachten Sie die Lage als vorübergehend und machen Sie im Augenblick das Beste daraus, ohne zuviel von sich zu geben. Sie werden diese Lage später, zu einem günstigeren Zeitpunkt, verändern müssen.

Neun auf fünftem Platz

Menschen, die zusammengewürfelt werden oder die sich unter dem Druck der herrschenden Umstände zum Zusammensein entschlossen haben, fühlen sich gegenseitig entfremdet und sind nicht imstande, sich auf einen Standpunkt zu einigen. Die Zeit ist vorübergehend, dauert aber doch eine ganze Weile – etwa zwei bis drei Jahre. Doch wird das Ende positiv und günstig sein, und die richtigen Beziehungen werden harmonisch zustandekommen. Gelingen.

Oben eine Neun

Vollendung. Dem Vorbild, das Sie geschaffen haben, werden andere folgen, und es wird die Zeiten überdauern. Sie werden etwas von Wert hinterlassen, das nicht nur erinnerungswürdig, sondern auch vorbildlich ist. Eine wahrhaft große und leuchtende Sache.

HEXAGRAMM 54

Gesetzlich geregelte Beziehungen

Das Urteil

Gelingen, wenn Sie aus dem Wissen heraus handeln, daß alle Beziehungen zwischen Menschen im irdischen Leben endlich und vergänglich sind.

Die Erfordernisse im besonderen

Das Zustandekommen freiwilliger *und* gesetzlich geregelter Beziehungen. Zu den gesetzlich geregelten Beziehungen gehören die Ehe, Unternehmenszusammenschlüsse oder Anstellungsverträge. Zu den freiwilligen Beziehungen gehören Freundschaften, Beistand und Hilfeleistungen.

Das Klima

Achten Sie darauf, daß es nicht zu Verwirrung hinsichtlich der Stellung und der Identität kommt.

Der gedankliche Rahmen

Hier ergreift die stärkere Seite die Initiative zur Bildung einer gesetzlich geregelten Beziehung, sei es eine Ehe, ein Zusammenschluß oder ein Anstellungsvertrag. Die Beziehung beruht auf gewissen Verhaltensregeln, die entweder durch ein schriftlich niedergelegtes Gesetz geregelt oder durch die Kultur bestimmt sind. Solche Beziehungen müssen klar definiert werden. Um aber zu verhindern, daß eine nicht mehr zu handhabende Situation entsteht, sind gewisse Überlegungen zu berücksichtigen. Erstens, keine Beziehung kann Erfolg haben, ganz gleich, ob sie gesetzlich geregelt oder freiwillig eingegangen wird, wenn nicht eine gewisse Zuneigung zwischen den Parteien besteht. Menschen können nicht ausschließlich nach Regeln und Verordnungen zusammenarbeiten. Es braucht ein gewisses Maß an gegenseitigem Verstehen oder ein gewisses Gefühl der Verbundenheit, sonst wäre die »Liste der Regeln« endlos: sie könnte nie jeden denkbaren Akt des Austausches abdecken. Es muß Raum für Initiative geben, und beide Seiten müssen gewisse Grundsätze akzeptieren. Zweitens, keine Beziehung kann in einem Vakuum existieren; sie sollte vor dem Hintergrund größerer Vorstellungen, nicht zuletzt dem Gedanken an den Tod, verstanden werden. Das *I Ging* sagt deutlich, daß Menschen, die »ihre Augen auf das Große Tor« gerichtet halten, imstande sind, alle Beziehungen in ihrer wahren Verhältnismäßigkeit zu sehen. Innerhalb dieses Rahmens ist Erfolg möglich.

Grundannahmen für den Entscheidungsprozeß

Die folgenden Einschätzungen gelten vorbehaltlich der Auskünfte, die in den Wandlungslinien gegeben werden. Die Wandlungslinien haben immer Vorrang.

Management

Die Anstellungsbedingungen müssen klar sein, doch sind sie keine Garantie für Loyalität und Vertrauen. (Vgl. Hexagramm 7: *Das Heer*.)

Planung

Jeder Plan hat seine Grenzen. Man sollte nicht von Plänen erwarten, daß sie Vorsorge treffen für jede Unwägbarkeit. Finden die Beziehungen zwischen den Menschen Berücksichtigung in der Gesamtplanung?

Werbung

Ungünstig.

Marketing

Ungünstig.

Investition und Finanzierung

Investieren Sie nicht, falls es sich um einen Zusammenschluß oder eine Übernahme handelt.

Wachstum und Produktivität

Machen Sie diesbezüglich keinen Druck.

Verträge und Vereinbarungen

Ungünstig.

Beginn einer Unternehmung
Nicht zu diesem Zeitpunkt.

Unterstützung
Unwahrscheinlich.

Kommunikation
Wenn sie spontan ist, können Sie ihr Glauben schenken. Wenn sie berechnend ist, sollten Sie nicht zuviel planen.

Feedback
Entsprechend der gewohnten Praxis. Sonst nichts Besonderes.

Quellen für Unheil
Mißverständnis durch Fehlkonstruktion.

Quellen für ein Gelingen
Wenn ein wirkliches Gefühl dahintersteht, gibt es Anlaß zu Freude.

Die Wandlungslinien – Die Brücken zur Zukunft

Anfangs eine Neun
Berater und Verwalter mögen zwar nicht im Rampenlicht stehen, aber ihre Stellung im Hintergrund wird durch wahre Freundschaft und das Vertrauen von seiten der Menschen gewürdigt, denen sie dienen und helfen. Das ist schön, und gute Arbeit kann geleistet werden. Wenn solche Helfer jedoch anmaßend werden, kommt es zu einem Konflikt zwischen ihren Pflichten und Problemen der Persönlichkeit.

Neun auf zweitem Platz
Im Idealfall sollten Menschen zusammenarbeiten und einander helfen. Eine der Parteien hält ihre Seite des Geschäftsabschlusses nicht ein. Doch die andere bleibt der Sache selbst angesichts der Schwierigkeit treu.

Sechs auf drittem Platz
Es könnte sein, daß Sie sich Freuden verschaffen auf eine Weise, die Ihren Charakter kompromittiert. Nur eine Person, die allein ist und unerschütterlich Verantwortung trägt, kann diese Lage rechtfertigen. Jede andere spielt mit ihrem Glück.

Neun auf viertem Platz

Die rechte Stellung kommt, da Sie gewartet haben, ohne sich »wegzuwerfen«. Gelingen.

Sechs auf fünftem Platz

Man hat die Verantwortung, ohne darum gebeten worden zu sein, für jemand anderen eine geeignete Stellung zu finden. Obwohl die Person allem Anschein nach eine bessere Position verdient hätte, ist die gefundene dennoch akzeptabel. Gelingen.

Oben eine Sechs

Die Mühe ist umsonst, da sie nicht aufrichtig ist, was nicht verborgen bleibt. Da kann man nichts tun.

HEXAGRAMM 55

Die Fülle

Das Urteil

Erfolg; Sie haben alles, was Sie derzeit brauchen, aber selbst das reicht Ihnen nicht. Lassen Sie das Gefühl der Unzufriedenheit los. Genießen Sie die Zeit, solange sie währt.

Die Erfordernisse im besonderen

Kulturelle Aktivitäten. Sie können und sollten die Initiative ergreifen. Setzen Sie sich ein hohes Leistungsziel. Bringen Sie Ihre schöpferischen Fähigkeiten voll zum Ausdruck. Seien Sie nicht übervorsichtig. Richten Sie Ihre Gedanken nach vorn.

Klima

Uneindeutig. Die Sonne scheint, aber in Ihrem Kopf sind Wolken.

Der gedankliche Rahmen

Hier geht es um die Frage von Führung, Initiativen in kulturellen Dingen, um Befähigung und um die Beherrschung von Verzweiflungszuständen. Die Forderung lautet, die Zeit zu nutzen und das Beste aus Ihren Gaben zu machen. Notieren Sie sich Ihre Ideen; Ihre Pläne dürften in dieser Zeit erleuchtet und inspiriert sein, doch müssen nagende Zweifel und düstere Gefühle vertrieben werden. Sie können die verschiedenste Gestalt annehmen, je nach Menschenschlag. Das Gewahrwerden, daß alles vorübergeht – die Erkenntnis der Vergänglichkeit des Lebens und des Erreichten – kann ein Gefühl der Leere hinterlassen, wenn Sie auf die falsche Seite geraten. Die andere Seite der Medaille ist das Gefühl, daß alles seinen Sinn in sich trägt, doch reichen philosophische Argumente vielleicht nicht aus. Es geht darum, aus dem Dunkel herauszuspringen und sich dafür zu entscheiden, die positive Seite zu sehen, und sei es auch nur, weil dies hilfreicher und produktiver ist.

Die objektive Lage ist in Wirklichkeit sehr hell, und alles geht gut. Die Tatsache, daß die Dinge in Zukunft nicht immer so günstig sein müssen, braucht Sie im gegenwärtigen Stadium nicht zu sorgen. Es ist eine Frage der Ebene: Was Sie erreicht haben, ist relativ in bezug auf Ihre eigene Vergangenheit und nicht auf die Welt insgesamt. Was für Sie groß ist, mag für einen anderen nicht so groß sein; was für Sie ein Tiefstand sein mag, ist vielleicht ein Höhepunkt für jemand anderen. Solche Vergleiche können Sie zur Zeit äußerst schmerzhaft beschäftigen.

Grundannahmen für den Entscheidungsprozeß

Die folgenden Einschätzungen gelten vorbehaltlich der Auskünfte, die in den Wandlungslinien gegeben werden. Die Wandlungslinien haben immer Vorrang.

Management

Sie sollten das Potential, das Sie jetzt erkennen, zur Grundlage Ihrer Zukunftspläne machen. Ihre Vision beruht mit großer Wahrscheinlichkeit auf echter Erkenntnis. Geben Sie ihr Spielraum in den laufenden Geschäften des Unternehmens und, falls nötig, indem Sie eine neue Richtung einschlagen. Es handelt sich nicht um Ahnungen, sondern um eine wirkliche Vision.

Planung

Günstig, vorausgesetzt Sie glauben an den Wert dessen, was Sie tun.

Feedback

Motivieren Sie sich selbst, verlassen Sie sich nicht zu sehr auf Eingebungen von außen. Menschen außerhalb Ihres Kreises können in diesem Stadium nicht Ihre Visionsfähigkeit haben. Später verstehen sie vielleicht die größere Bedeutung Ihrer Ideen.

Werbung und Marketing

Günstiger, als Sie denken.

Investition und Finanzierung

Es geht im Augenblick eher darum, daß Sie Zeit – und nicht so sehr harte Währung – investieren. Nutzen Sie Ihre Zeit so produktiv wie möglich. Die Neigung zu künftigen finanziellen Investitionen dürfte sehr wahrscheinlich den Nagel auf den Kopf treffen. Innovation liegt in der Luft.

Hexagramm 55

Wachstum und Produktivität

Viel besser als Sie denken. Sie haben keine Vorstellung von dem Wert dessen, was Sie getan haben oder welch weitreichende Wirkung es hat oder besser, Sie sehen es zwar, aber das Bild, das Sie sehen, ist grauer als es in Wirklichkeit ist.

Verwaltung und Schreibarbeiten

Jetzt ist dafür die Zeit.

Beginn einer Unternehmung

Schwierig in der Umsetzung, aber keine Eile. Horchen Sie auf neue Ideen.

Unterstützung

Unausweichlich; vielleicht von berufener Seite. Andere könnten ihre Hand leihen, wenn Sie Ihre Ideen bekanntmachen.

Kommunikation

Lassen Sie sich zwei Wochen Zeit und unternehmen Sie dann eine besondere Anstrengung, Ihre gesamte Kommunikation aufeinander abzustimmen. Günstig.

Sitzungen

Günstig. Arrangieren Sie viele.

Urteilsvermögen

Glänzend, aber planen Sie nicht zuviel. Seien Sie spontan. Werden Sie ein wenig lockerer. Manchmal kommt die beste Arbeit auf diese Weise.

Verträge und Vereinbarungen

Sie glauben vielleicht, die Bedingungen seien schlecht, wenn es aber gute Vorerfahrungen gibt, sollten Sie keinen Aufstand machen. Stellen Sie Ihre Forderungen und begründen Sie diese. Seien Sie bereit zu verhandeln, aber erledigen Sie alles innerhalb der nächsten sechs Wochen – zumindest was die Grundsätze im einzelnen angeht. Offenkundig unfaire Bedingungen sollten verworfen werden.

Quellen für Unheil
In einem Meer von Melancholie versinken. Doch wird dies nicht andauern. Das Bild ist als Ganzes sehr günstig.

Quellen für ein Gelingen
Im wesentlichen handelt es sich darum, sich positiv einzustellen, wenn Sie dazu am wenigsten Neigung haben. Es gibt vielleicht einige Chancen wahrzunehmen, die sich auszahlen könnten, so seltsam Ihnen die Angebote auch erscheinen und so sehr Sie zur Vorsicht neigen mögen. Es könnte genau das sein, was die Zeit erfordert.

Die Wandlungslinien – Die Brücken zur Zukunft

Anfangs eine Neun
Der Vorschlag ist ausgezeichnet und wird Erfolg haben. Der Partner ist genau richtig für das Projekt. Arbeiten Sie vertrauensvoll zusammen. Er besitzt die rechte Art von Energie.

Sechs auf zweitem Platz
Ihre Ideen und Ihr Vorschlag sind absolut richtig. Die negative Reaktion, die Sie bekommen, beruht hauptsächlich auf Habgier und Neid. Das ist nicht besonders hilfreich, da es den Fortschritt effektiv behindert, wenn Sie sich aber eine positive Sichtweise bewahren, wird diese die Haltung anderer verwandeln, und die wahre Leuchtkraft Ihrer Idee wird sich mit der Zeit durchsetzen.

Neun auf drittem Platz
Die falschen Leute behindern die Kooperation und den Fortschritt. Diese Leute sind schlecht informiert, es mangelt ihnen an besonderer Befähigung und Integrität, und sie können von anderen dazu benutzt werden, um etwas zu zerstören. Sie sind machtlos in Ihrer Stellung. Doch das wird vorübergehen.

Neun auf viertem Platz
Sie haben die Kraft, die Aufgabe durchzuführen; alles, was Sie brauchen, ist jemand, der die Arbeit leitet. Diese Person tut sich jetzt mit Ihnen zusammen. Sie hat die nötige Erfahrung.

Sechs auf fünftem Platz
Erfolg auf einem sehr hohen Niveau. Dies wird generell anerkannt.

Oben eine Sechs

Das Glück war auf Ihrer Seite, was Ihre Möglichkeiten, Ihre Leistung und zuteilgewordene Hilfe anbetrifft. Jetzt, da Sie alles haben, was Sie sich wünschen, sind Sie nicht bereit zu teilen. Sie horten Ihren Reichtum und schauen sogar noch auf andere herab. Eine solche selbstgefällige Haltung gegenüber dem Glück bringt Sie in eine einsame Lage. Es ist eine Art von Gefängnis.

HEXAGRAMM 56

Der Geschäftsreisende (Der internationale Handel)

Das Urteil

Erfolg. Ein Reisender ist immer ein Fremder, daher sollte er sich jeder Anmaßung enthalten, wenn die Menschen ihm freundlich gesonnen sein sollen.

Die Erfordernisse im besonderen

Reisen ins Ausland; der Reisevertreter; der Diplomat; der internationale Geschäftsmann. Die Dinge müssen effizient erledigt werden. Man sollte nicht zu lange an einem Ort verweilen. Der Gast verhält sich seinen Gastgebern gegenüber respektvoll.

Das Klima

Freundschaftliche Beziehungen, doch übt man Zurückhaltung und wahrt eine Haltung angemessener Vorsicht. Der Reisende ist immer durch falsche Einflüsse verletzbar.

Der gedankliche Rahmen

In einer Welt, in der internationaler Handel, Geschäfts- und Vergnügungsreisen in den entwickelten Ländern zur Norm geworden sind, wird es immer wichtiger, eine Haltung der Offenheit und Freundschaftlichkeit zu pflegen. In jedem Land, in jeder Stadt, die man bereist, ist man Gast. Die Gastgeber sind die Menschen des betreffenden Landes und des jeweiligen gastgebenden Unternehmens oder eine gastgebende Organisation. Man übt daher Respekt und Anstand und erwartet, ebenfalls mit Respekt und Anstand behandelt zu werden. Dies ist die Art, freundschaftliche Beziehungen zu entwickeln. Als Fremder und Gast ist man immer verletzbar durch unvorhergesehene Einflüsse, guter oder schlechter Natur; daher ist es wichtig, eine gewisse Zurückhaltung zu üben. Man kann nicht immer wissen, ob man sich in freundschaftlicher oder feindlicher Gesellschaft befindet.

Grundannahmen für den Entscheidungsprozeß

Die folgenden Einschätzungen gelten vorbehaltlich der Auskünfte, die in den Wandlungslinien gegeben werden. Die Wandlungslinien haben immer Vorrang.

Management

Unvertrautes Gebiet, unvertraute Umstände und Menschen – obwohl Sie vielleicht ein eingefleischter Reisender, internationaler Geschäftsmann oder erfahrener Reisevertreter im eigenen Land oder im Ausland sind. Sie genießen Zusammenarbeit und freundliche Aufnahme, wenn Sie selbst Ihren Gastgebern gegenüber wohlgesonnen sind. Wenn Sie bereit sind, sich deren Gewohnheiten anzupassen und die Regeln des Gastlandes zu befolgen, können Sie erfolgreich sein.

Planung

Günstig.

Wachstum und Produktivität

Günstig.

Feedback

Dieses hängt von Ihrer eigenen Ausgangshaltung ab. Sie können Wärme erwarten, wenn Sie selbst Wärme zeigen.

Kommunikation

Konstruktiv und positiv.

Investition und Finanzierung

Günstig im Ausland oder in Exportgeschäften.

Beginn einer Unternehmung

Seien Sie in Ihren Angeboten und Vorschlägen bescheiden.

Unterstützung

Günstig, wenn Sie bereit sind, Unterstützung weiter in der Ferne zu suchen.

Verträge und Vereinbarungen

Günstig.

Die Wandlungslinien

Urteilsvermögen

Dies ist eine Zeit, da Sie mit vielen neuen Ideen in Kontakt kommen. Seien Sie dafür offen und empfänglich. Teilen Sie Informationen und Ideen mit anderen. Die Gelegenheit, das eigene Bewußtsein im Hinblick auf zukünftiges Urteilsvermögen zu erweitern, ist günstig.

Werbung

Gehen Sie weiter hinaus als üblich.

Marketing

Seien Sie unternehmungsfreudig, aber bleiben Sie höflich. Dringen Sie nicht einfach in anderer Leute Leben ein, ohne Achtung davor, wie diese Menschen üblicherweise leben. Stimmen Sie Ihre Strategien auf den betreffenden Ort ab. Sie sollten auch nicht automatisch davon ausgehen, daß neue Ideen willkommen sind. Führen Sie neue Möglichkeiten behutsam und mit angemessener Rücksichtnahme ein. Es ist entscheidend, den besonderen Humor der Menschen zu verstehen.

Quellen für Unheil

Zu anmaßendes, respektloses und wichtigtuerisches Verhalten auf Reisen.

Quellen für ein Gelingen

Erkennen Sie den Übergangscharakter und die Kurzlebigkeit Ihrer Stellung und machen Sie sich klar, daß Sie in jeder Hinsicht ein Gast im Hause eines anderen Menschen sind. Seien Sie sozusagen bereit, Ihre Schuhe auszuziehen.

Die Wandlungslinien – Die Brücken zur Zukunft

Anfangs eine Sechs

Nehmen Sie eine angemessen ernsthafte Haltung ein, wenn Sie erwarten, selbst ernstgenommen zu werden. Befassen Sie sich mit den wichtigen Angelegenheiten der Reise.

Sechs auf zweitem Platz

Sie finden jemanden, der Ihnen bei der Erledigung Ihrer Geschäfte behilflich sein kann. Ihre Gastgeber erkennen, daß Sie etwas von Wert anzubieten haben, und mit ihrer Hilfe kann ein größerer Nutzen erzielt werden. Sie werden willkommen geheißen, und es werden Ihnen die üblichen Höflichkeiten zuteil: ein Platz zum Bleiben und Einrichtungen, die es Ihnen ermöglichen, Ihre Geschäfte zu tätigen und Menschen zu treffen. Günstig, da Sie keine Ansprüche stellen, die über die Einladung hinausgehen.

Neun auf drittem Platz

Wenn Sie sich durch Ihre Haltung der angebotenen Freundlichkeit und Gesellschaft der Menschen entfremden, bringen Sie sich in Schwierigkeiten. Wie können Sie auch nur das Geringste zustandebringen ohne die Kooperation und Zustimmung Ihrer Gastgeber? Haben Sie vergessen, daß Sie Gast sind im Haus oder Land eines anderen? Wenn es eine Gefahr gibt, so ist sie durch Ihren unangemessenen Dünkel entstanden. Können Sie die Sache wieder in Ordnung bringen?

Neun auf viertem Platz

Sie haben die richtige Haltung und verhalten sich Ihren Gastgebern gegenüber angemessen. Sie haben außerdem etwas Wertvolles anzubieten und können auf die Kooperation Ihrer Gastgeber zählen, um diesen Wert zu noch größerem Nutzen zu mehren. Doch spüren Sie noch immer ein allgemeines Mißtrauen und fühlen sich nicht ganz zu Hause. Sie verhalten sich defensiv. Es gibt keinen Hinweis, daß dies nicht ratsam wäre, und daher wird keine Kritik geübt. Solange Sie den angemessenen Anstand in Ihrem Handeln wahren, können Sie Ihr Streben in den rechten Grenzen halten und erregen keinen Anstoß.

Sechs auf fünftem Platz

Was Sie getan haben, war gut. Sie geben das, was am meisten gebraucht wird, und verschaffen Ihrem Gastgeber einen neuen Interessen- und Aufgabenbereich. Alle waren von Ihnen beeindruckt, und darum werden Sie belohnt. Es ist möglich, daß man Sie bittet zu bleiben und Ihnen eine Aufgabe und Stellung anbietet, die Ihren Fähigkeiten entspricht. Dies ist äußerst vorteilhaft und günstig, auch wenn es sich nicht um Ihr Heimatland handelt. Das Lob ist wohlverdient.

Oben eine Neun

Sie nehmen wichtige Dinge zu sehr auf die leichte Schulter. Ihre Sicherheit zu Hause und im Ausland beruht auf einem Platz, an dem Sie ruhen und Ihre Sachen aufbewahren können. Wenn Sie für diese Dinge nicht genügend Achtung zeigen, sie für unwichtig halten, werden Sie es zu bereuen haben. Es ist unbedingt notwendig, daß Sie Ihre diesbezügliche Sichtweise korrigieren, denn es könnte sein, daß Sie etwas wegwerfen, das für Sie von unermeßlichem Wert ist. Machen Sie sich dies klar, bevor Sie sich darüber lustig machen, als wäre es nichts.

Hexagramm 57

Das Sanfte und Eindringende

Das Urteil

Es mag sein, daß Sie Ihre Erkenntnisse nicht in der Öffentlichkeit oder in großen Worten zum Ausdruck bringen, doch erfassen sie zutiefst das Wesen der Dinge. Nutzen Sie Ihre Erkenntnisse, ganz gleich, wie groß und durchdringend sie sein mögen, für ein Ziel. Sie müssen auf etwas gerichtet werden, dann werden Sie Erfolg haben.

Die Erfordernisse im besonderen

Arbeiten Sie an Ihrem Verständnis der Dinge, ruhig und unaufdringlich. Seien Sie darin beharrlich. Es ist ein Entdeckungsprozeß. Ihre Arbeit bildet den Hintergrund zur Kultur; die Gedanken sind einflußreich, mächtig, sogar von charismatischem Charakter, doch sind sie so umfassend, daß sie leicht für selbstverständlich gehalten werden können.

Das Klima

Äußerste Konzentration. Der dünne Strahl, der auf den Brennpunkt gerichtet ist, dringt tief in das Dunkel ein und offenbart dessen wahre Natur. Die Schleier des Geheimnisses lüften sich allmählich und geben ihre Rätsel für immer preis.

Der gedankliche Rahmen

Der Verstand hat die Macht, tief in die dunkelsten Bereiche vorzudringen. Wir haben es hier mit der Kraft zu tun, Ideen wiederzuerwecken, die lange geschlummert haben, Licht in eine Zeit der Finsternis zu bringen, die Geheimnisse des Dunkels zu enthüllen und neue Einsichten in das Wesen der Dinge zu gewinnen. Das hat nicht nur mit der Kraft der Wahrnehmung zu tun, sondern auch mit der Art und Weise, wie die Wahrnehmung in das Dunkel eindringt – wie ein dünner, konzentrierter Lichtstrahl. Der Geist funktioniert mit der Präzision und Brennkraft eines Laserstrahls; ein Geist, der mit Leuchtkraft und

Klarheit arbeitet. Darin liegt die Macht, Rätsel zu enthüllen und Verbindungen herzustellen, die es bisher nicht gab.

Grundannahmen für den Entscheidungsprozeß

Die folgenden Einschätzungen gelten vorbehaltlich der Auskünfte, die in den Wandlungslinien gegeben werden. Die Wandlungslinien haben immer Vorrang.

Management

Seien Sie geduldig; führen Sie neue Ideen mit Sorgfalt ein; vermeiden Sie eine Überlastung oder Überrumpelung durch neue Ideen oder Erkenntnisdurchbrüche; stellen Sie sich darauf ein, die Begleitung von jemandem anzunehmen, der etwas vom Umgang mit diesen Ideen versteht. Beharrliches Bemühen heißt der Schlüssel, wenn es darum geht, etwas in der rechten Weise einzuprägen und nachhaltigen Einfluß auszuüben. Falls es Praktiken gibt, die nicht mit dem offiziellen und anerkannten Interesse des Unternehmensethos' übereinstimmen, sollten die »Täter« nicht auf frischer Tat ertappt oder gewarnt werden. Man sollte sich eher in Ruhe an sie heranpirschen, bis sie ans Licht gebracht werden können. Die natürliche Reaktion eines Menschen, der nichts Gutes im Sinn führt, besteht darin, sorgfältig Ausschau zu halten und beim ersten Anzeichen, entdeckt zu werden, sich in die finsterste und am schwersten erreichbare Ecke zurückzuziehen.

Planung

Verfolgen Sie Ihre gegenwärtige Richtung ohne Umschweife weiter. Seien Sie bereit, langsam zu arbeiten, vor allem aber sollten Sie sich und das Unternehmen immer wieder an die Hauptzielsetzungen erinnern. Der allmähliche Aufbau der Arbeit kann so langsam vor sich gehen, daß die Menschen die Richtung aus den Augen verlieren. Ständiges Bekräftigen der Richtung (ohne vermehrte Eile) ist die rechte Art, Pläne voranzubringen. Vermeiden Sie Unentschiedenheit.

Forschung und Entwicklung

Zum gegenwärtigen Zeitpunkt erhellende Einsichten. Sehr günstig.

Investition und Finanzierung

Wenn die Arbeit mit der Entwicklung von Ideen, Produkten oder Dienstleistungen zu tun hat, ist die Investition gesund, und man sollte ohne Vorbehalte eine solide langfristige Bindung eingehen. Die Investition wird sich als richtig erweisen.

Beginn einer Unternehmung
Langsam, aber sicher.

Unterstützung
Suchen Sie vertrauensvoll um Unterstützung nach. Seien Sie entschlossen. Reden Sie nicht um Ihre Absichten herum; Sie haben auf jeden Fall die Tendenz zu zaudern und zu schwanken. Ein Unterstützer wird vielleicht nicht erkennen können, daß Sie bereit sind, zu Ihren Ideen zu stehen. Er könnte den Eindruck haben, daß Ihr offenkundig unverbindliches Auftreten ein Zeichen für mangelnden Glauben an das Projekt ist. Er könnte nicht schlimmer im Irrtum sein. Seien Sie also bereit, das wahre Ausmaß Ihrer Überzeugung unter Beweis zu stellen.

Feedback
Es wird uneindeutig erscheinen. Die Antwort darauf ist, daß es entweder besser ist, als es aussieht, oder daß es eine vollkommen falsche Fassade ist. Sie werden es, ohne lang überlegen zu müssen, wissen.

Wachstum und Produktivität
Stetig, aber sicher.

Werbung und Marketing
Das ist bei diesem Hexagramm der schwache Punkt. Es kann allerdings auch sein, daß dieser Aspekt nicht viel Beachtung braucht. Der Stil Ihrer Präsentation sollte nicht ohne Beweiskraft sein oder einen Mangel an Definition aufweisen. Seien Sie klar und präzise, urteilsfreudig und unmißverständlich, was Ihre Ideen angeht. Gemeint ist nicht aufgesetztes Vertrauen mit wenig Substanz dahinter – es geht um die Substanz selbst. Rücken Sie nicht die Substanz durch ein schwaches Unternehmensimage ins falsche Licht.

Kommunikation
Große Befähigung, sehr wirksam zu sein. Richten Sie Ihre Kommunikation mit großer Präzision auf Ihr Ziel, dann werden Sie den gewünschten Punkt treffen.

Verträge und Vereinbarungen
Sie müssen darauf vorbereitet sein, genau anzugeben, was Ihr Projekt in Ihren Augen wert ist, und bereit sein, bei dieser Einschätzung zu bleiben. Sehen Sie sich solange um, bis Sie die richtigen Leute finden,

die Sie unterstützen. Die Bewertung ist der einzige Bereich, in dem die Gefahr besteht, daß Sie übers Ohr gehauen werden. Die Bedingungen und Vereinbarungen werden kaum problematisch sein, vorausgesetzt Sie machen sich die Dinge persönlich zu eigen, lesen jeden Punkt der Vereinbarung sorgfältig durch und versuchen, ihn genau zu verstehen und sich darüber klar zu werden, welche Rechte und Pflichten damit verbunden sind.

Vorrangige Einstellung
Sie müssen das Werk bis zu Ende führen.

Quellen für Unheil
Fallen Sie nicht in eine Haltung der Sanftheit und Milde, die Sie Ihr Ziel aus den Augen verlieren läßt. Lassen Sie nicht zu, daß andere Freundlichkeit als Schwäche auslegen und sie entsprechend ausnutzen.

Quellen für ein Gelingen
Enthüllen Sie das Geheimnis; bringen Sie die Probleme an den Tag; seien Sie klar und entschieden.

Die Wandlungslinien – Die Brücken zur Zukunft
Anfangs eine Sechs
Beim Ermitteln der Pros und Contras eines Problems oder beim Umkreisen einer Idee in dem Bestreben, sie durch Exploration besser zu verstehen, kann man leicht in Verwirrung geraten. Das Überlegen selbst kann zu einer so bohrenden Beschäftigung werden, daß Sie allmählich den Wald vor lauter Bäumen nicht mehr sehen. Gewinnen Sie Ihre Orientierung zurück. Auf welchem Weg befinden Sie sich? Hören sie jetzt damit auf, die Dinge zu gewichten. Peilen Sie Ihr Ziel an, als trügen Sie ein Paar Scheuklappen, das heißt, lassen Sie sich nicht durch die Umgebung ablenken.

Neun auf zweitem Platz
Verfolgen Sie die Einflüsse bis zu ihrem Ursprung. Jemand hat in der Vergangenheit einen Fehler begannen. Benutzen Sie Ihre Intuition. Holen Sie sich Hilfe von Menschen mit hochentwickelten intuitiven Kräften. Notieren Sie sich alles sorgfältig. Die Antworten liegen nicht so einfach auf der Hand, sie liegen irgendwo im unsichtbaren Schattenbereich, aber die Ursache des Fehlers kann gefunden und ans Licht gebracht werden. Licht auf die Sache zu werfen löst die Verwirrung im Nu auf. Das ist, was gefordert wird. Treiben Sie die Geister aus.

Die Wandlungslinien

Neun auf drittem Platz

Man kann behaupten, daß Sie die Lage nun ausreichend gründlich verstehen. Nun wird von Ihnen verlangt, daß Sie nach Ihrem Wissen auch handeln, und zwar energisch. Doch achten Sie darauf, daß Sie sich unter Ihren Kollegen und anderen Angehörigen des gleichen Berufs nicht den Ruf eines verrückten Genies – brillant, aber uneffektiv – einhandeln. Bringen Sie auch etwas zustande.

Sechs auf viertem Platz

Die drei Schlüsselfaktoren kommen zusammen und bilden eine starke Einheit. Großer Erfolg. Sie können auf jeden Fall darauf bauen. Die geleistete Arbeit war gut. Sie stehen in dem Ruf, ein sorgfältig arbeitender und bescheidener Mensch zu sein, und das ist bestens, um die Kooperation anderer für wichtige zukünftige Probleme zu gewinnen.

Neun auf fünftem Platz

Sie müssen die Richtung ändern. Sowohl die Organisation als auch der einzelne müssen sich einer Neuausrichtung unterziehen. Da es sich um eine radikale Veränderung handelt, sollten Sie sich Zeit nehmen, sich geistig darauf vorzubereiten und sich klar zu machen, um was es genau geht. Überlegen Sie alles sorgfältig. Überprüfen Sie es nochmals. Das sollte Sie etwa eine Woche in Anspruch nehmen. Nehmen Sie dann die Veränderung vor und überprüfen Sie laufend jeden neuen Schritt, bis sich das neue Muster zufriedenstellend gesetzt hat. Gelingen.

Oben eine Neun

Sie erkennen das Übel im System. Es genügt, es zu erkennen – Sie sollten sich davor hüten, ihm zu nahezutreten, da Sie es zur Zeit nicht ändern können. Es sollte auf keinen Fall der Versuch unternommen werden, eine solche Kraft herauszufordern. Sehen Sie das Übel, erkennen Sie sein Wesen, merken Sie es sich gut, und lassen Sie es unbedingt in Ruhe.

HEXAGRAMM 58

Das Heitere (Der See)

Das Urteil

Erfolg. Sie haben mehr Freude, und das Lernen macht mehr Spaß, wenn Sie es in der Gesellschaft von Freunden betreiben. Ein Leben in Askese und Absonderung macht jeden Fortschritt schwer und mühsam. Sie können mehr aus guten Zeiten herausholen, wenn Sie sie mit anderen teilen.

Die Erfordernisse im besonderen

Ein fröhliches und gewinnendes soziales Verhalten. Es sollte auf Wesentlichem beruhen und nicht auf Schwäche und falschem Schein. Lernen gemeinsam mit anderen in einer entspannten Atmosphäre. Vertrauen in Menschen, die Sie als Freunde bezeichnen können.

Das Klima

Warm und angenehm.

Der gedankliche Rahmen

(Vgl. auch Hexagramm 55: *Die Fülle.*) Hier herrscht ein Gefühl echter Gemeinschaft; die Arbeit wird von diesem Gefühl getragen. Selbst schwierige Dinge lassen sich leichter angehen, wenn man unter Freunden ist. Hier liegt ein besonderes Augenmerk auf Erziehung, Training und Lernprozessen im allgemeinen. Wenn von Menschen erwartet wird, daß sie sich allein und in einer sozial und physisch unfreundlichen Umgebung durch schwieriges Material hindurcharbeiten sollen, wird ihre Leistung viel zu wünschen übrig lassen. Hier ist das Bild einer wärmenden, freundlichen Umgebung gezeichnet, wo Freunde sich entspannen und sich an den Entdeckungen ihres Lernprozesses erfreuen können. Dies ist vielleicht die angenehmste Lage überhaupt – Dinge müssen geleistet werden und werden auch geleistet, aber ohne angestrengtes Bemühen und ohne gewaltsames Wollen, und doch hat die Qualität nicht darunter zu leiden.

Grundannahmen für den Entscheidungsprozeß

Die folgenden Einschätzungen gelten vorbehaltlich der Auskünfte, die in den Wandlungslinien gegeben werden. Die Wandlungslinien haben immer Vorrang.

Management

Konzentrieren Sie die Energien darauf, die Atmosphäre, in der die Menschen lernen und sich selbst und andere besser kennenlernen können, so angenehm und so anregend wie möglich zu gestalten. Hier wird Ihr Energieeinsatz sich am besten auszahlen.

Planung

Veränderungen der Umgebung und Veränderungen im Trainingsbereich sind notwendig, wenn es der Atmosphäre an natürlicher Leichtigkeit fehlt. Sorgen Sie dafür, daß die Menschen paarweise oder in Gruppen an einzelnen Projekten arbeiten. Die organisatorische Infrastruktur sollte freundliche Beratschlagung ermöglichen. Andere Veränderungen der Infrastruktur fallen unter einen anderen Überlegungsaspekt. Veränderungen dekorativer Art könnten angebracht sein.

Kommunikation

Geben Sie eine Party.

Investition und Finanzierung

Investieren Sie zuerst innerhalb Ihrer eigenen Organisation in Veränderungen der Arbeitsumgebung, in Ausbildung, in die Menschen. Überlegen Sie dann über die unmittelbaren Notwendigkeiten Ihrer eigenen Mitarbeiter hinaus, welche Unternehmen ähnlich über organisatorische Werte denken, und finden Sie mehr darüber heraus. Es ist möglich, daß diese auch an Ihnen interessiert sind. Es geht mehr um eine Sache der Intuition als der Wissenschaft. Fragen Sie Ihre Freunde, wie sie diese Dinge sehen.

Feedback

Hervorragend und ermutigend. Schwierige Dinge werden leicht.

Wachstum und Produktivität

Die Lage ist insgesamt vielversprechend. Erwarten Sie eine weitere Steigerung.

Hexagramm 58

Beginn einer Unternehmung

Günstig, wenn Sie eher mit Freunden als mit »Kollegen« beginnen; Menschen, die Sie mögen, kennen, denen Sie vertrauen und die bereit sind, das Projekt durch hartes Arbeiten zu unterstützen.

Unterstützung

Wenn das Gefühl im eigenen Lager stark genug ist, sollten Sie sich zuversichtlich nach Unterstützern umsehen – vielleicht durch gemeinsame Freunde, die Einblick haben in die Stärke des Managements des neuen Unternehmens. Das kann die beste Referenz überhaupt sein: »Diese Leute werden zusammenarbeiten, weil sie so gute Freunde sind.«

Werbung

Gesellige Bilder – Bilder von Menschen, die miteinander arbeiten und Freude haben. Günstig, in einem ganz alltäglichen Sinn.

Marketing

Äußerlich angenehmes Verhalten; es gibt eine deutlich positive Resonanz, es herrscht ein Gefühl der Erregung. Das kann neue Möglichkeiten eröffnen.

Internationale Geschäfte

Mehr Dialog.

Urteilsvermögen

Teilen Sie Ihre Ansichten mit anderen. Das fördert Ihr eigenes Verständnis und wird zu neuen Einsichten führen. Beim Lernen geht es um Verbinden; Lernen wird durch Austausch genährt und erzeugt ein erfrischendes, abwechslungsreiches Klima. (Vgl. Hexagramm 17: *Folge leisten,* wo die Bedeutung der Anpassung mittels Gedankenaustausch besprochen wird.)

Quellen für Unheil

Wenn Menschen nicht die Möglichkeit gegeben wird, gemeinsam zu arbeiten, oder es aus irgendeinem Grund mißbilligt wird, daß sie Spaß miteinander haben, werden die Produktivität und allgemein die geistige Spannkraft – und mit ihnen die Erträge – sinken. Sie sollten den Dialog und sonstigen Austausch fördern, um einer solchen Tendenz entgegenzuwirken, und die Umgebung aufhellen (mehr Farbe, Musik, usw.).

Quellen für ein Gelingen

(Vgl. Hexagramm 16: *Die Begeisterung.*) Ein positives Gefühl überträgt sich sehr kraftvoll, wenn Menschen gemeinsam an einem Projekt arbeiten. Dies sollte ermutigt und nicht gebremst werden. Lachen ist ansteckend.

Die Wandlungslinien – Die Brücken zur Zukunft

Anfangs eine Neun

Sie sind fröhlich und gesammelt und auf dem richtigen Kurs, ohne plötzliche Ausschläge. Gelingen.

Neun auf zweitem Platz

Dies entspricht eigentlich nicht Ihrem Umgang, und Sie wissen das. Selbst die anderen wissen es, so daß die Versuchung nicht an Sie herangetragen wird. Gelingen.

Sechs auf drittem Platz

Wahrscheinlich geben Sie sich der Täuschung hin, dies würde Spaß machen, doch ist Ihre Vorstellungskraft stärker als die Realität. Wenn Sie diesen Weg wirklich gehen wollen, hält Sie nichts davon ab, aber lohnt sich die Sache wirklich?

Neun auf viertem Platz

Treffen Sie eine sorgfältige Wahl in dem, was Ihnen Spaß macht; je höher und kultivierter, desto besser. Wahres Vergnügen zu pflegen ist eine Kunst. Es ist wirklich wichtig, eine gute Verwendung für die sogenannte Freizeit zu finden; die Zeit sollte auf eine Weise verbracht werden, die Sie persönlich als lohnend empfinden. Es macht überhaupt keinen Sinn, zweifelhafte Dinge zu tun und anschließend noch mehr Zeit darauf zu verschwenden, dies zu bedauern.

Neun auf fünftem Platz

Einige Gewohnheiten sind unredlich. Vermeiden Sie sie.

Oben eine Sechs

Sie haben die falsche Richtung eingeschlagen; Sie haben den falschen Versuchungen und Einflüssen nachgegeben. Sie sollten jetzt versuchen, die Lage zu korrigieren.

HEXAGRAMM 59

Zerstreuung von Reichtum und Auflösung

Das Urteil

Erfolg, wenn Sie verzeihen und vergessen. Durch zurückgehaltenen Groll, Eifersucht und Neid kann sich Spannung aufbauen; wenn Ihnen ein Unrecht geschehen ist, verzeihen Sie. Beseitigen Sie die Stockung. Das Geben und Annehmen von Gefühlen verlangt nach einem reibungslosen Kreislauf.

Die Erfordernisse im besonderen

Bestärken Sie Überzeugungen und das Vorverständnis für die Arbeit. Kommunizieren Sie weltweit; vereinigen Sie Menschen und Zielvorstellungen, indem Sie zu den Menschen hinausgehen. Senden Sie Botschaften und geben Sie Dinge ab, die über eine lange Zeit angehäuft wurden.

Das Klima

Die Luft will bereinigt werden. Eine muffige Atmosphäre wird durch kühlen Wind erfrischt. Es findet eine Veränderung im Herzen statt.

Der gedankliche Rahmen

Der Hauptgedanke ist hier, daß alles ausgeräumt werden muß, was die Leitungen verstopft. Um das Bild der Atmung zu gebrauchen: Es geht darum, den Stau in der Brust aufzulösen, die Nase zu schnupfen und sich zu strecken, um den Lungen Raum zu geben, damit sie sich mit frischer Luft füllen können. Sie müssen befreit werden, wenn der Organismus richtig funktionieren soll. Dasselbe gilt für seelische und geistige Vorgänge. Das Hegen geheimer Rache-, Eifersuchts- oder Neidgefühle schafft Blockaden, die den »seelischen Organismus« daran hindern, frei zu atmen und seine Aufgaben zu erfüllen.

Übertragen auf den Unternehmensbereich bezieht sich das Bild auf der einen Seite auf ein Management-Team, das zu sehr auf dem *status quo* beharrt, um wirksam untereinander oder mit anderen zu kommunizieren (Probleme des Ego), und es bezieht sich auf der anderen Seite auf das Zerstreuen von Ressourcen. Horten ist das Hauptproblem dieser Art von Blockierung. Gelder und Ressourcen, die nicht frei fließen, neigen dazu, das ganze System zu verstopfen. Es müssen organisatorische Strukturen für die Zerstreuung und Verteilung von Kapital und Waren geschaffen werden, damit diese leicht und ohne Behinderung zirkulieren können, nicht nur innerhalb des Unternehmens im engeren Sinne (wo alles seinen Anfang nimmt), sondern auch in der Welt insgesamt. Wenn Blockaden entstehen, bauen sich Leiden und Verschwendung dermaßen auf, daß der ganze Organismus beginnt, sich zu überhitzen, und letztlich ist er erschöpft und stirbt. Dieser Gedanke wurde an anderer Stelle ausführlicher beschrieben.

Dieses Hexagramm stellt nicht so sehr eine Mahnung dar, die Leitungen zu reinigen und das System mit frischer Luft zu füllen, es beschreibt vielmehr einen Prozeß, der bereits im Gange ist. Zerstreuung und Auflösung der Blockierung finden statt mit dem Ergebnis, daß das System effizienter und reibungsloser funktioniert. Bald wird es sich gesünder und funktionsfähiger anfühlen. Wirtschaftlich ausgedrückt bedeutet dies weniger Verschwendung und damit geringere Betriebskosten. Energien und Rohstoffe sind in Bewegung, und der Organismus beginnt, sein eigenes Gleichgewicht zu finden. Im Falle eines multinationalen Unternehmens beginnen die einzelnen Häuser als Teile eines einzigen großen Organismus miteinander zu kommunizieren. Es kommt zu einem engen Zusammenwirken, das einen natürlichen Rhythmus annimmt. (Einzelne Aspekte dieses Prozesses wurden an anderer Stelle besprochen; vgl. Hexagramm 45: *Der Zusammenschluß*, wo eine Führungspersönlichkeit ihre Ressourcen und ihr Team im Dienste einer höheren Ebene, einer Unternehmung oder eines Projekts vereinigt – von der Dynamik her geschieht dort das Gegenteil von dem, was im vorliegenden Hexagramm angesprochen wird. Vgl. auch Hexagramm 40: *Die Befreiung.*) Der Prozeß insgesamt stellt eine allgemeine Steigerung der Effizienz und eine Verbesserung der inneren Einstellung dar und zeigt die Macht, die im Verzeihen liegt, einer nicht zu unterschätzenden Energiequelle, da sie Geist und Verstand in eine positive Richtung freigibt.

Grundannahmen für den Entscheidungsprozeß

Die folgenden Einschätzungen gelten vorbehaltlich der Auskünfte, die in den Wandlungslinien gegeben werden. Die Wandlungslinien haben immer Vorrang.

Management

Es ist eine gute Geschäftspolitik, zu geben, aber auch für Situationen zu sorgen, in denen das Annehmen erwünscht ist. Wie man so sagt: Geben ist göttlicher als Nehmen. Das bedeutet, Dinge durchgehen zu lassen, aus denen man normalerweise ein Problem machen würde. Auch Verzeihen ist göttlich. Sie haben die Mittel, die Atmosphäre zu reinigen, und sollten den besten Gebrauch davon machen. Alle werden den allgemeinen Nutzen spüren. das ganze Unternehmen wird dadurch in die Lage versetzt, seinen Aufgaben besser nachzukommen, auch wenn es fast überflüssig erscheint, darauf hinzuweisen. Machen Sie sich dies zunächst im Geiste bewußt, dann wird Ihr Herz folgen. Andersherum funktioniert die Sache genau so gut. Andere werden Ihrem Beispiel folgen, und Hindernisse werden aus dem Weg geräumt.

Planung

Das Erfüllen von Plänen kann wirksamer beschleunigt werden, wenn das ganze System einer Generalüberholung und Reinigung unterzogen wird. Es ist nicht nur eine Frage, daß man den Wald vor lauter Bäumen nicht sieht – was auch nicht gerade hilfreich ist, wenn es um Zukunftsplanung geht (vgl. gegebenenfalls die Wandlungslinien und das neue Hexagramm) –, sondern es geht darum, wirksam kommunizieren zu können. Konzentrieren Sie sich im Augenblick mehr auf die gegenwärtigen Funktionsabläufe als auf Zukunftspläne – erstere haben Vorrang.

Risiken

Ungünstig.

Wachstum und Produktivität

Keineswegs optimal. Es gibt Raum für erhebliche Verbesserungen mit einem Minimum an Extrakosten und Investitionen. Sie können vorhandene Ressourcen viel besser nutzen, als dies gegenwärtig der Fall ist.

Investition und Finanzierung

Bringen Sie zunächst Ihre eigene Arbeitsweise in Ordnung, bevor Sie größere Möglichkeiten im Tätigkeitsbereich ins Auge fassen. Ist jeder Teil gut versorgt und in reibungslosem Betrieb? Was hindert ihn daran, reibungslos zu funktionieren?

Marketing

Sie könnten einen größeren Aktionsradius haben, wenn Sie vor Ihrer Haustür Ordnung schaffen würden. Gehen Sie nicht weiter nach außen, bevor Sie nicht mehr Platz im Inneren Ihres Hauses geschaffen haben.

Werbung

Die Bilder sind zu hart. Die Leute könnten einen falschen Eindruck bekommen.

Feedback

Sie müssen die Atmosphäre bereinigen. Die gegenwärtige Lage läßt viel zu wünschen übrig. Es ist Raum für ein wesentlich größeres Verständnis vorhanden.

Kommunikation

Die Kommunikation kann sehr weitreichend sein und große Wirkung erzielen, wenn es um Gedanken geht, die allgemeine Menschheitsfragen betreffen.

Urteilsvermögen

Wird besser.

Intuition

Nach der Bereinigung kommt es zu einer spürbaren Verbesserung.

Beginn einer Unternehmung

Sie sind noch nicht reif dafür. (Vgl. Hexagramm 52: *Das Stillehalten.*)

Unterstützung

Wenn Sie bereit sind, wird der Meister erscheinen.

Verträge und Vereinbarungen

In Ihrer gegenwärtigen Geistesverfassung sind Sie mit vielen Dingen nicht einverstanden; Sie sind möglicherweise streitsüchtig, haben an allem etwas auszusetzen und suchen nach Fehlern. Sie sollten die ganze Sache besser in Ruhe lassen und günstigere Zeiten abwarten.

Quellen für Unheil

Eine Haltung der Überlegenheit, die nicht zu Ihrem wahren Wesen paßt; eine solche Haltung ist eine Illusion, die Ihr Ego geschaffen hat, um Sie davor zu bewahren, daß Sie sich mit Ihren eigenen Schwächen auseinandersetzen. Das behindert Ihren Fortschritt. (Vgl. die Hexagramme 6: *Die Sackgasse,* und 26: *Die Zähmungskraft des Großen.*)

Quellen für ein Gelingen

Kümmern Sie sich zuerst um Ihre geistige Orientierung. Alles übrige ergibt sich daraus. Sie werden die Ursachen Ihrer Schwierigkeiten erkennen und wissen, wie diese am besten systematisch überwunden werden können.

Die Wandlungslinien – Die Brücken zur Zukunft

Anfangs eine Sechs

Handeln Sie rasch, bevor sich das Problem verfestigt.

Neun auf zweitem Platz

Ein äußerst schwerwiegendes Ressentiment, ja sogar Haß, gegenüber anderen oder einer ganzen sozialen Schicht. Gebieten Sie diesem Gefühl Einhalt, bevor es andere Dinge in seiner Umgebung zum Gerinnen bringt, was einem äußerst unangenehmen Zustand gleichkommt. Versuchen Sie, wieder klar zu werden. Um mit einem Bild zu sprechen: Nehmen Sie ein »Augenbad«.

Sechs auf drittem Platz

Ihre Arbeit nimmt gegenwärtig soviel Raum ein, daß alle anderen Überlegungen zweitrangig sind. Unter normalen Umständen ist dies keine gute Lage, denn das energetische Gleichgewicht zwischen Arbeit und Muße ist gestört, aber bei dieser Linie ist es genau richtig und positiv aspektiert. Das Werk ist wichtig und stellt große Anforderungen, und Sie sollten sich ihm mit ganzem Herzen widmen.

Sechs auf viertem Platz

Ihre Arbeit ist von allgemeinem Wert und Nutzen für andere. Dies kann der Anlaß sein, sich aus grundsätzlichen Erwägungen aus dem Unternehmen zurückzuziehen. Es kann sogar bedeuten, daß man sich von seiner Familie trennt. Doch ist hier, wie bei der Sechs auf drittem Platz, die Stellung erhöht und vielversprechend, und die Auswirkungen sind günstig. Es bedarf eines großen Entschlusses, um eine solche

Entscheidung zu treffen, und es ist sehr schwer, sie auszuführen, doch besitzt das Werk den entsprechenden Stellenwert, und der größere Nutzen überwiegt in der Abwägung mit persönlichen und privaten Interessen. Die Lösung sozialer Bindungen kann auch vorübergehender Natur sein, doch spielt dies hier keine Rolle. Sie erkennen, wie alle Dinge untereinander verbunden sind (wie in Hexagramm 20: *Ein vollständiger Überblick,* beschrieben).

Neun auf fünftem Platz

Wenn Sie mit dem Rücken gegen die Wand stehen, wenn die Dinge einen Gipfel erreicht haben, wenn Sie in der Klemme sitzen, was bringt dann Erleichterung, Befreiung, Lösung? Eine Idee. Die Idee löst die Spannung und bewirkt, daß sich die Energie auf einen neuen Brennpunkt konzentriert. Die Idee wird als »groß« bezeichnet, da sie Ihnen dazu verhilft, sich aus der düsteren Falle zu befreien.

Oben eine Neun

Dies ist die Linie des Retters. Er bringt sich bewußt selbst in Gefahr, um andere zu retten und sie aus ihrer Misere zu befreien. Er begibt sich in eine Lage, die ein hohes Maß an Selbstaufopferung bedeutet. Das braucht nicht unbedingt zu heißen, daß er sein Leben opfert, doch ist das Opfer auf jeden Fall ernsthaft und real. Er weist durch sein Licht, sein Vorbild, seinen ehrenvollen Dienst den Weg aus der Gefahr.

HEXAGRAMM 60

Die Beschränkung (Grenzen des Aktionsraumes)

Das Urteil

Stecken Sie das Aktionsfeld ab; stellen Sie einen Cash-flow her, aber erlegen Sie sich selbst oder der Organisation keine Beschränkungen auf, die das Potential und die Kreativität ersticken könnten; bilden Sie Strukturen, die der Aufgabenstellung angemessen sind. Gelingen, wenn der Nutzen nicht zu sehr beschränkt wird.

Die Erfordernisse im besonderen

Ausgaben wollen sorgfältig geplant werden. Der Hauptgedanke liegt darin, das Tätigkeitsfeld so zu organisieren und zu strukturieren, daß es wirksam funktionieren kann. Es müssen Grenzen gezogen werden, die dem Potential der Lage angemessen sind. Nichts kann funktionieren, wenn man keine Begrenzungen setzt, doch sollte jede Form von Überspezialisierung und zu starker Einengung vermieden werden.

Das Klima

Die Grenzen einer Situation definieren den vorhandenen Freiraum. Ohne »Grenzen« haben Freiheit und Handeln weder eine bestimmte Qualität noch ein Ziel oder eine Richtung. Der Gedanke der *Grenzenlosigkeit* (des nicht Definierten) ist dem menschlichen Geist nicht wesensgemäß, ganz gleich, wie seine relative Größe beschaffen ist.

Der gedankliche Rahmen

Es werden hier zwei Hauptgedanken formuliert: Erstens geht es um die Ausgaben sowie um den Fluß von Kapital und Ressourcen. Hierzu lautet der Rat ganz einfach, den Umfang der Mittel abzuschätzen sowie die Fließrichtung und die Größe des Stromes zu organisieren, damit Sie genau wissen, was in welcher Zeit erreicht werden kann. Hierzu gehört insbesondere auch die Planung des Cash-flow und die Notwendigkeit, die Grenzen der verfügbaren Ressourcen abzuklären, um zu verhindern, daß sie vergeudet werden, und um sicherzustellen, daß sie auch Zeiten des Niedergangs überdauern. (Vgl. die Hexagramme 41: *Die Minderung,* und 42: *Die Mehrung,* wo es um die natürlichen Bedingungen geht, die den Umfang des Flusses der Ressourcen bestimmen.)

Die zweite Bedeutung dieses Hexagramms bezieht sich auf die eigene Person – die Selbstorganisation. Wenn Sie versuchen, zu viel auf einmal zu tun, erreichen Sie am Ende wenig oder nichts. Wenn Sie den Umfang Ihrer Arbeit zu gering festsetzen, könnten Sie am Ende unzufrieden sein. Der Tätigkeitsrahmen sollte entsprechend dem Energiepotential und den Begabungen festgelegt werden, doch sollten Sie genügend Spielraum einplanen, um wachsen, funktionieren und Anregungen aufgreifen zu können. Wenn Sie sich oberflächlich mal mit diesem, mal mit jenem befassen, wird nichts zu Ende geführt oder wirklich gut getan, daher gibt es auch hier das Gebot der Begrenzung – die Notwendigkeit, den Aktionsraum zu definieren.

Da das Hexagramm sich auf eine bestimmte Zeit bezieht, gelten die obigen Überlegungen für die Gegenwart und weisen auf die Notwendigkeit einer Überprüfung der Lage unter den genannten Gesichtspunkten hin.

Das Setzen von Zielen ist ganz im Sinne von Beschränkung, da der Prozeß Vorausschau und Planung beinhaltet (vgl. Hexagramm 20: *Ein vollständiger Überblick,* wo besprochen wird, was zur Planung des Einsatzes von Ressourcen und des Handlungsbedarfs gehört). Das Hauptziel jeder Selbstorganisation, das Setzen persönlicher Grenzen (was nichts zu tun hat mit Selbstverleugnung oder mit der Auferlegung schwerer Beschränkungen, etwa im Sinne von »Du mußt doch deine Grenzen kennen« – vgl. auch Hexagramm 15: *Die Bescheidenheit)* sollte effektiv sein, die Funktion verbessern und hohen Qualitätsansprüchen genügen. Der größere Gedanke dahinter ist natürlich die Selbstverwirklichung. Dazu gehört unbedingt auch die Kreativität, die ihrerseits bestimmter Regeln und Handlungsgrenzen bedarf. Es ist unmöglich, sich selbst zu verwirklichen, ohne eine recht genaue Vorstellung davon zu haben, wie groß man selbst ist. Sie brauchen ein Gefühl für Ihre Fähigkeiten. Sie können darüber zunehmend Erkenntnisse sammeln, indem Sie Ihre Ziele, Bestrebungen und Projekte begrenzen und sie dann vorsichtig erweitern; auf diese Weise können Sie Ihre Möglichkeiten allmählich steigern, ohne sich überzubeanspruchen (vgl. Hexagramm 47: Die *Unterdrückung)* und ohne Ihre Motivation zu zerstören (vgl. die Hexagramme 16: *Die Begeisterung,* und 58: *Das Heitere).*

Grundannahmen für den Entscheidungsprozeß

Die folgenden Einschätzungen gelten vorbehaltlich der Auskünfte, die in den Wandlungslinien gegeben werden. Die Wandlungslinien haben immer Vorrang.

Management

Wenn Sie dem Wirkungskreis Ihrer Belegschaft Aufmerksamkeit schenken, und zwar nicht nur, indem Sie sie als Umsatzmaschine betrachten, sondern als einen kreativen Gesamtorganismus, so wird sich dies bezahlt machen. Was die Bedingungen des alltäglichen Betriebs mit seinen Abläufen angeht, sind folgende Fragen zu stellen: Ist unser System zu restriktiv, und wenn ja, wirkt sich dies negativ auf die Produktivität aus? Welchen Spielraum gibt es für kreativen Ausdruck; Wieviel zusätzliche Unterstützung gewährt die Struktur des Unternehmens – über den unmittelbaren Arbeitsauftrag und die damit verbundene Verantwortung hinaus – für die Entwicklung des latent vorhandenen Potentials der einzelnen Mitarbeiter? Inwiefern trägt die Unternehmenspolitik einem umfassenderen Bemühen um das allgemeine Wohlergehen der Menschen – nicht nur in finanzieller Hinsicht – Rechnung? Welche Einstellung hat das Unternehmen zum Thema Freizeit – wie wird sie in Abgrenzung zur Arbeit definiert? Ist die Kluft zwischen diesen beiden Bereichen so groß, daß beide »unter Druck« stehen und möglicherweise unbefriedigend sind? Wieviel an wirklicher Flexibilität gibt es in der Kommunikationsstruktur? Wie starr ist der *status quo*, und wessen Ego wird durch die Unternehmensmaschinerie aufgeblasen? Welches spezifische Feedback-System ist innerhalb der organisatorischen Rahmenstruktur vorgesehen? Wie menschlich sind wir? Besteht eine deutliche und ausgesprochene Beziehung zwischen dem persönlichen Wohlbefinden des einzelnen und seiner Produktivität? Gibt es besondere Arbeitsrichtlinien, die diese ausdrückliche Beziehung berücksichtigen? Oder ist die Organisationsstruktur zu unbestimmt und zu flexibel, in einem Maße, daß die Arbeit nicht genügend zielgerichtet und unzureichend fokussiert ist?

Planung

Vermeiden Sie, sich an starr konstruierte Pläne zu halten. Es besteht die Notwendigkeit, Pläne entweder zu erweitern oder einzugrenzen. Das Gleichgewicht stimmt nicht, und daher sind die Pläne unrealistisch, was die Praxis angeht. Sehen Sie sich den Umfang der Arbeit und das Arbeitstempo noch einmal an und setzen Sie eine Probezeit fest.

Wachstum und Produktivität

Es könnte die Neigung zu Unregelmäßigkeiten bestehen. Das läßt sich aber korrigieren. Das Pendel schwingt vielleicht zu stark zwischen Überproduktion und Unterproduktion hin und her.

Investition und Finanzierung

Es bedarf weiterer Einzelheiten. Erkunden Sie die Angelegenheit, bevor Sie endgültige Verpflichtungen eingehen – ist genügend Spielraum für Veränderungen vorhanden? Dies ist keine »Alle-Eier-in-einem-Korb«-Situation. Vermeiden Sie dies um jeden Preis.

Risiken

Gehen Sie nur kalkulierte Risiken ein, und selbst dann sollten Sie extrem vorsichtig vorgehen.

Urteilsvermögen

Ihr Unterscheidungsvermögen im allgemeinen ist gut, doch brauchen Sie noch Zeit, es zu schärfen. In der Einschätzung Ihrer eigenen Möglichkeiten sollten Sie nicht so rasch Schlüsse ziehen. Sie sollten keine Pläne aufstellen, die offensichtlich unerreichbar sind, andererseits aber auch nicht zu ängstlich sein und sich jede Herausforderung versagen. Bei Überlegungen dieser Art sollten Sie vermeiden, sich durch pragmatische Erwägungen zu stark niederdrücken zu lassen.

Beginn einer Unternehmung

Es ist eine Sache der Einschätzung der Ressourcen. Sind genügend vorhanden und liegen sie in Ihrer Hand? Cash-flow?

Unterstützung

Es geht hier nicht darum zu beurteilen, ob das Projekt erfolgreich sein oder scheitern wird; es muß aber erkennbar sein, ob Sie an den notwendigen Bedarf plus unvorhergesehene Wechselfälle gedacht haben. Welche Spielräume haben Sie vorgesehen? Sie sind entweder viel zu groß oder viel zu klein. Erweitern Sie das Spektrum Ihrer Überlegungen und stellen Sie eine Prioritätenliste auf. Räumliche Diagramme eignen sich hierzu am besten, da sie eine bessere Vorstellung von den Beziehungen zwischen allen beteiligten Kräften vermitteln können.

Werbung
Entweder zu ehrgeizig oder nicht ehrgeizig genug.

Marketing
Die Frage, die Sie sich gegenwärtig stellen sollten, lautet: Wie ist das aktuelle Verhältnis zwischen Nachfrage und Angebot? Überprüfen Sie die neuesten Zahlen. Es könnte eine Korrektur notwendig sein.

Feedback
Wenn es um Planung geht, ist die Diskussion entscheidend. Machen Sie sich aber vorher Ihre eigenen Gedanken.

Kommunikation
Sie könnten deutlicher und klarer sein.

Verträge und Vereinbarungen
Wenn sich Ihre Frage hauptsächlich auf diesen Bereich bezieht, sollte hier noch einmal genau hingesehen werden. Sind die Rechte und Pflichten praktikabel *und* gerecht?

Internationale Geschäfte
Diese bedürfen sehr sorgfältiger Planung. Hier müssen die Einschätzungen stimmen.

Quellen für Unheil
Wenn Sie Ihre Fähigkeiten nicht kennen, könnten Sie Beziehungen schaden und Möglichkeiten zerstören. Es könnte dazu kommen, daß Sie Mittel zu stark binden und keinen Gewinn machen, oder es könnte sein, daß Sie zu wenig Mittel und Energien binden und eine große Chance verpassen. Sie müssen sich selbst gut kennen, sonst könnte es deutlich bergab gehen.

Quellen für ein Gelingen
Eine genaue Aufstellung aller springenden Punkte in allen anstehenden Fragen; ein gutes Beurteilungsvermögen, was die Interpretation dieser Punkte angeht, und die Fähigkeit, die Dinge in ihrer Tragweite, ihrem Wert und ihrer Dauer zu erkennen. Ein ausgewogenes Maß an rationalem Verstehen und an kreativer Intuition nicht nur in äußerlichen Dingen, sondern in bezug auf alle Aspekte Ihres Lebens. Ihr Gefühl muß durch objektive Tatbestände gestützt sein. Wenn Sie sich sicher sind, können Sie mit Zuversicht handeln.

Die Wandlungslinien – Die Brücken zur Zukunft
Anfangs eine Neun

Es gibt hier kein Urteil, was den Wert Ihrer Idee angeht. Es kann natürlich äußerst irritierend sein, keinen Fortschritt machen zu können, und Sie möchten vielleicht weiter vordringen, selbst wenn dies unmöglich ist. Die Beschränkungen sind sowohl äußerlicher Natur (was auf Kräfte außerhalb Ihrer Kontrolle verweist) als auch innerer Natur (zu wenig Energie, um einen sinnvollen Fortschritt zu machen). Daher sollten Sie jetzt am besten alle Bemühungen einstellen und die Zeit nutzen, um Energie zu sammeln, damit Sie wirksam handeln können, wenn die Gelegenheit zum Handeln kommt. So können Sie mit einem kraftvollen Schub eine Menge erreichen.

Diese Linie hat noch eine andere Bedeutung. Bewahren Sie Ihre Ideen und Gedanken für sich. Versuchen Sie nicht, Interesse für Ihre Ideen zu wecken. Die Leute, die sich nach neuen Ideen umhören, haben keine ehrenwerte Absicht und sollten nicht ermutigt werden. Sagen Sie nichts und vermeiden Sie dadurch, daß Sie ausgenutzt werden. Ein anderer Grund, die Dinge noch gut für sich zu behalten, liegt darin, daß neue Ideen oder Projekte Zeit brauchen, um sich zu formieren und zu reifen, bevor sie angewendet werden können. Jetzt ist eine solche Zeit des »Werdens«. Wenn Sie mit anderen darüber reden, stören Sie diesen Prozeß und könnten Kräfte ins Rollen bringen, die nicht in Ihrer Hand sind und die zerstörerisch oder unnötig hinderlich sein könnten.

Neun auf zweitem Platz

Die Bedeutung dieser Linie ist nicht, daß Sie »jetzt handeln« sollten, sondern daß Sie darauf vorbereitet sein sollten, nach einer Zeit der Beobachtung und des Wartens auf den richtigen Zeitpunkt zu handeln. Die Betonung liegt auf einer Haltung des Bereitseins, damit Sie in der Lage sind, die Zeit zu nutzen, wenn es in der Außenwelt zu einer natürlichen Freisetzung von Energien kommt. Wenn die Kräfte, die Unheil oder Gelingen bestimmen, sich wie aufgestautes Wasser verhalten, gilt es, bereit zu sein, wenn sich das Ventil öffnet, da die Intensität der Lage nur kurz anhält und große Fortschrittsmöglichkeiten in sich birgt. Um den Schwung eines solchen Augenblicks voll zu nutzen, müssen Sie vor Ort sein. Den richtigen Zeitpunkt zu erwischen ist das Wichtigste. Die Betonung liegt allerdings nicht so sehr darauf, daß man zu spät kommen, sondern daß man übereilt handeln könnte. Auf jeden Fall wird darauf hingewiesen, daß die Zeit zum Handeln bald kommen wird – geben Sie daher acht auf Ihre Chance.

Sechs auf drittem Platz

Sie hätten Fehler vermeiden können, wenn Sie Ihre Grenzen in diesem besonderen Fall erkannt hätten. Es ist schön und gut zu sagen, daß man aus solchen Fehleinschätzungen (mangelnde Selbsterkenntnis) lernen kann, doch ist der springende Punkt, daß Sie es sich nicht leisten sollten, in Situationen zu geraten, in denen Sie sich unsinnigerweise zu sehr verausgaben, wie beispielsweise in Vergnügungen anstatt im Geschäftlichen.

Sechs auf viertem Platz

Der Kampf gegen unmögliche Dinge führt zu einer Verschwendung von Ressourcen. Das ist gemeint, wenn es heißt, daß man sich in einer Situation übernimmt, die hoffnungslos (und nicht etwa herausfordernd) ist. In diesem Fall arbeiten jedoch die Kräfte der Natur auf Ihrer Seite, und die Beschränkung dient der Ausrichtung und Konzentration und wird dadurch zu einer Kraft, von der Sie sich tragen lassen können, wie beispielsweise von der Schwerkraft. So kann das Ziel relativ leicht erreicht werden, und es entsteht Nutzen.

Außerdem wird nahegelegt, daß die im Einsatz befindlichen Bewegungsgesetze und Energiesysteme von der Idee her unvollständig sein könnten, und daß es in den dynamischen Kräften der Natur noch unangetastete Ressourcen gibt, die es ermöglichen würden, Dinge mit wesentlich weniger Kraftaufwand zu heben als mit den bekannten Methoden. Die Implikationen eines Energiesystems, das sich die natürlichen Bewegungsgesetze in einem noch größeren Maß zunutze macht als bisher, sind weitreichender Natur, und das *I Ging* deutet die Möglichkeit einer solchen Vorrichtung an.

Neun auf fünftem Platz

Ein einzelner wird zum Vorbild für andere, da er durch seine Aufrichtigkeit und sein Bemühen etwas viel Größeres zustandebringt, als es die eingesetzten Mittel ermöglichen würden. Im Falle strenger Begrenzungen erwartet ein solcher Mensch von anderen nicht mehr, als er selbst zu erreichen imstande ist. Die größere Bedeutung ist die, daß da, wo es nur wenig für alle gibt, der Führer alles mit seinen Gefolgsleuten teilt. (Vgl. Hexagramm 41: *Die Minderung*, wo dieser Punkt weiter ausgearbeitet ist.)

Im vorliegenden Fall ist ein Führer bereit, sich selbst die gleichen Beschränkungen aufzuerlegen, wie sie den anderen auferlegt sind. Das bringt ihm Achtung und Loyalität ein, denn die Sache ist für alle Beteiligten deutlich sichtbar.

Oben eine Sechs

Vorsicht vor übermäßiger Spezialisierung oder übermäßiger Einengung. Das ist der erste Aspekt. Der zweite: zuviel Selbstdisziplin ist genauso schlecht wie zu wenig. Bei Mencius wird die Regel der Goldenen Mitte als anzustrebender Zustand herausgestellt, da sie das Streben nach Ausgewogenheit formuliert. Dieser Zustand wird in der vorliegenden Wandlungslinie besonders betont. Vermeiden Sie, anderen zu bittere Beschränkungen aufzuerlegen. Sie empfinden es als unnötigen Druck und werden nach einer Weile darauf reagieren. In politischen Angelegenheiten kann das Aufstand, Revolution, Streik oder andere Formen der Rebellion bedeuten. Solche Ereignisse sind Ausdruck zu bitterer Beschränkung und Unterdrückung und deuten auf eine unvernünftige Politik der Regierung hin, die die menschliche Würde und Selbstachtung verletzt. Sie sind Ausdruck eines Mangels an wirklicher Verbindung (zu starker Institutionalisierung und Entfremdung) zwischen dem Volk und seiner Regierung

Dieselben Grundsätze gelten für die Selbststeuerung, Selbstmotivation und Selbstbeherrschung. Man darf sich nicht selbst dadurch unterdrücken, daß man schlechte Arbeitsbedingungen und eine erdrückende Arbeitsbelastung auf sich nimmt. Der Effekt ist kontraproduktiv; es entsteht seelischer Streß und ein emotionales Ungleichgewicht. Man darf sich nicht durch den Druck negativer Gefühle, wie etwa von Angst oder Habgier, treiben lassen, da solche Antriebe die eigenen Fähigkeiten im allgemeinen zerstören und die kreativen Fähigkeiten und das eigene Glücksempfinden behindern. Treiben Sie Pragmatismus und Konkurrenzverhalten nicht bis ins Extrem. Negative Gefühlsstimmungen führen zu seelischem Ungleichgewicht.

Hexagramm 61

Die innere Wahrheit (Die Macht der Wahrheit)

Das Urteil

Die geschäftlichen Beziehungen sind gesund. Die richtigen Leute sind auf den richtigen Plätzen, so daß die Arbeit gut vorangeht. Selbst Menschen, die normalerweise unempfänglich sind für neue Ideen und Veränderungen, stehen unter einem positiven Einfluß. Gelingen.

Die Erfordernisse im besonderen

Die Kommunikation mit unlenkbaren und schwierigen Menschen gelingt durch höheres, mitfühlendes Verständnis. Ungewöhnlicher Erfolg ist erzielbar; dies beruht auf wahrhaftigen Ideen im Gegensatz zu einer Kooperation, wie man sie unter Kriminellen erwarten würde.

Das Klima

Eine Atmosphäre der Zusammenarbeit macht selbst das ehrgeizigste Projekt erfolgreich.

Der gedankliche Rahmen

Zu den wichtigsten Faktoren im Geschäftsleben und im Austausch zwischen Menschen gehört die Zusammenarbeit, und zwar nicht nur mit Menschen innerhalb der eigenen Organisation, sondern auch mit Kollegen im In- und Ausland. Es kann zu unlösbaren Problemen kommen, wenn Gedanken nicht wirksam kommuniziert werden können. Im vorliegenden Fall können selbst schwierige Ideen den denkbar engstirnigsten und voreingenommensten Personen vermittelt werden, indem man Verständnis für die bewußtseinsmäßigen Beschränkungen dieser Personen hat. In Hexagramm 57: *Das Sanfte und Eindringende*, wird das Verständnis durch die eigene Geisteskraft, durch Konzentrations- und Durchdringungsvermögen erreicht. Hier ist dieser Vorgang sozusagen umgekehrt. Kommunikation und Verständnis werden durch die Empfänglichkeit für die Bewußtseinslage des anderen erreicht. Lassen Sie den anderen reden, Sie hören zu.

Grundannahmen für den Entscheidungsprozeß

Die folgenden Einschätzungen gelten vorbehaltlich der Auskünfte, die in den Wandlungslinien gegeben werden. Die Wandlungslinien haben immer Vorrang.

Management

Selbst die besten Freunde und die engsten Kollegen können zu erbitterten Feinden werden, wenn die Beziehung nicht auf Grundsätzen der Aufrichtigkeit und wirklicher Achtung beruht. Eine Beziehung zwischen ehrenwerten Menschen kann nicht so leicht durch äußere Ereignisse erschüttert werden. Ein wahrhaftiger Einfluß, wie er von einer solchen Kraft ausgeht, vermag selbst dort die Kooperation von Menschen zu gewinnen, wo diese üblicherweise verweigert würde. Im Falle einer Organisation gilt dies für Kollegen und für die Belegschaft. Schwierige Unternehmungen werden möglich, weil ein tieferes Verständnis vorherscht.

Planung

Im Augenblick ist es schwierig, Pläne aufzustellen. Sie müssen jede Situation so nehmen, wie Sie sie vorfinden. Obwohl die Umstände äußerlich schwierig sein könnten (vgl. Hexagramm 29: *Die tiefen Gewässer),* besitzen Sie die notwendigen Qualitäten, den Herausforderungen angemessen und mit aller Aussicht auf spürbaren Erfolg entgegenzutreten. Fahren Sie zuversichtlich fort und vertrauen Sie in die eingeschlagene Richtung.

Risiken

Ja, die Umstände werden riskant erscheinen, da die Zukunft schwer zu erkennen ist. Das ist nicht objektiv so, sondern weil Ihre augenblickliche Perspektive die Zukunft schwer erkennbar erscheinen läßt. Das ist aber kein Grund, das Gefühl zu haben, Sie könnten nicht ohne übermäßige Vorsicht voranschreiten. In gewissem Sinne ist die Situation riskant, doch müßte am Ende alles gut werden.

Feedback

Sie haben die Lage in der Hand. Es liegt an Ihnen, Antworten hervorzurufen, die Leute zum Reden zu bringen und ihre Reaktionen sinnvoll einzuordnen. Ihre Macht, selbst die voreingenommensten Menschen zu beeinflussen und zu lenken, ist groß, und Sie können den Ton und Tenor von Verhandlungen durch die Macht Ihres Charismas verändern.

Kommunikation

Günstig. Weisen Sie andere, die von einer solchen Information profitieren könnten, auf wichtige Punkte hin. Der Effekt könnte an Wunder grenzen.

Beginn einer Unternehmung

Günstig, doch sollten Sie auf Sitzungen mehr zuhören als selbst Vorschläge unterbreiten.

Unterstützung

Günstig. Sie könnten eine weitreichendere Unterstützung gewinnen, als Sie vorausgesehen haben.

Werbung

Normalerweise wäre dies nicht das geeignete Mittel zur Beeinflussung. Es fehlt ein gewisser persönlicher Touch. Wenn es gelingt, ein persönliches Element hineinzubringen, so daß die Kommunikation direkter wird, dürfte die Reaktion hervorragend sein.

Marketing

Zu großes Bemühen ist unnötig. Wenn die Ideen, Produkte und Dienstleistungen verfügbar sind, werden die Menschen sie spontan wählen. Die Lage ist sehr günstig. Die Morgenröte einer neuen Kraft in der Welt würde unter diesem Zeichen erscheinen.

Investition und Finanzierung

Selbst die unwahrscheinlichsten Ideen gewinnen Unterstützung und laufen gut. Stellen Sie sich darauf ein, jenseits des Traditionellen zu schauen. Wenn die Ideen »wahrhaftig« sind, sollten Sie sie für sich sprechen lassen. Die Stärke der Wahrheit braucht keine Mäßigung. Lassen Sie sie ihr eigenes Werk vollbringen »als hätte sie einen eigenen Willen«. Darin liegt ein unzweifelhafter Erfolg.

Urteilsvermögen

Vorzüglich und erstklassig.

Wachstum und Produktivität

Es geht um mehr als um eine bloße Ausdehnung des eigenen Machtbereiches oder der Gewinne. Es handelt sich um die Entwicklung von Ideen, die selbst den Boden für ein allgemeines Wachstum düngen. Günstig, doch sollten Sie aufgeschlossen sein.

Verträge und Vereinbarungen
Sie werden sehen, daß die Menschen bereit sind, die Dinge in gleicher Weise zu sehen wie Sie, ohne daß Sie sie allzusehr in Ihre Richtung beeinflußen müßten. Vertrauen Sie der Situation.

Quellen für Unheil
Fällen Sie nicht zu rasch ein Urteil, und lassen Sie nicht zu schnell Köpfe rollen. Gnade ist die Macht der Weisen. Wenn klar ist, daß Sie Verständnis haben, wird sich dies mitteilen und Lektion genug sein. Welche Wirkung hat Ihr Handeln auf die Gesinnung anderer?

Quellen für ein Gelingen
Seien Sie weise, empfänglich, vertrauen Sie Ihrer eigenen Aufrichtigkeit, das ist alles, was jetzt zählt und hell und sichtbar erstrahlt.

Die Wandlungslinien – Die Brücken zur Zukunft

Anfangs eine Neun
Es wird Ihnen nichts nützen, geheime Bündnisse zu unterhalten, die Sie »bei persönlichem Bedarf« aktivieren könnten. Geheime Verstecke, Ausflüchte und Verschwörungen untergraben die Stärke und die Wirksamkeit des Handelns. Verlassen Sie sich auf sich selbst. Wenn Ihre Ziele nicht mit Aufrichtigkeit zu erreichen sind, sind sie es wahrscheinlich nicht wert, erstrebt zu werden. Seien Sie wachsam gegenüber diesbezüglichen Verlockungen und Versuchungen – sie rufen immer einen Zustand von Nervosität hervor.

Neun auf zweitem Platz
Hier wird die Macht der Wahrheit spürbar. Über alle Marketingstrategien und Werbemethoden hinaus verbreitet sich die Wahrheit von allein. Die Menschen werden von den wirklichen Dingen innerlich angerührt, und sie bedürfen keiner Verkaufsförderung. Wenn die Ideen auf Wahrheit gegründet sind, gehen sie rund um die Welt. Der Zusammenhang zwischen Ursache und Wirkung mag mysteriös erscheinen, doch sollten Menschen, die auf öffentliche Zustimmung bedacht sind, nur die richtigen Ideen verkaufen. Alles bewegt sich nach den Gesetzen der Resonanz. Wenn etwas gut ist, braucht es keine Medaille – man wird es einfach kennen. Man braucht auch nichts zu planen, alles scheint von allein zu geschehen.

Sechs auf drittem Platz

Sie kennen Ihre eigene Gesinnung nicht. Sie sind zu leicht zu beeindrucken, zu schwankend, zu leicht abzulenken. Sie sind nicht in Ihrer Mitte, nicht im Einklang mit sich selbst. In der Praxis bedeutet dies, daß Ihre Stimmungen rasch zwischen Freude und Sorge hin und her schwanken. Es wäre besser, Ihre eigene Mitte zu finden und nur ihr zu gehorchen. Das wird Ihnen helfen – auf natürliche Weise – Ihren Weg durchs Leben zu finden.

Sechs auf viertem Platz

Aufrichtigkeit sich selbst gegenüber und innere Führung können dadurch gestärkt werden, daß Sie sich mit Menschen verbinden, die stärker und besser in ihrer eigenen Mitte verankert sind als Sie. Damit ist kein blinder Gehorsam gegenüber einem Guru, einer Religion oder einem wie auch immer gearteten Glaubenssystem gemeint, sondern eher der Aufbau Ihrer eigenen Seelenenergie. Auf diese Weise können Sie Ihrem Leben eine Richtung geben. Das gilt insbesondere für Menschen, die ihre Antworten bei anderen Einzelpersonen oder Gruppen suchen. Für sich betrachtet ist daran nichts Falsches; es kann den Unterschied zwischen einem Leben im Licht oder in der Finsternis bedeuten. Das eigentliche Ziel ist aber, nicht »dem Anführer zu folgen«, sondern zu versuchen, sich selbst besser zu verstehen, um ein eigenes freies und krafterfülltes Leben zu leben. Auf diese Weise werden Sie in der Lage sein, sowohl geistige Unabhängigkeit als auch das Feuer der Kreativität in Ihrem Herzen lebendig zu halten. Doch sollte die Bereitschaft zu lernen mit der Suche nach einer geeigneten Führung einhergehen. Schießen Sie aber nicht übers Ziel hinaus.

Neun auf fünftem Platz

Sie sind das Zentrum. Die Menschen folgen Ihrem Beispiel, da Sie innerlich stark sind und eine große persönliche Ausstrahlung besitzen. Das alles geschieht ohne bewußte Planung und ohne Absicht.

Diese Macht ist Ausdruck Ihres natürlichen Selbst; Sie ruhen vollkommen in sich. Der Nutzen daraus für andere ist groß und gut, und Ihr Einfluß verbreitet sich viel weiter, als Sie glauben, und bis an die ungewöhnlichsten Orte.

Oben eine Neun

Sie sollten wissen, wann es zu schweigen gilt. Sie können Ihre eigene Energie erschöpfen, indem Sie anderen den Weg zur besten Lösung zeigen. Genug ist genug; Sie müssen Ihre Chance ergreifen, wenn sie sich bietet. Kommunizieren Sie mit anderen nur so viel, wie Sie mit sich selbst kommunizieren. Gehen Sie auch Ihren eigenen Geschäften nach und verpassen Sie nicht Gelegenheiten, indem Sie anderen erzählen, wie diese ihre Chance ergreifen sollen. Dies ist nur eine Warnung.

HEXAGRAMM 62

Das Übergewicht des Kleinen

Das Urteil

Ihre Macht und Ihr Einfluß reichen nicht aus, um einen wirklichen Erfolg zu erzielen. Versuchen Sie es erst gar nicht. Doch ist Erfolg in weniger ehrgeizigen Projekten angezeigt. Konzentrieren Sie sich auf die Dinge, bei denen Sie sicher sind.

Die Erfordernisse im besonderen

Akzeptieren Sie Ihre Grenzen so, wie sie im Augenblick sind. Wenn es Ihnen gelingt, in diesem Rahmen zu arbeiten, auch wenn gewisse Unannehmlichkeiten damit verbunden sind, kann ein Erfolg in der jetzigen Zeit zur Grundlage für spätere Ideen und Projekte werden. (Anders als in dem Bild von Hexagramm 60: *Die Beschränkung* ist dies die wahre Bedeutung von »die eigenen Grenzen kennen«.) Bleiben Sie mit beiden Füßen fest auf der Erde.

Das Klima

Unbehagen: Beißen Sie nicht mehr ab, als Sie kauen können – Sie werden es wieder ausspucken müssen.

Der gedankliche Rahmen

Das Wesen dieses Hexagramms läßt sich am Mythos von Ikarus verdeutlichen, der so nahe an die Sonne heranflog, daß seine wächsernen Flügel zu schmelzen begannen und er zur Erde herabfiel. Es ist eine Warnung vor überschäumendem Ehrgeiz und hochfliegenden Bestrebungen, die über die Kraft des einzelnen oder des Unternehmens hinausgehen. Die Kraft reicht nicht aus für einen großen Sieg. Aber nicht nur das; es sollte auch gar nicht der Versuch unternommen werden, da das fehlgeschlagene Bemühen zu persönlichem Schaden – zu körperlichem Schaden oder zur Minderung des persönlichen Glücks oder zu beidem – führt. Die Bedeutung ist einfach: Es ist eine

Frage des Wissens um die eigene Befähigung. Das Beste, was Sie tun können, ist, zu tun, was unmittelbar vor Ihnen liegt, und die Gedanken nicht ins Reich potentieller Leistungen abschweifen zu lassen.

Grundannahmen für den Entscheidungsprozeß

Die folgenden Einschätzungen gelten vorbehaltlich der Auskünfte, die in den Wandlungslinien gegeben werden. Die Wandlungslinien haben immer Vorrang.

Management

Wenn es etwas ist, das nicht zu Ihrer täglichen Routine gehört, sollten Sie es als eine plötzliche Laune, die mit einiger Wahrscheinlichkeit zu Komplikationen führen und nicht wieder gutzumachenden Schaden anrichten könnte, einstufen. Zu einem anderen Zeitpunkt könnten Ihre Überlegungen sehr erfolgreich sein. Aber im Augenblick sind sie nicht angemessen. Halten Sie alles einfach, geradeheraus, vernünftig und strikt rechenschaftspflichtig. Langweilig, aber es führt kein Weg daran vorbei.

Planung

Keine raschen Schachzüge. Tun Sie nichts, was vom Gewohnten abweicht. Nehmen Sie keine Veränderungen vor. Sie tragen entweder Ihre rosa oder Ihre schwarzseherische Brille. Keine von beiden ermöglicht Ihnen eine realistische Sicht.

Urteilsvermögen

Auf keinen Fall sollten Sie danach handeln. Ihr Urteilsvermögen im alltäglichen Geschäft trifft nicht den Punkt. Im Bereich der Phantasie sollte es möglichst schweigen. Am besten sollten Sie das Ganze auf die Seite schieben und mit Dingen fortfahren, die sicher und relevant für das Hier und Jetzt sind. Definieren Sie das »Hier und Jetzt« so eng und so langweilig wie möglich.

Feedback

Der Spiegel erzählt Ihnen Lügen, andere Menschen vielleicht nicht.

Kommunikation

Beschränken Sie sie auf ein Minimum.

Verträge und Vereinbarungen
Nein, nicht jetzt.

Wachstum und Produktivität
Sehen Sie sich die Ergebnisse der Vergangenheit an, und vergleichen Sie es mit dem unter *Der gedankliche Rahmen* Gesagten.

Werbung und Marketing
Beschränken Sie die Ausgaben im Augenblick auf ein Minimum oder stellen Sie sie ganz ein.

Investition und Finanzierung
Ungünstig.

Unterstützung
Ungünstig.

Risiken
Sie sollten entschieden keine eingehen.

Quellen für Unheil
Wenn Sie irgendetwas tun, was ungeplant ist oder vom Gewohnten abweicht, oder wenn Sie Mittel binden oder erst kürzlich aufgetauchte oder plötzlich auftauchende Verträge oder Vereinbarungen unterzeichnen, werden Scheitern und Unheil die Folge sein. Es könnte über zwei Jahre dauern, um Fehler, die jetzt begangen werden, wieder zu berichtigen.

Quellen für ein Gelingen
Bleiben Sie auf dem Boden und beschränken Sie sich auf den Rahmen Ihrer laufenden Arbeiten. Denken Sie im Augenblick nicht über die Zukunft nach.

Die Wandlungslinien – Die Brücken zur Zukunft
Anfangs eine Sechs
Ihre Flügel sind nicht stark genug, um diese Art von Höhenflug zu unternehmen. Versuchen Sie es nicht. Bleiben Sie im Augenblick bei dem, was Sie gewohnt sind.

Die Wandlungslinien

Sechs auf zweitem Platz

Sie werden eingeschränkt entweder durch das Mutterunternehmen oder durch den Senior im Management. Sie können nicht aufsteigen, Entscheidungen treffen und Veränderungen vornehmen. Doch sind Sie in der Lage, Ihren Einfluß in einem anderen Bereich geltend zu machen, obwohl dies nicht als ebenso günstig wie Ihre erste Wahl empfunden wird. Sie sollten eine Haltung philosophischer Gelassenheit einnehmen, denn Sie können kaum etwas dagegen tun. Sie sollten an der Stelle helfen und Ihr Bestes tun, an die Sie gestellt sind.

Neun auf drittem Platz

Sie verkennen absolut Ihre Lage. Sie glauben Sie könnten sich in diesem Tätigkeitsfeld behaupten. Ihr Irrtum liegt in der Haltung, die Sie anderen gegenüber einnehmen. Selbst die Herausforderung ist ein rotes Tuch, da sie Katalysator für einen potentiellen Konflikt zwischen verschiedenen Persönlichkeiten ist, von denen keine die objektive Situation in den Griff bekommen kann (können Sie es?). Das einzige, was Sie machen können, ist auf Förmlichkeiten zu verzichten und sich die Dinge im einzelnen genau anzuschauen. Das ist wirksame Hilfe, um die Gesamtsituation zu verbessern, und es ist ein passendes Mittel, um das listige Ego zu betäuben.

Neun auf viertem Platz

Sie müssen sich sehr bemühen, ohne etwas zu tun. Dies ist eine zwiespältige Angelegenheit, denn die Bedeutung liegt im Geistigen. Jegliches Handeln bringt Unheil; das ist mit »nichts tun« gemeint. Mit »sich sehr bemühen« ist eine Haltung der Offenheit und Empfänglichkeit gemeint, die dennoch zu unterscheiden weiß. Die Kombination dieser Haltungen stellt einen Standpunkt, eine Einstellung dar, die Sie immer gegenüber einer gefährlichen Lage annehmen können, ohne dadurch Schaden zu erleiden.

Sechs auf fünftem Platz

Sie sind zu einer großen und wichtigen Aufgabe berufen, die damit zu tun hat, Ordnung in die Verwirrung zu bringen, aber ohne die Hilfe der richtigen Leute gibt es wenig Hoffnung auf Erfolg. Wer steht zur Verfügung und welche Hilfe hat er anzubieten? Sie brauchen dazu Leute mit hervorragenden Leistungen, Leute, die sich immer wieder als besonders kompetent erwiesen haben, die aber im übrigen völlig unbekannt sein könnten (betrachten Sie nicht Ansehen als Kriterium bei der Auswahl Ihrer Helfer – nur wirkliche Leistung zählt als Qualität). Es kann aber sein, daß Ihre Helfer nicht sofort geneigt sind, sich so großer Mühe zu unterziehen. Überzeugen Sie sie vom Wert der Sache durch Ihre aufrichtige, wohlmeinende Einschätzung des Problems – dies allein erfordert schon eine gewisse Tiefe des Verständnisses. (Vgl. Hexagramm 15: *Die Bescheidenheit.*)

Oben eine Sechs

Sie brauchen die Weisheit zu wissen, wann Sie aufhören müssen. Genug ist genug, sonst geht alles wieder verloren oder die Wirkung ist verfehlt. Dies gilt ganz allgemein für Menschen, die Projekte entwikkeln, die eigentlich für andere von allgemeinem Nutzen wären. Es ist auch eine Mahnung an den einzelnen, seine Grenzen als Mensch nicht zu vergessen.

Hexagramm 63

Die Vollendung

Das Urteil

Das Werk ist vollendet. Sie haben die Zusammenhänge begriffen. Ein Gleichgewichtszustand ist verwirklicht. (Vgl. auch Hexagramm 32: *Die Dauer.*) Alles ist in Ordnung. Die Vernunft herrscht vor. Gelingen, obwohl ein Gleichgewichtszustand natürlicherweise vergänglich ist.

Die Erfordernisse im besonderen

Um den Zustand des vollkommenen Gleichgewichts *durch Bewegung* aufrechtzuerhalten, sollten Sie ihn mit der Dynamik in Hexagramm 12: *Die Stagnation,* vergleichen. Im vorliegenden Hexagramm haben wir es mit einem höherentwickelten Zustand von Erkenntnis zu tun – einer Stufe der Verwirklichung, Ordnung, Vision; die wesentlichen Elemente der Veränderung sind verankert. Schwierigkeiten sind überwunden.

Das Klima

Der Ton und die Qualität des Geschehens haben sich jetzt verändert. Es ist die Morgendämmerung einer neuen Zeit, und mit ihr bricht ein neuer *modus operandi* an, eine ganze Reihe neuer Möglichkeiten. Die Hauptrichtlinien sind schon festgelegt. Nun wird der Code für einen neuen Evolutionszyklus eingegeben.

Der gedankliche Rahmen

Jeder Wandlungszyklus, ganz gleich ob er sich im Alltag oder im persönlichen Weg zur Erkenntnis manifestiert, hat einen Anfang und ein Ende, eine Abfolge, eine innere Logik und einen Augenblick der Vollendung. Das Rad des Lebens scheint ohne Ende, doch gibt es den Augenblick, da ein alter Zyklus zu Ende geht und gleichzeitig ein neuer Zyklus beginnt.

So ist der Begriff der »Vollendung« genau so ein Teil der Vergänglichkeit der Natur wie jede andere spezifische Phase im ewigen Kreislauf. Auch der Augenblick der Vollendung – so sehr er für sich gesehen einen Markstein darstellt – geht vorüber. Aus diesem Grund ist das persönliche Gewahrwerden von Gelingen, das dem Zustand der Vollendung entspringt, auch schon mit dem Gedanken des Vorbereitetseins (vgl. Hexagramm 64: *Vor der Vollendung*) und des wiedereinsetzenden Fließens und der Unordung verbunden. Die Zeiten der Vollendung sind endlich und nicht von Dauer. Man darf in solchen Zeiten nicht ruhen, sondern muß die neuen Anforderungen erkennen. Grundsätzlich sind die Hauptbestandteile einer neuen Zeit bereits geordnet und genau auf dem richtigen Platz. Die Vergangenheit macht jetzt Sinn, und die Zukunft ist wieder einmal unbekannt. Alles, was jetzt unternommen wird, sollte dazu dienen, ein neues Gleichgewicht unter neuen Umständen aufrechtzuerhalten. Die Lage ist daher zwiespältig, denn während einerseits eine gewisse Erleichterung darüber herrscht, daß man die Dinge erfolgreich zur Reife gebracht hat, wendet sich auch die Reife bereits dem Verfall zu, es sei denn, man bliebe in Bewegung. Wahren Sie eine alltägliche Einstellung. Alles kann erreicht werden, wenn Sie auch weiterhin zulassen, daß die Ereignisse Sie weitertragen.

Es ist jetzt weder die Zeit, ausgiebig zurückzublicken, noch sich auf seinen Lorbeeren auszuruhen. Die Dinge erledigen sich nicht von selbst, wenn Sie sich nicht weiterhin anstrengen. Es ist noch weitere Arbeit nötig, noch mehr Feinarbeit im einzelnen. Noch bedarf es der ganzen Feinabstimmung. Um das Werk wirklich in jeder Hinsicht zu vollenden, muß man noch hinzufügen, was vergessen wurde. Es sind die Ecken und Kanten, das Ausmalen, die Interpunktion, die Verfeinerung der Substanz.

»Vollendung« bedeutet daher sowohl »die Notwendigkeit weiterer Arbeit bis zur Vollendung« als auch »vollendet im Grundsatz und in der Form«.

Grundannahmen für den Entscheidungsprozeß

Die folgenden Einschätzungen gelten vorbehaltlich der Auskünfte, die in den Wandlungslinien gegeben werden. Die Wandlungslinien haben immer Vorrang.

Management

Freudige Erregung könnte spürbar sein. Eine Aufgabe ist vollendet, eine Sache verwirklicht; eine Frist wurde gewahrt, ein Auftrag erfüllt, ein Geschäftsabschluß ist zustandegekommen; ein Zustand des Gleichgewichts ist erreicht. Vergleichen Sie Hexagramm 24: *Die Wiederkehr;* beim Hexagramm *Die Vollendung* geht es um dasselbe Reagieren auf einen natürlichen Zyklus, aber auf einer höheren Manifestationsebene. Außerdem werden hier noch zusätzliche Hinweise gegeben; doch gilt auch hier dieselbe Warnung, nichts zu übereilen – sogar mit noch größerem Nachdruck. Sie sollten keine Veränderungen vorwegnehmen oder überstürzen. Das Tempo des Wandels ist festgelegt, es kann nicht beschleunigt werden, man muß sich ihm anpassen. Der Zyklus naht seiner Vollendung, und die angemessene Haltung ist die der freudigen Erregung, verbunden mit einer Haltung des Vorbereitetseins.

Planung

Bereiten Sie sich auf neue Herausforderungen vor, aber ohne Übereifer und ohne Besorgtheit. Kluge Vorsicht angesichts des Erreichten ist angebracht.

Wachstum und Produktivität

Sie haben einen Höhepunkt erreicht; eine neue Zeit ist durch die in der Vergangenheit geleistete Arbeit angebrochen. Die Erfordernisse in der neuen Zeit aber ergeben sich aus dem, was in der Vergangenheit geleistet wurde. Wie gut der nächste Zyklus wird, hängt davon ab, wieviel Verfeinerungsarbeit jetzt geleistet wird. Achten Sie darauf, daß Sie nicht wichtige Dinge übersehen,, wenn Sie im nächsten Zyklus ein höheres Niveau erreichen möchten.

Feedback

Es stimmt genau. Was sagt es Ihnen sonst noch?

Kommunikation

Erwarten Sie nicht zuviel, ansonsten günstig. Ein gegenseitiges Verstehen unter den Menschen kann zu neuen Möglichkeiten führen, die, vorausgesetzt es wird an ihnen gearbeitet, sichtbare Blüten treiben könnten. Die Lage ist so beschaffen, daß »Vortrefflichkeit um der Vortrefflichkeit willen« und weniger »Vortrefflichkeit um größerer Gewinne willen« die Devise sein sollte. Diese beiden Ansätze sind nicht unbedingt unvereinbar, was ihre Wirkung angeht, doch liegen

Welten zwischen ihnen, was die »Vortrefflichkeit der Motivation« angeht. Erstere weist auf einen »vollendeteren« Stand des Bewußtseins hin.

Marketing

Erfolg, doch wie lange kann er währen? Was ist zu tun, um sich des Vergangenen zu vergewissern?

Werbung

So weit, so gut, doch müssen die Erfordernisse der Zukunft neu bedacht werden, so als würde man von Neuem beginnen. Zählen Sie nicht darauf, daß Gelingen automatisch eintritt. Behalten Sie die Lage unter Kontrolle, indem Sie mit ihr in Verbindung bleiben.

Investition und Finanzierung

Die Investitionen haben sich soweit ausgezahlt. Was Sie jetzt tun, hängt ab vom fortgesetzten Einsatz Ihres Könnens und von Ihrer Sorgfalt. Betrachten Sie nichts als garantiert, auch wenn die Gegenwart einigermaßen günstig ist.

Beginn einer Unternehmung

Machen Sie daraus keine besondere Sache. Es ist besser, die Lage als Fortsetzung von etwas zu betrachten, auch wenn es um einen Neubeginn geht. Dies ist eine Art Kunstgriff, der angewandt werden sollte, damit Sie auch weiterhin auf der Hut bleiben.

Unterstützung

Sie verdienen Unterstützung, und es gibt keinen Grund, warum Sie im Hinblick auf künftige Leistungen nicht zuversichtlich sein sollten.

Verträge und Vereinbarungen

Selbstverständlich können Verträge und Vereinbarungen mit Zuversicht angegangen werden, doch sollten Sie dabei achtgeben, sich nicht zu übernehmen oder zuviel von anderen zu früh zu erwarten. Lassen Sie die Dinge sich noch entwickeln.

Urteilsvermögen

Gute Intuition; hervorragendes Urteilsvermögen. Diese Eigenschaften sind im Augenblick noch durch die Zeitumstände erhöht. Sie könnten sich sogar fragen: »Wie kommt es, daß ich selbst schwierige Gedanken relativ leicht zu verstehen scheine?« Dies ist Teil der Bedeutung von »Vollendung«. Man neigt dazu, die Dinge als Ganzes zu sehen.

Risiken

Es wird davon abgeraten, wenn sie wirklich undurchsichtig sind. Sogenannte »kalkulierte Risiken« können für die Zukunft überlegt werden, doch ist jetzt auf keinen Fall der Zeitpunkt, sich auf sie einzulassen. Es ist jetzt eine Zeit der Vorsicht und des genauen Hinsehens; Sie sollten nichts verallgemeinern. Das Spiel heißt *Einzelheiten*.

Quellen für Unheil

Seien Sie nicht so eingebildet und selbstsicher, daß Sie mit erhobenem Kopf gegen die Wand rennen. Andererseits sollten Sie auch nicht zu angestrengt bemüht sein, auch noch den letzten Tropfen Gewinn aus der Situation herauszupressen; die Folge könnte katastrophal sein.

Quellen für ein Gelingen

Bringen Sie die Angelegenheit zur Reife mit Aufmerksamkeit und Sorgfalt. Bewahren Sie sich eine gewisse Vorsicht und behalten Sie das Arbeitstempo bei, ohne dazu auf künstliche Mittel zurückzugreifen. Lassen Sie die neue Zeit herbeikommen, ohne sie zu behindern, aber auch ohne das Feuer stärker anzufachen. Nutzen Sie Ihre Intuition, um die Bedeutung einer Zeit der Vollendung zu begreifen, damit Sie sie später auf einer noch höheren Stufe der Manifestation wiedererkennen. Darin liegt ein ganz besonderer Wert, da alle anderen spezifischen Wandlungsqualitäten der anderen Phasen des Zyklus' eine Menge Sinn ergeben können, wenn Sie sie im Lichte der Erfahrungen der jetzigen Zeit betrachten.

Die Wandlungslinien – Die Brücken zur Zukunft

Anfangs eine Neun

Es hat ein größerer Wandel stattgefunden. Er ist durch bedeutsame Veränderungen in der allgemeinen Umgebung (auf nationaler und globaler Ebene ebenso wie in der eigenen unmittelbaren Umgebung) gekennzeichnet. Sie wissen, was geschieht, und sind auch klug genug zu wissen, daß neue Ereignisse bevorstehen. Doch sollten Sie nicht zu voreiligen Schlüssen gelangen oder sich von der Intensität der Lage überrollen lassen. Machen Sie keine festen Pläne auf der Grundlage gegenwärtiger Ideen; bemühen Sie sich lieber um kühle, rationale Schlußfolgerungen – Schlußfolgerungen, die Sie in die Lage versetzen, die Gegenwart aus der vorteilhaften Perspektive des Rückblicks zu nutzen. In der jetzigen Zeit ist es eine wichtige Leistung, wenn Sie lernen, Ihre Wahrnehmung abzustimmen; das wird Sie vor übereiltem und unklugem Handeln bewahren. Üben Sie Zurückhaltung, selbst wenn um Sie herum alles in Aufruhr ist.

Sechs auf zweitem Platz

Die Ignoranz anderer ist kein Urteil über Ihren eigenen Wert. Die Lage ist so beschaffen, daß Sie eine Menge anzubieten haben, doch diejenigen, die Ihre Kompetenz und Großherzigkeit nutzen könnten, haben sich verderben lassen und halten begierig und von Eifersucht getrieben an ihrer Macht fest. Dieser Umstand könnte jemanden, der »eine gewisse Reife erlangt hat«, dazu hinreißen, die Initiative zu ergreifen. Es gibt Zeiten, in denen dies tatsächlich die richtige Reaktion wäre, doch gilt dies nicht für den jetzigen Augenblick. Ihre Zeit, in der Sie Ihr Können unter Beweis stellen können, wird kommen, doch kann sie nicht durch die Kraft des Willens, der Frustration oder durch ein Gefühl der Dringlichkeit beschleunigt herbeigeführt werden. Solche Gefühle sind nicht »reif«, und man darf nicht nach ihnen handeln. Bewerben Sie sich nicht fieberhaft um Aufgaben, Beförderung oder ähnliches. Welchen Part Sie in der Zukunft spielen werden, sollte im Augenblick am besten dem Schicksal überlassen werden.

Neun auf drittem Platz

Sie haben hart gearbeitet und sich einen Platz erobert, der künftige Bestrebungen sicherstellt. Es hat eine gewisse Expansion gegeben, und das Spektrum der Möglichkeiten ist größer geworden. Alles ist geordnet, und Sie können mit einiger Zufriedenheit auf die Vergangenheit zurückblicken und mit einiger Zuversicht in die Zukunft blicken. Der Wert des Erreichten ist unbestritten. Lassen Sie sich nicht durch die gegenwärtige Stimmung des Erreichten und durch ein relatives Wohlgefühl (geistig, seelisch und körperlich) berauschen und sich infolge davon dazu hinreißen, jedem, der an die Tür klopft, Rang, Stellung, Autorität und Aufgaben zu verleihen. Sie müssen sich nach fähigen Leuten umsehen, die wirklich kompetent sind, damit künftige Rosen zum Blühen gelangen können. In solchen Angelegenheiten müssen Sie glasklar sein.

Sechs auf viertem Platz

Plötzliche Erhebungen, die dann wieder zu scheinbarer Ordnung zurückkehren, erzeugen ein falsches Gefühl von Sicherheit. Die Fragen, die in solchen Zeiten aufgeworfen werden, sind ernst, obwohl die Menschen lieber nicht darüber nachdenken und stattdessen dummerweise auf das Beste hoffen. Solche Ereignisse sind sichtbarer Ausdruck tieferliegenden Übels und sind die unheilvollen Vorboten anderer Dinge, an denen man nicht so leicht vorbeikommt. Doch sollten Sie sich klarmachen, daß Sie im Augenblick nichts dagegen unternehmen können, obwohl Sie gut daran tun, die Zeichen der Zeit sorgsam zur Kenntnis zu nehmen.

Neun auf fünftem Platz

Die Höhe der Ausgaben und die Prachtentfaltung bei der Feier sind kein Zeichen für die Tiefe der göttlichen Verehrung. Sie ist sogar sehr wahrscheinlich bloßer Schein. Wahre Gefühle bedürfen nicht eines solchen Glanzes und solcher Zeremonien. Das ganze aufwendige Geflitter verdeckt nur die spirituelle Armut des Herzens.

Oben eine Sechs

Halten Sie Ihre Augen auf dem Weg, der vor Ihnen liegt. Unbedingt. Kümmern Sie sich nicht um das, was hinter Ihnen liegt, und schwelgen Sie nicht in dem allzu angenehmen Gefühl von »... Hui! Beinahe wär's geschehen!« Sie sind noch nicht weit genug aus dem Wald heraus. Gehen Sie, gehen Sie.

HEXAGRAMM 64

Vor der Vollendung

Das Urteil

Die Dinge stehen kurz vor der Wende; der Übergang naht, und Mißverständnisse, Verwirrung und verzerrte Sichtweisen werden bald überwunden sein. Ordnung entsteht aus dem Chaos. Erfolg.

Die Erfordernisse im besonderen

Dies ist eine bedeutende Zeit, der gegenüber eine ernste Haltung angemessen ist. Bemessen Sie Ihre Schritte sorgfältig, mit Feingefühl, Intuition und erhöhter Wahrnehmung, prüfen Sie den Grund, auf dem Sie sich bewegen, bevor Sie ihm Ihr ganzes Gewicht anvertrauen. Seien Sie umsichtig und denken Sie strategisch.

Das Klima

Anspannung in einem gefährlichen Manöver. Verbannen Sie jeden Hang zur Panik. Gehen Sie strategisch und gefaßt vor, und vor allem sollten Sie sich nicht sorgen oder ärgern. Gebärden Sie sich nicht wichtigtuerisch.

Der gedankliche Rahmen

Ihre Position stellt in einem sehr konkreten Sinn eine Herausforderung dar. Es besteht eine Neigung zur Vollendung. Alles ist im Wandel, und der Übergang führt zur Ankunft einer ausgewogenen, geordneten Lage. Es sind bestimmte Manöver wichtig. Sie müssen Ihre Position den Umständen anpassen und sich darauf einstellen, die Qualität des Terrains genau zu prüfen, sich zu vergewissern, welcher Bereich verläßlich ist und trägt, und welcher ein bloßes Phantasiegebilde, Treibsand oder dünnes Eis ist. Sie sind im Begriff, sich an die Sicherheit des trockenen Ufers heranzupirschen.

Es wäre nicht übertrieben zu behaupten, daß die Lage recht unsicher ist, doch haben Sie Ihre Richtung festgelegt, und Sie haben mehr als eine Vorstellung davon, was Sie tun und warum. Allein das gibt Ihnen eine bessere Ausgangsposition. Wären Sie in der Lage eines Narren, der, ziellos und ohne sich der Gefahr bewußt zu sein, in eine gefähriche Situation hineinstolpert, wie es in Hexagramm 4: *Die Unerfahrenheit der Jugend,* beschrieben ist, wären Sie in einer hoffnungslosen Lage.

Grundannahmen für den Entscheidungsprozeß

Die folgenden Einschätzungen gelten vorbehaltlich der Auskünfte, die in den Wandlungslinien gegeben werden. Die Wandlungslinien haben immer Vorrang.

Management

Der Kompetenztest hat begonnen, doch verspricht er gut auszugehen. Betrachten Sie die Angelegenheit als eine Herausforderung, und zwar eine Herausforderung, die Sie allein zu bewältigen haben. Rechnen Sie nicht auf die Unterstützung anderer. Selbst die Anwesenheit von Freunden oder Helfern kann Ihnen nicht viel nützen, obwohl diese Ihnen moralische Unterstützung geben können. Dies ist eine Angelegenheit, in der es um Ihr persönliches Urteils- und Unterscheidungsvermögen geht.

Planung

Sie wissen, was Sie vorhaben. Sie haben das Ziel vor Augen. Sie können nicht darauf zueilen, Tatsache ist, daß es keinen konkreten Plan und keine festgelegte Route zum Ziel gibt. Es gibt nur eine bestimmte Vorgehensweise, wie sie unter *Der gedankliche Rahmen* beschrieben ist. Folgen Sie dieser Vorgehensweise, die eher von einer Haltung innerer Bereitschaft und Wachsamkeit handelt als bestimmte Wegmarken vorgibt. Sie selbst müssen sozusagen die Wegmarken erkennen, die Sie aber zum sicheren Ufer führen werden.

Feedback

Überwiegend intuitiv.

Kommunikation

Es ist besser, sich mit leichteren Gedanken zu beschäftigen, wenn andere anwesend sind. Es handelt sich hier mehr um eine Taktik als um eine spontane Geste.

Beginn einer Unternehmung
Ungünstig. Sie sollten auf keinen Fall schon jetzt daran denken. Konzentrieren Sie sich ausschließlich auf das, was jetzt ansteht. Neue Projekte gehören der Zukunft – darüber kann im Augenblick nicht entschieden werden.

Unterstützung
Eine Sache für die Zukunft.

Wachstum und Produktivität
Was in der Vergangenheit geschehen ist, dürfte Ihnen genügend Stärke und Erfahrung mitgegeben haben, um mit der gegenwärtigen Herausforderung fertigzuwerden. Rufen Sie sich jetzt alles in Erinnerung, was Sie je Wertvolles in welchem Tätigkeitsbereich auch immer gelernt haben. Die Stellung ist günstig.

Risiken
Die Lage ist riskant, das ist gewiß, aber nicht außerhalb der Macht des kontrollierenden Verstandes.

Urteilsvermögen
Nutzen Sie es voll, um Licht auf die Landschaft zu werfen.

Intuition
Höchste Wachsamkeitsstufe für alle Sinne und Talente. Seien Sie geschickt und tapfer, aber auch beobachtend und berechnend.

Quellen für Unheil
Dies ist nicht die Zeit, selbstkritisch zu sein oder andere zu kritisieren. Es ist eine Zeit, in der Sie Ihre ganze Einsicht brauchen, um das Ziel zu erreichen. Die Schwäche ist Ihr Mangel an Vertrauen. Wenn es Ihnen gelingt, diese zu überwinden, können Sie das Unheil überwinden, da Sie – was alle übrigen Dinge angeht – durchaus in der Lage sind, die Herausforderung zu meistern.

Quellen für ein Gelingen
Fahren Sie mit offenen Augen fort und sorgen Sie für so viel Licht wie möglich, damit Sie die richtigen Unterscheidungen und die richtigen Urteile treffen können. Es geht darum, geeignete Werte zu beobachten, die der Lage und der Zeit angemessen sind. In dieser Fähigkeit, sich auf die Zeit einzustimmen und mit ihr in Resonanz zu sein, besteht

die Kunst zu wissen, was Wandel bedeutet und wie man sich ihm anzupassen und mit ihm zu fließen hat, um ohne Reue oder Beschämung zu handeln und ohne dem eigenen Glück zu schaden. Jedes abgeschlossene Projekt bringt wiederum eine neue Herausforderung für die eigene Wahrnehmung mit sich und ist ein Teil des Fortschreitens im Wandlungskaleidoskop des eigenen Handelns – hinauf zu immer höheren Stufen des Bewußtseins. Es ist nicht nötig, die Dinge aggressiv voranzutreiben; es geht darum, sich in Einklang zu bringen mit anderen Menschen und mit den Ereignissen – und genau dazu bietet sich das *I Ging* als Mittel an.

Die Wandlungslinien – Die Brücken zur Zukunft
Anfangs eine Sechs

Die Sache ist eine Herausforderung für Sie. Wenn Sie versuchen, sie zu beschleunigen, werden Sie mit Sicherheit scheitern, und das wäre peinlich für Sie persönlich. Sie können die Dinge nicht dazu zwingen, sich Ihrem Willen zu unterwerfen, und Sie können die Natur nicht dazu bringen, daß Sie sich Ihren Wünschen beugt, nur um Ihr Verlangen nach Vollendung oder Zielerreichung zu befriedigen. Diese Lektion werden Sie gründlich zu lernen haben. In einem gewissen Sinn ist jedes Mißlingen eine Frage mangelnder Einstimmung – ein dissonantes Verhalten kann diese Reise insgesamt verderben.

Neun auf zweitem Platz

Das Handeln muß gehemmt werden. Sie haben die Fähigkeit, die Lage erfolgreich zu bewältigen, aber sie müßten Sie von einem anderen Winkel her angehen. Es könnte gut sein, daß Ihnen die richtigen Mittel dazu gezeigt werden oder daß die Ereignisse Ihnen entsprechende Hinweise geben. Unternehmen Sie etwas, um die Sache mit mehr Leichtigkeit anzugehen. Das läßt sich nicht durch einen direkten Kraftansturm erreichen. Es wird nahegelegt, die Stimmung durch irgendeine andere Aktivität zu heben. Auf diese Weise behalten Sie das Ziel im Auge und können den Durchbruch indirekt über einen anderen Weg erreichen, den Sie geduldig aufbauen. Benutzen Sie einen Katalysator für Veränderungen – Musik, Sport, ein Spiel, irgendeine Aktivität, die Ihre Gefühle in eine andere Richtung lenkt.

Sechs auf drittem Platz

Um den Wandel zu vollziehen, müssen Sie andere Menschen hinzuziehen, die stärker sind als Sie, deren Vertrauen Sie besitzen und bei denen Sie sich in gewisser Weise auch emotional gut aufgehoben fühlen. Sie können sich darauf verlassen, daß solche Menschen Ihren Mangel an Stärke ausgleichen. Bitten Sie um eine solche Hilfestellung. Sollten solche Menschen nicht physisch greifbar sind, so wird empfohlen, sich das Bild oder die Vorstellung von solchen Menschen in Erinnerung zu bringen, die einen kräftigenden und hilfreichen Einfluß haben. Mit ihrer Hilfe werden Sie Erfolg haben, so daß Sie nun zuversichtlich fortfahren können.

Neun auf viertem Platz

Sie erreichen Ihr Ziel durch eine Haltung der Entschlossenheit. Vergessen Sie die Vergangenheit. Vergessen Sie Ihr Schuldbewußtsein. Sie haben die Dinge in der Hand und übernehmen die volle Verantwortung für die Situation. Das ist sehr glückverheißend und äußerst günstig für die Zukunft.

Sechs auf fünftem Platz

Absolut strahlender Erfolg. Sie sind angekommen; Ihr Erfolg ist so groß, daß ihn die Leute sehen und spüren können; es werden Ihnen Kooperation und Glückwünsche angeboten, und Sie befinden sich in Übereinstimmung mit anderen. Der Einfluß, den Sie jetzt ausüben, ist so heilsam und vortrefflich, daß er weitreichenden Nutzen bringt. Die Zukunft ist leuchtend und vielversprechend – die Vollendung ist erreicht. Ihr Gefühl in dieser Zeit ist besonders stark wegen der Schwierigkeiten, die Sie zu überwinden hatten, um an das helle Licht des Tages zu gelangen.

Oben eine Neun

Eine neue Ära liegt in der Luft. Sie wird sehr bald in Erscheinung treten. Sie warten nun darauf, daß sie in Erscheinung tritt, das ist alles, was Sie zu tun haben. Die Lage ist äußerst erfreulich und gewiß. Doch selbst in der Freude sollten Sie nicht das rechte Gespür für die Dinge verlieren.

Anmerkung: Es ist das Anliegen des *I Ging*, daß eine gute Ordnung in den Angelegenheiten der Menschheit erlangt wird; die spezifischen Erfordernisse jeder einzelnen Situation, jede Dynamik wird in Bildern aufgezeigt – das *I Ging* zeigt eine Ordnung, die eine natürliche Symmetrie aufweist und innerhalb derer jeder wirtschaftliche und politische, soziale und kulturelle Organismus zum Blühen gebracht werden kann, nicht nur im Dienste der höchsten sittlichen und geistigen Bestrebungen der Menschheit, sondern im Dienste allen Lebens.

Tabelle zum Auffinden der Hexagramme[*]

OBERES TRIGRAMM ▷ UNTERES TRIGRAMM ▽	KIEN	DSCHEN	KAN	GEN	KUN	SUN	LI	DUI
KIEN	1	34	5	26	11	9	14	43
DSCHEN	25	51	3	27	24	42	21	17
KAN	6	40	29	4	7	59	64	47
GEN	33	62	39	52	15	53	56	31
KUN	12	16	8	23	2	20	35	45
SUN	44	32	48	18	46	57	50	28
LI	13	55	63	22	36	37	30	49
DUI	10	54	60	41	19	61	38	58

[*] Aus: R. L. Wing: Das Arbeitsbuch zum I Ging, 6. Aufl. München 1988, S. 169.

QUELLEN

Anm. d. Übers.: Das vorliegende Buch von Guy Damian-Knight basiert auf den klassischen Übersetzungen der alten chinesischen Quellen, die der große Sinologe Richard Wilhelm (1873–1930) in den ersten Jahrzehnten dieses Jahrhunderts geschaffen hat; im einzelnen:

I Ging. Das Buch der Wandlungen, herausgegeben, übersetzt und kommentiert von Richard Wilhelm, Jena 1924, Köln 1956, München 1990.

Kungfutse: Gespräche. Lun Yün, herausgegeben, übersetzt und kommentiert von Richard Wilhelm, Jena 1910, Köln 1955, München 1990.

Laotse: Tao te king, herausgegeben, übersetzt und kommentiert von Richard Wilhelm, Jena 1911, München 1991.

Des weiteren wird im »I Ging für Manager« aus dem »Buch Merlin« von T. H. White (Düsseldorf/Köln 1980) zitiert. Für die vorliegende, deutsche Ausgabe wurde außerdem das »Arbeitsbuch zum I Ging« von R. L. Wing (München 1988) verwendet.

*

Einführungsseminare und Einzelberatung zum *I Ging*:

    Hanna Moog
    Diplom-Volkswirtin
    Hansaring 88
    5000 Köln 1

    Tel. 0221/123124